▶弁護士専門研修講座

これだけは押さえておきたい！
債権法改正の重要ポイント

東京弁護士会
弁護士研修センター運営委員会／編

ぎょうせい

はしがき

　価値観の複雑・多様化に伴い，現代社会はあらゆる分野で複雑化し多様化が進み，紛争解決に対しても高度な対応を要するものが多くなっています。それに対応し，弁護士もより高い専門性を習得し，複雑化した案件に適切に対応できる実践的能力が求められています。弁護士が日々研鑽を重ね，市民の法的ニーズに応じた能力を身につけることが必要なことは言うまでもありません。

　東京弁護士会では，弁護士研修センターを設置し，弁護士の日常業務の研鑽に加え，専門分野の研修にも力を注いできました。特に平成18年度後期からは，特定の分野に関する専門的知識や実務的知識の習得を目的とする専門講座を開設し，研修の質を高めて参りました。本書は，平成29年度後期に行われた「債権法改正」専門講座の講義を収録したものです。

　本講座は，制定以来120年ぶりに本格的な改正がなされた民法（債権関係）について，基本知識から網羅的かつコンパクトに分かり易く講義したものです。多くの弁護士にとって，示唆に富み，素養に資するものと確信しております。

　本講座を受講されなかった方におかれましても，是非本書をお読みいただき，大きく改正された債権法全般について理解を深めていただき，日々の業務遂行にお役立ていただければ幸いです。

　平成30年5月

東京弁護士会会長　　安井　規雄

講師紹介

（講義順）

廣畑　牧人（ひろはた・まきと）

【経歴】

平成７年　　　中央大学法学部法律学科卒業

平成14年　　　弁護士登録（東京弁護士会・第55期）

平成23年～　東京弁護士会法制委員会委員

【著書】

東京弁護士会法友全期会債権法改正特別委員会編著『弁護士が弁護士のために説く債権法改正』（第一法規，2015年），民法改正研究同人会著『これで十分！ 民法大改正ガイドブック』（ダイヤモンド社，2015年），東京弁護士会法友全期会債権法改正特別委員会編著『弁護士が弁護士のために説く債権法改正 事例編』（第一法規，2016年），東京弁護士会法制委員会民事部会編集『債権法改正事例にみる契約ルールの改正ポイント』（新日本法規出版，2017年），東京弁護士会法友全期会債権法改正特別委員会編著『改正民法 不動産売買・賃貸借契約とモデル書式』（日本法令，2018年）　ほか

篠塚　力（しのづか・ちから）

【経歴】

昭和55年　　　東京大学法学部卒業

昭和59年　　　弁護士登録（東京弁護士会・第36期）

平成18年　　　東京弁護士会副会長

平成22年～28年　獨協大学法科大学院特任教授（専任教員・民事系）

平成22年～26年　東京弁護士会法制委員会委員長（債権法改正・会社法改正対応）

平成26年～　日弁連司法制度調査会委員（平成26年　同委員長）

平成29年　　　日弁連常務理事，日弁連編集委員会委員

【著書】

小林芳郎・田中紘三・村田裕監修／東京弁護士会易水会編著『賃貸住居の法律Q&A：困ったとき［5訂版］』（住宅新報社，2014年），東京弁護士会法制委員会民事部会編集『債権法改正事例にみる契約ルールの改正ポイント』（新日本法規出版，2017年），日本弁護士連合会編『実務解説 改正債権法』（弘文堂，2017年），潮見佳男・北居功・高須順一・赫高規・中込一洋・松岡久和編著『Before/After 民法改正』（弘文堂，2017年） ほか

岩田　修一（いわた・しゅういち）

【経歴】

平成8年　　　　中央大学法学部法律学科卒業

平成16年　　　弁護士登録（東京弁護士会・第57期）

平成20年〜　東京弁護士会法制委員会委員（平成23年〜30年　同副委員長）

平成21年〜22年　日弁連司法制度調査会特別委嘱委員

平成23年〜28年　日弁連消費者問題対策委員会委員

平成24年〜　日弁連司法制度調査会委員

【著書】

東京弁護士会法友全期会債権法改正特別委員会編著『弁護士が弁護士のために説く債権法改正』（第一法規，2015年），民法改正研究同人会著『これで十分！ 民法大改正ガイドブック』（ダイヤモンド社，2015年），東京弁護士会法友全期会債権法改正特別委員会編著『弁護士が弁護士のために説く債権法改正 事例編』（第一法規，2016年），東京弁護士会法制委員会民事部会編集『債権法改正事例にみる契約ルールの改正ポイント』（新日本法規出版，2017年），潮見佳男・北居功・高須順一・赫高規・中込一洋・松岡久和編著『Before/After 民法改正』（弘文堂，2017年），日本弁護士連合会編『実務解説 改正債権法』（弘文堂，2017年），東京弁護士会法友全期会債権法改正特別委員会編著『改正民法 不動産売買・賃貸借契約とモデル書式』（日本法令，2018年） ほか

講師紹介

山崎　岳人（やまざき・たけひと）

【経歴】

平成14年	早稲田大学政治経済学部政治学科卒業
平成14年	財務省入省
平成22年	東京大学法科大学院修了
平成23年	弁護士登録（東京弁護士会・第64期）
平成28年～	日弁連司法制度調査会特別委嘱
平成29年	東京弁護士会法制委員会副委員長

【著書】

東京弁護士会税務特別委員会編『法律家のための税法 民法編［新訂第7版］』（第一法規，2014年），東京弁護士会税務特別委員会編『法律家のための税法 会社法編［新訂第7版］』（第一法規，2017年）　ほか

....

角田　智美（かくた・ともみ）

【経歴】

平成10年	大東文化大学法学部法律学科卒業
平成23年	弁護士登録（東京弁護士会・第64期）
平成25年～	東京弁護士会法制委員会委員
平成28年～	大東文化大学法学研究所講師，学校法人大東文化学園公益通報委員
平成28年～29年	東京弁護士会新進会員活動委員会委員長
平成29年～	東京弁護士会中小企業法律支援センター事業承継プロジェクトチーム座長

【著書】

東京弁護士会法友全期会債権法改正特別委員会編著『弁護士が弁護士のために説く債権法改正』（第一法規，2015年），民法改正研究同人会著『これで十分！ 民法大改正ガイドブック』（ダイヤモンド社，2015年），東京弁護士会法友全期会債権法改正特別委員会編著『弁護士が弁護士のために説く債権法改正 事例編』（第一法規，2016年），東京弁護士会法制委員会民事部会

編集『債権法改正事例にみる契約ルールの改正ポイント』（新日本法規出版，2017年），東京弁護士会法友全期会債権法改正特別委員会編著『改正民法 不動産売買・賃貸借契約とモデル書式』（日本法令，2018年） ほか

大橋　美香（おおはし・よしか）

【経歴】

平成9年	東京学芸大学教育学部国際文化教育課程欧米研究卒業 証券会社に勤務
平成19年	東京大学法科大学院修了，司法試験合格
平成22年	弁護士登録（東京弁護士会・第62期）
平成23年～	東京弁護士会法制委員会副委員長
平成29年～	日弁連司法制度調査会委員

【著書】

東京弁護士会法友全期会債権法改正特別委員会編著『弁護士が弁護士のために説く債権法改正』（第一法規，2015年），東京弁護士会法友全期会債権法改正特別委員会編著『弁護士が弁護士のために説く債権法改正 事例編』（第一法規，2016年），東京弁護士会法制委員会民事部会編著『債権法改正事例にみる契約ルールの改正ポイント』（新日本法規出版，2017年），東京弁護士会法友全期会債権法改正特別委員会編著『改正民法 不動産売買・賃貸借契約とモデル書式』（日本法令，2018年） ほか

CONTENTS

目　次

はしがき
講師紹介

Ⅰ　消滅時効，弁済・相殺

弁護士　廣畑　牧人

第1　消滅時効 ··· 3

1　改正点の概観 ··· 3

2　債権の消滅時効期間に関する制度変更 ················· 3

(1)　職業別短期消滅時効の廃止／3

(2)　債権の消滅時効についての規律変更／3

(3)　不法行為損害賠償請求権の消滅時効期間／7

(4)　人の生命又は身体の侵害による損害賠償請求権の場合の例外／7

(5)　定期金債権／8

(6)　判決で確定した権利／8

3　時効障害事由の整理等 ··11

(1)　「時効の完成猶予」と「更新」／11

(2)　改正法による規律（注意すべき点を含む）／12

(3)　書面合意による時効完成猶予制度（新設）／14

4　その他 ··16

(1)　時効の援用権者に関する規定（改正法145条）／16

(2)　時効の効果が及ぶ者の範囲（改正法153条，154条）／17

(3)　経過措置／17

第2　弁済・相殺 ··19

1　弁　済 ··19

(1)　改正点の概観／19

(2)　第三者弁済／20

(3)　弁済に関する諸規定の整備／21

(4)　弁済充当／26

(5)　弁済による代位／27

(6) 弁済に関する経過措置／31

2 相　殺 ･･･31

(1) 改正点の概観／31

(2) 相殺制限特約の効力／32

(3) 不法行為債権を受働債権とする相殺禁止についての規律／32

(4) 差押えと相殺についての規律（改正法511条）／34

(5) 債権譲渡と相殺についての規律／35

(6) 相殺の充当／37

II 意思表示と保証債務

弁護士　篠塚　力

第1　意思表示 ･･････････････････････････････････････42

1 心裡留保 ･･42

(1) 無効となる要件の表現の修正／42

(2) 第三者保護要件を規定／42

2 錯　誤 ･･42

(1) 「要素の錯誤」の要件に関する判例ルールの明文化／43

(2) 錯誤の効果〜取消権／44

(3) 動機の錯誤に関する規律の明文化／44

(4) 表意者に重大な過失があるにもかかわらず，錯誤取消しが認められる場合／49

(5) 第三者保護要件を規定／50

3 詐　欺 ･･･50

4 意思表示の効力発生時期等 ･･････････････････････････50

5 意思表示の受領能力 ･･････････････････････････････････51

6 新法の適用開始時期 ･･････････････････････････････････51

第2　保証債務 ･･････････････････････････････････････52

1 総　則 ･･･52

(1) 448条2項の追加／52

(2) 主たる債務者に生じた事由／52

目　次

　　⑶　連帯保証人に生じた事由の効力／54

　2　契約締結後の情報提供義務‥‥‥‥‥‥‥‥‥‥‥‥‥‥‥‥54

　　⑴　受託保証人からの請求による主たる債務の履行状況に関する情報提
　　　供義務／54

　　⑵　主たる債務者が期限の利益を喪失した場合の情報提供義務／55

　3　保証人の求償権‥‥‥‥‥‥‥‥‥‥‥‥‥‥‥‥‥‥‥‥‥‥56

　　⑴　459条～受託保証人の求償権／56

　　⑵　459条の2～受託保証人が弁済期前に弁済等をした場合の求償権／
　　　57

　　⑶　受託保証人の事前求償権関連／58

　　⑷　無委託保証人の事後求償権／59

　　⑸　通知を怠った保証人の求償権の制限／60

　4　根保証規制の拡大‥‥‥‥‥‥‥‥‥‥‥‥‥‥‥‥‥‥‥‥‥62

　　⑴　根保証／62

　　⑵　平成16年改正による個人貸金等根保証規制／63

　　⑶　今回の改正／64

　5　個人保証人保護の方策の充実‥‥‥‥‥‥‥‥‥‥‥‥‥‥‥‥67

　　⑴　個人保証（第三者保証）の制限／公正証書による保証意思の確認／
　　　67

　　⑵　保証契約締結時の情報提供義務／70

　6　保証債務についての経過措置‥‥‥‥‥‥‥‥‥‥‥‥‥‥‥‥71

　　⑴　保証債務についての原則／71

　　⑵　公正証書による保証意思確認／72

Ⅲ　定型約款，賃貸借

弁護士　**岩田　修一**

第1　定型約款‥‥‥‥‥‥‥‥‥‥‥‥‥‥‥‥‥‥‥‥‥‥‥‥78

　1　総　論‥‥‥‥‥‥‥‥‥‥‥‥‥‥‥‥‥‥‥‥‥‥‥‥‥‥78

　2　法制審議会における議論の要点‥‥‥‥‥‥‥‥‥‥‥‥‥‥‥80

　3　約款の定義‥‥‥‥‥‥‥‥‥‥‥‥‥‥‥‥‥‥‥‥‥‥‥‥80

4 拘束力の問題：みなし合意と定型約款内容の表示義務による規律 ‥84

(1) 定型取引合意をした者におけるみなし合意／84

(2) 表示義務／86

(3) 不意打ち条項／88

(4) 不当条項規制／89

(5) 変更要件／91

5 経過措置 ··93

第2 賃貸借 ···94

1 総　論 ··94

2 賃貸借の終了によって賃借人の目的物返還債務が生ずる旨を明記 ‥95

3 短期賃貸借 ···95

4 賃貸借の存続期間 ···95

5 不動産賃貸借の対抗力，賃貸人の地位の移転等 ··················96

(1) 605条の文言／96

(2) 賃貸人たる地位の当然承継に関する判例法理を明文化／97

(3) 賃貸人の地位の移転の際の対抗要件に関する判例法理の明文化／98

6 合意による不動産の賃貸人たる地位の移転 ·····················98

7 賃借権に基づく妨害排除請求権及び返還請求権に関する判例法理
を明文化 ··99

8 敷金に関する規定を新設 ···99

(1) 敷金に関する規定がないため解釈上疑義／99

(2) 敷金返還義務の発生要件／100

9 賃貸物の修繕 ·· 101

10 減収による賃料の減額請求等 ·································· 102

11 賃借物の一部滅失等による賃料の減額等 ···················· 102

12 転貸の効果 ··· 103

13 賃貸借終了後の収去義務及び原状回復義務 ···················· 103

14 損害賠償の請求権 ·· 105

Ⅳ 消費貸借，法定利率，債権者代位権・詐害行為取消権

弁護士　山崎　岳人

第1　消費貸借 ································· 108

1　消費貸借の成立 ····························· 108

 ⑴　要物契約としての消費貸借／108

 ⑵　書面でする消費貸借の場合／108

 ⑶　準消費貸借／110

 ⑷　消費貸借の予約／111

2　消費貸借の効果 ····························· 111

 ⑴　貸主の義務／111

 ⑵　借主の義務／113

3　改正法の適用開始日 ······················· 114

4　書面による諾成的消費貸借契約書の例 ······· 114

第2　法定利率 ································· 114

1　固定金利から緩やかな変動金利へ ··········· 114

 ⑴　改正法施行時の当初利率年3％／114

 ⑵　見直し期間／115

 ⑶　見直しの際の計算方法／115

 ⑷　基準割合の算定方法／116

2　商事法定利率の廃止 ······················· 117

 ⑴　改正理由／117

 ⑵　手形法・小切手法／117

3　法定利率の適用 ··························· 118

 ⑴　利息債権の法定利率の基準時／118

 ⑵　金銭債務の遅延損害金における法定利率の基準時／118

 ⑶　中間利息控除／119

4　改正法の適用開始時期 ····················· 120

第3　債権者代位権と詐害行為取消権共通の点 ··· 121

1　款の細分化 ······························· 121

2 責任財産の保全制度 ・・・・・・・・・・・・・・・・・・・・・・・・・・・・・・・・ 121

3 強制執行の準備のための制度 ・・・・・・・・・・・・・・・・・・・・・・・ 121

4 債権者代位権について強制執行準備目的以外の利用を制度化 ・・・ 121

第4 債権者代位権 ・・・・・・・・・・・・・・・・・・・・・・・・・・・・・・・・・・・・ 122

1 責任財産保全型の債権者代位権 ・・・・・・・・・・・・・・・・・・・・・ 122

(1) 改正法423条が定める要件／122

(2) 代位行使の範囲／124

(3) 代位債権者の直接請求・受領権限／125

(4) 第三債務者の抗弁事由／125

(5) 被代位権利の消滅／126

(6) 事実上の優先弁済／126

(7) 債務者の取立てその他の処分の権限等／126

(8) 被代位権利の行使に係る訴えを提起した場合の訴訟告知／127

(9) 債権者代位訴訟が提起された場合の他の債権者の地位／129

2 個別権利実現準備型の債権者代位権 ・・・・・・・・・・・・・・・・・・ 129

(1) 包括規定の断念／129

(2) 登記又は登録の請求権を保全するための債権者代位権／130

3 改正法の適用開始時期 ・・・・・・・・・・・・・・・・・・・・・・・・・・・・・ 131

第5 詐害行為取消権 ・・・・・・・・・・・・・・・・・・・・・・・・・・・・・・・・・・ 131

1 破産法の否認制度との整合性 ・・・・・・・・・・・・・・・・・・・・・・・ 131

2 法的性質論 ・・・・・・・・・・・・・・・・・・・・・・・・・・・・・・・・・・・・・・・ 133

3 改正法424条の定める詐害行為取消し ・・・・・・・・・・・・・・・ 133

(1) 条文見出しの変更／133

(2) 改正法424条の定める要件／133

4 行為の詐害性の修正 ・・・・・・・・・・・・・・・・・・・・・・・・・・・・・・・ 136

(1) 相当の対価を得てした財産の処分行為の特則／137

(2) 偏頗行為の特則／138

(3) 過大な代物弁済等の特則／140

5 転得者に対する詐害行為取消請求 ・・・・・・・・・・・・・・・・・・・・ 140

(1) 規律の変更／140

(2) 趣　旨／141

(3)　改正法424条の5が定める要件／141

　6　詐害行為取消権の行使方法 ・・・・・・・・・・・・・・・・・・・・・・・・・・・・・・・・・ 142

　　(1)　現物返還の原則／142

　　(2)　例外としての価額償還／142

　　(3)　裁判上の行使／143

　　(4)　詐害行為取消請求の被告・訴訟告知制度／143

　　(5)　詐害行為取消しの範囲／143

　　(6)　取消債権者に対する直接請求／143

　7　訴訟行為取消権の効果 ・・・・・・・・・・・・・・・・・・・・・・・・・・・・・・・・・・・・・ 144

　　(1)　訴訟の形態／144

　　(2)　認容判決の効力の及ぶ主観的範囲／144

　　(3)　回復された財産に対する権利行使／144

　　(4)　被告が受益者とされた場合の受益者と債務者の関係／145

　　(5)　被告が転得者とされた場合の転得者と債務者の関係／146

　　(6)　詐害行為取消権の行使期間（出訴期間）／146

　8　改正法の適用開始時期 ・・・・・・・・・・・・・・・・・・・・・・・・・・・・・・・・・・・・・ 147

Ⅴ　債権譲渡・債務引受，請負

弁護士　**角田　智美**

第1　債権譲渡 ・・ 150

　1　譲渡制限特約 ・・ 150

　　(1)　効　力／150

　　(2)　デッドロック状態の解消／154

　　(3)　その他の制度／157

　　(4)　実務への影響／160

　　(5)　譲渡制限特約付き債権の差押え／164

　　(6)　預金債権について／167

　2　債権譲渡の対抗要件 ・・・・・・・・・・・・・・・・・・・・・・・・・・・・・・・・・・・・・・・ 168

　3　異議なき承諾による抗弁権切断制度の廃止 ・・・・・・・・・・・・・・・・・ 169

　　(1)　異議をとどめない承諾／169

⑵　債務者が主張できる抗弁／169

　⑶　実務への影響／170

　4　将来債権譲渡 ・・ 171

　⑴　将来債権譲渡の明文化／171

　⑵　譲渡人の地位の承継／172

　⑶　将来債権譲渡と譲渡制限特約／172

　5　債権譲渡と相殺 ・・・ 175

　⑴　無制限説の明文化／175

　⑵　CがBの債務者対抗要件具備後に取得した債権について／175

　6　経過措置 ・・・ 176

第2　債務引受 ・・ 176

　1　併存的債務引受 ・・・ 176

　⑴　併存的債務引受の効果／176

　⑵　併存的債務引受の要件／177

　⑶　引受人の抗弁／177

　2　免責的債務引受 ・・・ 178

　⑴　免責的債務引受の効果／178

　⑵　免責的債務引受の要件／178

　⑶　引受人の抗弁／179

　⑷　引受人の求償権の否定／179

　⑸　担保の移転／180

　3　経過措置 ・・・ 180

第3　請　負 ・・・ 180

　1　仕事完成前の報酬請求権 ・・・・・・・・・・・・・・・・・・・・・・・・・・・・・・・ 181

　⑴　注文者の責めに帰することができない事由によって仕事を完成する
　　　ことができなくなったとき／181

　⑵　請負が仕事完成前に解除されたとき／182

　2　請負人の担保責任 ・・・・・・・・・・・・・・・・・・・・・・・・・・・・・・・・・・・・・・・ 182

　⑴　売買の規定を包括準用／182

　⑵　改正法636条／185

　⑶　改正法637条／186

3　現行法635条の削除 ・・ 186

　4　注文者に破産手続が開始された場合の請負契約の解除 ・・・・・・・・ 187

　5　経過措置 ・・・ 187

Ⅵ　債務不履行・解除，売買

弁護士　**大橋　美香**

第1　はじめに ・・ 191
第2　債務不履行 ・・ 192

　1　履行遅滞 ・・・ 192

　⑴　条　文／192　　　　　⑵　効　果／193
　⑶　遅滞に陥る時期／194

　2　損害賠償 ・・・ 195

　⑴　条　文／195　　　　　⑵　要　件／196

　2−1　履行に代わる損害賠償の請求 ・・・・・・・・・・・・・・・・・・・・・・・・・・ 197

　⑴　要　件／197　　　　　⑵　検討過程／199

　2−2　損害賠償の範囲 ・・ 200

　⑴　条　文／200
　⑵　「予見することができた」を「予見すべき」に改めた／200

　3　追完請求 ・・・ 201

　⑴　条　文／201　　　　　⑵　民法562条の意義／203
　⑶　参　考／204

第3　解　除 ・・ 205

　1　解　除 ・・・ 205

　⑴　条　文／205　　　　　⑵　解除の位置付け／206

　1−1　催告解除 ・・ 206

　⑴　条　文／206　　　　　⑵　原　則／207
　⑶　例　外／207

　1−2　無催告解除 ・・ 208

| ⑴ 条　文／208 | | ⑵ 原　則／210 |

⑶ 例　外／210

1－3　代金減額請求権 ･････････････････････････････････ 211

⑴ 条　文／211　　　　　　　⑵ 効　果／211

1－4　参考　売買における目的物の契約不適合の場合 ･･･････ 212

1－5　その他 ･･････････････････････････････････････ 213

⑴ 解除権の発生障害事由　同時履行の抗弁権／213

⑵ 債権者に帰責事由があるとき／213

2　補足　危険負担 ････････････････････････････････････ 213

2－1　債務者の危険負担 ･･･････････････････････････････ 213

⑴ 条　文／214　　　　　　　⑵ 原　則／214

⑶ 例　外／215

2－2　目的物の滅失等についての危険の移転 ･･･････････････ 215

⑴ 条　文／215　　　　　　　⑵ 効　果／215

第4　売　買 ･･･････････････････････････････････････ 219

1　手　付 ･･ 219

2　他人物売買 ･･ 219

3　競売における担保責任 ･･････････････････････････････ 220

4　抵当権がある場合の買主による費用償還請求 ･･･････････ 220

5　買主による代金の支払の拒絶 ････････････････････････ 220

6　買戻し ･･ 221

第5　附　則 ･･･････････････････････････････････････ 221

資　料

○民法の一部を改正する法律新旧対照条文（抄）･･････････････ 223

あとがき

Title

I

消滅時効，弁済・相殺

弁護士　廣畑　牧人

I 消滅時効，弁済・相殺

こんばんは。55期の廣畑と申します。本日は，どうぞよろしくお願いいたします。

本日は，債権法改正の研修の全6回のうち，消滅時効と，弁済と相殺を担当させていただきます。

では，本題に入ります。これから，全6回にわたって今般の改正法の内容に触れていくことになります。今回の改正は，もう皆さまご承知のとおりと思いますが，諮問では，「民法制定以来の社会・経済の変化への対応を図り，さらに国民一般に分かりやすいものとする等の観点から，国民の日常生活や経済活動に関わりの深い契約に関する規定を中心に見直しを行う必要があると思われるので，その要綱を示されたい」ということになっており，今回の改正は，社会情勢の変化への対応と，もう一つは，分かりやすいものとするというのが目的となっております。この関係で，契約に関わる規定及び関連する規律が変わるわけですが，成立した改正法が分かりやすいかという点で所期の目的にどれほど沿っているかは定かではありません。今回の改正の内容を，あえて大きく分けるならば，一つは，国民一般に分かりやすいという観点に分類できると思いますが，判例法理や原理原則で条文に書かれていないものを条文化したもの，もう一つが，社会変化，社会情勢の変化への対応ということで，従来の制度を変更しているものがあるということになろうかと思います。もちろん，判例法理の明文化等が重要ではないというわけではありませんが，どちらかといいますと，やはり，皆さまのご興味があるのは，改正法でどこが変わるのですかという部分なのではないかと思います。どれほどメリハリがつけられるか分かりませんが，改正によって変わるところを意識して触れたいと思っております。

これより，民法の一部を改正する法律で改正される改正法を「改正法」と呼び，もう一つは，あまり出てきませんが，併せて成立しました，民法の一部を改正する法律の施行に伴う関係法律の整備等に関する法律を「整備法」と略して呼びます。また，法制審議会の民法債権部会での議論の資料になったものを「部会資料」と呼んでいますが，これも時々出

てきます。

第1　消滅時効

　それでは，今回のおそらく一番大きな話題になると思いますが，まずは，消滅時効についてお話をしたいと思います。

1　改正点の概観

　まず，改正点について簡単に見ますと，一つは債権の消滅時効期間に関する制度の変更です。もう一つが，時効障害事由等の整理です。あとは，その他となっております。

2　債権の消滅時効期間に関する制度変更

⑴　職業別短期消滅時効の廃止

　最初に出てくるのは民法の170条から174条までです。これらの規定では，私ども弁護士も含まれていますが，職業により，1年や2年，3年の短期の消滅時効が設けられています。これについては，一つは，実際上の条項適用を現実にどのようにすればよいのか判断に困難を伴う場合があるということ，もう一つは，そもそも職業別でこのような区別をしてよいのか合理性に疑問がある等の指摘があったこと，また，非常に規律の内容が複雑であるということもあり，今般の改正では廃止されることがかなり早い段階で決まっておりました。

　結局のところ，ここは全部廃止ということで確定したということになります。

⑵　債権の消滅時効についての規律変更

　ただ，そうしますと，何らかの理由で，例えば，飲食店の請求権を例に挙げますと領収書などはふつうとっておかないといったことを考慮して比較的短期の消滅時効期間を定めていたのに，改正によって債権の消滅時効は，民法の適用があれば全部10年になるのかということで，今度は現行法の原則である10年の規定をどうするのかというのが，次に問題になった次第です。もちろん，10年でよいのではないかという議論もありましたし，諸外国の例等も挙げながら，3年や5年などいろい

ろな議論があった中で，最終的に，改正法はこれからお話しする内容を
原則としたということになります。

　どう変わったかといえば，現行法は，ご承知のとおり，「権利を行使
することができる時」から10年の時効にかかるとされております。改
正法ではこれを少し変えています。現行法では時効の起算点は1種類で
すが，起算点を2種類にし，それぞれ時効期間を定めました。具体的には，
後に例外を述べますが，原則として，一つ目が「権利を行使することが
できる時から10年間」です。これは客観的に判断可能ですから，客観
的起算点と呼ばれています。これにつきましては，時効期間は10年と
しました。この点だけを取り上げれば，現行法と一緒だということがで
きるのかなと思います。ただ，改正法は，もう一つ時効期間を設定して
います。これについては，「債権者が権利を行使することができること
を知った時から5年間」となります。債権者の主観的認識を問題にして
いますので，主観的起算点と呼ばれています。そして，実際の適用に当
たっては，どちらか早い方が到来した時に時効が完成し，債務者は援用
することができるという取扱いになっています。

　ここで若干，細かなことをお話しいたしますと，客観的起算点とは，
実際，具体的にはいつからなのかということが問題になっており，現行
法でも，法的可能性説と呼ばれる説と現実的な期待可能性を考慮すると
いうものとが分かれているようで，通説は法的可能性説，すなわち権利
行使の法律上の障害がなくなった時といわれているかと思います。ただ，
実際の事案では，権利行使が本当に可能だったのか，具体的な期待可能
性を考慮しているのではないかという面もあろうかと思います。今回の
改正では，この点についてどちらかはっきりと決めているものではなく，
解釈に委ねられているということになります。

　同じように，主観的起算点についても，結局，いつ，どのように主観
的起算点が定まるのかという議論は，やはり同じように残っています。
これについては，部会資料78Aに説明がありますので，これが参考にな
るだろうと思います。当初は，「債権者が債権発生の原因及び債務者を知っ

た時」という形で案が出たときもありましたが，最終的にはそこまでのことは定めず，「債権者が権利を行使することができることを知った時から」という条文になっています。とはいいましても，実際の判断においては，「債権者が当該債権の発生と履行期の到来を現実に認識した時をいうと考えられる」といえましょう。そのあたりの基礎事実を現実に認識しないと主観的起算点としてスタートさせるのはいかがなものかということだと思います。そして，その法的評価については，「一般人の判断を基準として決すべき」というのが，部会資料で書いてある理解だといえます。これにつきましては，既に現行法でも，不法行為において同じような発想をしています。今回の改正は，現行法の不法行為での議論を参照にしているところがありますので，今後の改正法適用後の場面でも，やはり同じように考えてよいのではないかと思います。以上のような債権の消滅時効の原則的期間に関する起算点とそれに対する時効期間が時効に関する改正点の一番大きなところではないかと思います。

　これに関連して，現行法では商法522条が定められており，この場合は5年の時効とされています。これにつきましては，改正法が，5年，10年の時効期間の設定をしたということ，また，実際の事案の適用において，やはり解釈がかなり複雑になってしまって分かりにくいということもあり，廃止されます。これによって，商法の適用があるかどうかで10年か5年か分かれていたような事案が，特別な規定がない限り，全て民法によることになってきます。例としては，銀行と信用金庫で貸している債権が時効何年になりますかということで，これは借りている人が商人か否かで，信用金庫の貸金債権の時効が5年になったり，10年になったりするといわれていますが，改正民法の適用下では銀行も信用金庫も一緒になります。

　そのほか，変更されない例としては，時効について民法と異なる特段の規定があるときは基本的に整備法によって規律を修正しておりますが，そこで規律が変わっていない限りは現行法と変更がないということになろうかと思います。この点で議論となっているのは賃金債権ですね。こ

れは労働基準法で消滅時効期間は2年となっていますが，これについては整備法に基づく修正はありませんので，今回の改正による変更は予定されていないということになります。ただし，労働基準法115条の2年の規定は，もともと現行民法の174条によると時効期間が1年になってしまうのを延ばしたのに，今般の改正法で職業別短期消滅時効がなくなり，基本的に時効期間が少なくとも5年ということになると，なぜ賃金債権が取り残されて2年になるのかという議論があり，現在，労働政策審議会の労働条件分科会で検討しているようです。結論的にどうなるかは分かりませんが，少なくとも，民法の定めよりも特別の定めによる消滅時効期間の方が短くなってしまうことでその規定が置かれた趣旨を損ないかねないがそれでよいのかという問題意識は認識されているようです。

ほかに，自賠法の16条請求権（保険会社に対する損害賠償額請求権）は時効期間が3年となっていますが，ここは変わりません。ただ，運行供用者責任については民法の定めによるとされていますから，民法の変更に伴って消滅時効期間の規律が変更されるということになると思います。

なお，整備法はインターネットにデータが掲載されています。縦書で長く続いており非常に読みづらいのですが，時効期間に関しては，これからお話しする不法行為と損害賠償に関する例外に係る期間の変更がほとんどではないかと思います。例えば，製造物責任法，鉱業法あるいは不正競争防止法といったあたりが挙げられます。

その他，民法にもいろいろな期間制限の規定があります。これについては，原則的には個々の規定に従うということになりますし，今後の回で詳細なご説明があると思いますが，少し挙げてみますと，売主の担保責任についての買主の権利の期間制限（行使期間制限）については，少し内容が変わります。現行法では，買主が事実を知ってから1年以内を除斥期間とし，売主に対して具体的に瑕疵の内容とそれに基づく損害賠償請求をする趣旨を表明し，請求する損害額の根拠を示す必要があるとするのが判例かと思いますが，今度の改正では少し修正され，1年以内に契約に適合していないという事実を通知すれば足りるとされており，

その辺については緩やかになっているようです。それ以外については，売買の回に乞うご期待ということにさせていただきたいと思います。また，使用借人の債務についての権利行使期間制限の起算点について，使用借人の用法違反に基づく損害賠償債務につきまして，実際には，用法違反したときから時効期間がスタートするのではないかとすると，大体，借りている人は長期間借りますので，放っておくと時効完成してしまうということから，600条2項については，返還後1年まで後で出てくる時効完成の猶予を認めて一旦ストップしておく，これが併せて賃貸借に準用されるということになります。これについても簡単にご紹介ということにしたいと思います。

続きまして，今回の改正による時効期間に関する取扱い（主観5年，客観10年）の修正条項がいくつかあります。

⑶ 不法行為損害賠償請求権の消滅時効期間

不法行為損害賠償請求権の権利期間行使制限について，現行法では，損害及び加害者を知ってから3年，又は，行為の時から20年とされており，20年の期間制限は，判例では除斥期間とされているかと思います。改正法では20年の期間制限についても，条文の体裁上，時効期間であるということが明示されました。何らかの事情で行為から20年が過ぎてしまったときに，様々な事情を考慮して結論として救済したと評価すべき裁判例があると思いますが，改正により時効期間となりますので，除斥期間のように期間が過ぎたら問答無用に権利を失うということにはならなくなります。

⑷ 人の生命又は身体の侵害による損害賠償請求権の場合の例外

さらに，損害賠償請求権について例外的な扱いがもう一つあります。人の生命又は身体の侵害による損害賠償請求権の場合です。これにつきましては，損害賠償請求のための法律構成として，不法行為構成と債務不履行構成の二つがあると思います。債務不履行については，改正法の原則からすれば，主観は5年，客観は10年ということになりますし，不法行為については，原則論からすれば，短期3年と長期20年ということ

になります。これにつきましては，人の生命又は身体という法益の重大性を考慮し，期間を基本的には延ばす方向で，さらには，債務不履行と不法行為を揃えるということにしています。具体的には，債務不履行については客観的起算点からの時効を，原則なら10年のところ20年に延ばしました。不法行為については，長期はもともと20年ですが，短期については原則3年のところ5年と修正しました。その結果，人身損害については，いずれも時効期間が5年と20年に揃ったということになります。

⑸　定期金債権

現行法の規律が若干変更されていますが，ここは省略します。

⑹　判決で確定した権利

現行法174条の2によれば，判決確定の時から10年ということになりますが，改正法でも規律の内容は現行法と一緒です。ただし，条文の場所が移動しています。では，現行法の169条はどうなったのかといえば，現行法169条は定期給付債権の時効の規定ですが，主観の5年，客観の10年という原則があれば足りるだろうということで削除になっています。

その上で，事例を使って今の点を検討してみたいと思います。事例では，時効の完成猶予や更新（現行法では停止・中断）といった時効障害事由がないということとしまして，債務者であるＡさんがいつの時点で時効を援用できるかという観点で検討することにします（なお，改正法の施行日は2020年4月1日となります）。

《債権の消滅時効期間に関する事例検討》

時効完成猶予や更新の事由がないものとして，Ａはいつの時点で時効期間が経過したとして消滅時効の援用が可能となるか。

① Ａは，2020年7月1日，Ａから返済期限を2021年6月末日と定めて100万円を借り受けた。Ａは，返済期限を経過しても借りたお金を返さなかった。

第1 消滅時効

　まず，Aさんは，2020年7月1日に，返済期限を翌年6月末と定めて，100万円を借り，返済期限を経過しても返しませんでした。この場合どうなるかといいますと，契約によって債権の確定期限が定まっている例ですから，債権者は，いつから「返してくれ。」といえるか分かっています。ですから，確定期限である2021年6月末の経過時点が主観的起算点となるのがほぼ確実だといえるかと思います。客観的起算点はいつなのかといわれたら，やはり同じですね。権利行使が可能な時は2021年6月末日ですから。そうしますと，この事例では，主観的起算点から起算して5年が経過すれば，時効が完成ということになります。

---

　②　Aは，2020年7月1日，CD販売を営むB株式会社からCD10枚を代金3万5000円で購入したが，同年7月末日期限の代金の振込みを失念した。

　Aさんは，2020年の7月1日にB会社からCDを10枚買ったのですが，7月末に支払うべきお金を払うのを忘れてしまったという事例ですね。これは①と同じように確定期限の定めのある債権ですが，その時効期間は，現行法では民法173条1号の売掛金だろうということで2年ではないかと思われます。しかし，今回の改正で，民法173条（及び商法522条）は削除されて主観5年，客観10年の時効になります。そして，起算点は主観と客観ともに①のお話と同様と考えられますから，5年の時効期間になります。この事例のようなケースは今回の改正によって時効期間が延びることになります。ほかによくいわれることとして，呑み屋のツケなど時効期間がもともと短かったものは，今回の改正により長くなる場合があるということになってきます。

---

　③　商品先物取引業者Aは，2020年7月10日，商品先物取引を勧誘してBとの間で商品先物取引を開始したが，Bは2022年7月10日までに400万円の損失を被ったため，同日，当該取引を終了した。Bは，

9
Chap. I

その後2024年7月20日，弁護士Xに相談したところ，Xから，Bの当時の投資経験やAからの説明内容等からすると，当該取引についてAの適合性原則違反又は説明義務違反があると考えられるとの指摘を受けた。Bは，被った損失について債務不履行に基づく損害賠償の請求を検討中である。

　　商品先物取引業者Aが2020年7月10日に先物取引を勧誘し，Bさんとの間で先物取引を開始したのですが，2年間取引を行い400万円の損をしてしまったということで，取引を止めました。その後，顧客のBさんは，その2年後の2024年に弁護士Xに相談しました。すると，弁護士から「これは問題なのではないですか。」といわれました。そこで，BさんはAに対して，債務不履行に基づく損害賠償の請求を検討中であるというものです。

　　こういった場合について，客観的時効はいつからスタートするのかということになります。遅くとも2022年7月10日までには損害が発生していると思いますから，そこから権利行使は可能だろうと思われますので法的可能性説によればこの時点からとなるでしょう。ところが，主観的起算点はいつなのかということを考えますと，取引相手のBさんが，権利行使についてどれほど認識を持っていたかということになります。取引終了時点でどの程度の認識があったか，この事例だけでははっきりしない部分があると思いますが，Bさんがどこで権利行使しうることを確実に認識できたかということになると，2024年7月20日，弁護士に「これは，損害賠償の請求ができるのではないですか。」といわれた時であろうということになります。このように，具体的な事例を検討して専門家の意見を聴かなくてはならない場合は，客観的起算点よりも主観的起算点が後にスタートすることがありえます。この事例では，主観的起算点は2024年ですので，客観的起算点を仮に2022年と考えるなら，主観的起算点による時効の方が先に来てしまいますが，主観的起算点がさらに後になるようなケースでは，客観的時効が先に完成することがあ

り得ます。

　この3までが，今この段階で取り扱う内容ですが，ほかに主観的起算点と客観的起算点のずれが生ずるケースというのは，過払いによる不当利得返還請求権のケースが考えられるだろうと思います。いずれにしましても，客観的起算点と主観的起算点というある種二重の取扱いになりますが，基本的には，主観的起算点と客観的起算点は，大体一致することが多くなってくるだろうと思います。個人的な意見としては，時効の管理としては主観時効のベースで考えておかないといけないのではないかと思っております。

3　時効障害事由の整理等

(1)　「時効の完成猶予」と「更新」

　現行法では，時効については中断と停止で整理されており，時効の中断の効果は，157条1項で，中断事由発生後，時効期間がリセットされるということになっています。ただ，現行法の中断については，例えば裁判上の請求については，訴えの取下げや却下があったときは中断の効力を生じないとなっていますが，訴えの却下や取下げは，訴えを提起してすぐに発生するのかといわれるとそうではなく，しばらく経ってから却下や取下げがあるとなると，その間の時効期間の問題は一体，どうなるのだろうか。ただ，条文の文言からすると，時効中断の効力は最初からなかったことになるはずなのですけれども。

　ところが，現行法ではそのあたりの取扱いがよく分かりません。さらに，その隙間を埋めるために，判例では裁判上の催告ということで，手続が終了してから6か月以内に他の強力な時効中断手続をとれば時効は中断するという取扱いをしており，中断の効果について若干揺らぎがあるという情勢です。さらには，先生方は間違うわけはないのですが，中断という言葉の意味です。中断というのは，時効の進行を一旦止めておくことじゃないかという理解をされてしまうのではないかということで，用語自体の問題も考えられました。そこで，改正法では規律を整理し，中断と停止という用語自体を改めています。

I 消滅時効，弁済・相殺

　私の簡単なイメージを申し上げますと，裁判上の手続や強制執行等の手続をとった場合には，一旦時効期間の進行が止まり，さらに，手続がその後何らかの事由で終わったときに，その理由によって時効がリセットされるか，あるいは一旦止まった時効がスタートしてしまうかという取扱いの違いが設けられているといったところだと思います。このうち，従来の中断の効果である時効がリセットされるものについては，改正法では時効の更新と改められました。条文を読めば，「新たにその進行を始める」と書いてあります。これに対して，時効の進行を一旦ストップする，すなわちテープレコーダーをピタッと止めるような場合は，時効の完成猶予と改めることになりました。条文では，大体「時効は完成しない」という末尾で終わっているかと思います。

(2)　改正法による規律（注意すべき点を含む）
ア　裁判上の請求（改正法147条）

　実際上，注意すべき改正点について，ご説明を続けたいと思います。今，私が簡単にお話ししたイメージに一番沿った形の取扱いが裁判上の請求であり，これが改正法の147条ということになります。裁判上の請求，支払督促その他の手続をとった場合，どうなるかといいますと，147条1項の最後の部分を読みますと，「時効は完成しない」ということになっています。ですから，訴えの提起があると，まずは時効の完成猶予の効果が発生します。時効完成ぎりぎりであっても完成が猶予されるということで，時効の進行を一旦止めた上で手続が進みます。では，その後どうなるかですね。まず，確定判決又は同一の効力を有するもので裁判所等が権利を確定させた場合が147条2項になります。この場合「時効は，同項各号に掲げる事由が終了したときから新たにその進行を始める」となっており，時効がリセットされる（時効の更新）ということになります。

　では，それ以外の場合はどうかということですが，147条1項括弧書に書いてあります。「確定判決又は確定判決と同一の効力を有するものによって権利が確定することなくその事由が終了した場合にあっては，その終了のときから6か月を経過するまでの間は」ということで，6か

月間は時効が完成しません。その間に，改めて他の強力な手段をとれば，時効の完成を免れるということになります。ですから，今までは，時効の中断というと，「中断したら……」という形で進んでいたかと思いますが，このように，まず完成猶予をしてから，その後に該当事由があれば更新されるというイメージで捉えられると分かりやすいと思います。

イ　強制執行等（改正法148条）

この取扱いについては，強制執行等でもほぼ同じです。条文は改正法148条になります。148条は147条とほぼ同じような書き方をしていますが，申立てにより時効の完成が猶予されます。さらに，その事由が終了した時は，新たにその時効の進行が始まります。つまり，更新となります。もっとも，2項のただし書で，「申立ての取下げ又は法律の規定に従わないことによる取消しによってその事由が終了した場合には，この限りでない」ということになっております。その場合についてはさらに148条の1項に戻りますと，同じように「終了の時から6箇月を経過するまで」と書いていますから，2項ただし書による事由終了の時から6か月経過までは時効の完成が猶予されるということになります。

ウ　仮差押え等（改正法149条）

現行法では，仮差押え，仮処分のいずれも時効の中断事由として扱われていますが，もともとこれらは債務名義がなくても発令されること，また，暫定性があるということで，改正法は時効完成猶予の効力までは認めますが，更新の効果までは認めませんでしたので，これは現行法の取扱いが変更されているということになります。ただし，この改正法149条も，元から議論が若干あるところで，条文上「事由が終了した時から6箇月」となっていますが，事由終了というのはいつかというのが実は問題になっています。

手続を取り下げてしまえば，そこが事由終了だというのはイメージしやすいと思うのですが，例えば，不動産の仮差押えのように保全執行として登記がされるようなときはいつになったら「事由が終了」するのかというのは，実は，現行法でも問題になっているところです。これにつ

いては，仮差押えの登記が完了すれば事由終了ではないかとみる考えもあるようですが，最高裁は，仮差押えの登記が存在する限り仮差押えの執行保全の効力が存続するとして，登記が存在する限り完成を猶予するという考え方を示しているようです。最判平成10年11月24日民集52巻8号1737頁でその旨が示されています。この点に関する議論については，改正法で何か答えを与えているものではありませんので，今後も同じような議論は残るということになります。いずれにしましても，仮差押えと仮処分が中断事由ではなくなったというのは，改正による変更点の一つということになります。

エ 催告（改正法150条）

催告の時から6か月が経過するまで時効が完成しないというのは現行法どおりとなります。この点，催告をして時効完成を止めているときに，もう一回催告すればよいのではないかとよく聞かれます。もう答えは分かっている質問ですが，現行法でも催告によって時効の完成が止まっているときに，もう一回重ねて催告しても駄目だとされています。この点について改正法は催告による完成猶予の間に再度催告をしても完成猶予の効力を生じない旨定め，現行解釈を明文化しています。

オ 承認（改正法152条）

これは現行法と一緒です。権利の承認があったときに時効が更新されるということで，現行法における中断の扱いと一緒ですね。

カ 天災等による場合（改正法161条）

現行法では障害が消滅した時から2週間経過後までは時効が停止されるということになっていましたが，これも時効の完成猶予事由として3か月経過までは待ってくれるというように，少し期間が変更されています。

(3) 書面合意による時効完成猶予制度（新設）

ここまでは，現行法で制度として規定のある事項の修正ないし変更あるいは整理というものでしたが，この制度は少し毛色が変わり，新たな時効の障害事由を定めています。具体的には，権利についての協議を行

第1　消滅時効

う旨の書面による合意をしたときです。このときは時効の完成が猶予されるという制度になります。

ア　制度趣旨

　債務者が権利の存在までは認めない，承認はしないが，交渉はしましょうというような場合ですね。これは，時効完成がまだまだ先のときはよいのですが，時効がもうすぐ迫っているということになりますと，そのまま放っておくと時効が完成してしまいます。そこで，債権者は，時効中断のために，訴訟提起や昔であれば調停の申立て等といったように，少なくとも何らかの具体的な手続をとらなくてはいけないところ，これを回避し，協議による円満な解決を図るといった紛争解決の方法も尊重しましょうという趣旨の制度です。

イ　制度の内容（改正法151条）

　具体的な制度の内容については151条で定めていますが，権利についての協議を行う合意を書面で行う必要があります。これは4項で電磁的記録によってなされた場合も同様と扱われますが，とにかく協議を行う旨の合意を書面でするということが必要です。そうするとどうなるかというと，合意後に本来の時効期間が過ぎても，これから述べる期間は時効完成が猶予されます。一つは，何も定めていない場合です。これは合意の時から1年を経過した時まではストップされます。もう一つは，1年未満であれば，自由に当事者間で期間が定められます。当事者で期間を定めていますから，その期間が経過するまでは時効がストップされます。さらには，一旦協議が始まったがもう止めるということで，書面による協議続行の拒絶が通知されたときは，それから6か月間は完成が猶予されます。この三つの中のいずれか早い時までの間，時効の完成が猶予されるということになります。

　このように，完成猶予期間は1回につき1年が上限ということになりますが，この書面による協議合意による場合，先ほどの催告と違い重ねがけが許されています。すなわち，この書面協議合意によって時効完成が猶予されている間にするのであれば，改めて協議の合意を書面でする

ことによる時効の完成猶予が可能となっています。ただ，これもいつまでもできるのではありません。本来の時効完成の時から通算5年が最長ということになっています。したがって，最大5年，話合いを続けることができるというのがこの新設の制度ということになります。

ウ　注意点（改正法151条3項）

　ただ，若干注意点があります。先に述べた重ねがけの点なのですが，151条3項にあるように，まず，催告を先にしてそれで6か月間完成猶予がされているとします。催告はしたけどやはり話し合いましょうということで，協議を行うことを書面により合意をしたときです。この場合は，その催告によって完成が猶予されている，つまり，本来の時効期間が過ぎてしまっているということになりますが，その場合は，その前にされた催告によって時効の完成が猶予されているからということで協議を行う旨の書面合意をしても，その書面合意には完成猶予の効力が認められていません。

　逆に，書面による協議合意で一旦時効の完成をストップさせているときに，協議の合意ではなくて催告をして「これでさらに6か月間何とか延ばしてください」ということも駄目だということになりました。催告を1回してしまうと，それによる時効の完成猶予がなされている間にさらに協議合意をしても，新たな完成猶予にならないという意味では，使い勝手の点でどうなのかなと思いますが，新たな制度でもあるので少し謙抑的に取り扱うのはやむを得なかろうということのようです。実際の使いどころや使い勝手がどのようになるのかは，正直なところまだよく分かりませんし，実際のこの書面合意もうっかりしたことを書けば権利の承認になってしまいかねませんので，協議合意の具体的定め方はよく検討しておく必要があると思います。

4　その他

(1)　時効の援用権者に関する規定（改正法145条）

　保証人や物上保証人などについて，判例でいろいろと援用権者と認めてきたものを条文で明示するようにしたというものです。実質的に大き

第1　消滅時効

な改正ではありません。

(2)　時効の効果が及ぶ者の範囲（改正法153条，154条）

これも，条文の場所は変わっていますが，現行法の規定を実質的にそのまま維持するものなので，あまり気にすることはありません。

(3)　経過措置

ア　原則（附則10条1項〜4項）

時効に関しましては，改正による制度の変更がありますから，次に気になるのは経過措置ということになろうかと思いますが，原則としては，施行日前にその事由が発生したときは旧法だということで理解しておけばよろしいと思います。

ただ，附則の10条1項で，若干補足があり，債権の発生が施行日後であっても，その債権の発生原因である法律行為が施行日前である場合のその債権の消滅時効の援用については，旧法になります。さらに，附則の10条4項でも「施行日前に債権が生じた場合におけるその債権の消滅時効の期間については，なお従前の例による」ということになりますので，消滅時効期間の規律についてその債権の発生自体が施行日後であっても，その発生原因が施行日前である場合は旧法の取扱いになります。これに対して，10条の2項と3項については，その事由が施行日前であるか後によるかということになってきます。

イ　時効期間に関する例外的取扱い

さらに，時効については若干要注意の取扱いがあり，不法行為による損害賠償債権の場合に，施行の前後で少し気を付けるべき点があります。具体的な条文は附則の35条になりますが，2点ほどあります。

まず，旧法の724条後段，不法行為債権の長期の権利行使制限の関係です。先ほども，現行法では除斥期間だが時効に変更になると述べました。これはどうなるかといいますと，施行の時に現行法724条後段に規定する期間が過ぎていた場合のその期間の制限については旧法が適用されます。逆にいえば，施行の時に20年の長期期間制限が過ぎていなければ，新法が適用され，除斥期間ではなく時効として取り扱うとい

I 消滅時効，弁済・相殺

うことになります。

　もう一つが，今度は新法の規定の適用の関係になりますが，先ほどの人身損害の場合，不法行為の場合は短期の３年が５年に延びます。これにつきましては，附則35条２項で「724条の２の規定は，不法行為による損害賠償請求権の旧法724条前段に規定する時効がこの法律の施行の際，既に完成していた場合については適用しない」という少しまどろっこしい言い方になっていますが，要するに，改正法の施行の時に，724条前段の３年が過ぎていたら新法は適用しないということですから，過ぎていなければ新法を適用します。したがって，短期の３年が５年になるということがある点で，新法施行前に発生した不法行為に基づく損害賠償請求権であっても新法の規律を受けるという特殊な経過措置ということになります。

　この点について，以下の事例が経過措置に関わります。

---

　④　Aは，自宅２階のベランダから誤って物を落下させてしまい，下を歩いていたBを即死させてしまった。Bの法定相続人は，Bの子であるC１名であり，Cは，BがAによる事故により死亡したことを当日知った。
　⑴　事故の発生が2017年３月20日であった場合
　⑵　事故の発生が2018年３月20日であった場合

　Aさんは，ベランダから物を落としてしまって，下にいたBさんを即死させてしまいました。相続人はCさん１名で，Cさんは，Bさんが死んだその日に，Aさんが物を落として死なせてしまったということを知りました。これは人身損害に関する損害賠償請求の話になろうかと思いますが，⑴事故の発生が2017年３月20日だとすると，2020年４月１日の施行日までに３年が過ぎていますから，先ほど申し上げた３年が５年に延びるという取扱いはしないので，時効が完成するということになります。⑵はその１年後だった場合であり，2020年の４月１日時点で，

事故の時，より正確にいえば損害及び加害者を知った時から3年がまだ過ぎていませんので，5年の時効ということで取り扱われるということになります。改正法の施行の前後で，不法行為の場合は時効期間が延びてしまうケースがあるということに少し注意をしておかれるというのが重要かと思います。

　以上，時効に関する改正を簡単にまとめますと，他に特段の規定がなければ，債権の消滅時効期間は，原則として主観的起算点から5年，あるいは客観的起算点から10年ということで，現行商法が絡むものも含めて統一されます。基本的には，主観的起算点からの時効が先に完成する場合がおそらく多くなるでしょう。

　また，時効の中断と停止については，改正法では，表題は完成猶予と更新という形で二者択一のようにもみえますが，完成猶予して更新となるというのが原則的な規律となってきます。

　先ほどの書面による協議合意のような新設の制度や，仮差押え，仮処分のように，取扱いが少し違ってきているというものもあります。ただ，それを除いては現行法の取扱いとそう大きく異なることはないというのが現状のところではないかと思います。

　さらに，不法行為の損害賠償の場合は，時効の取扱いについて，改正の前後で少し注意が必要になります。

第2　弁済・相殺

　弁済と相殺は，債権の消滅という効果をもつ点では一緒ですが，やはり少し違いますので，弁済，相殺の順に分けて説明したいと思います。

1　弁　済

(1)　改正点の概観

　改正点についてざっと挙げますと，まず一つは，第三者弁済に対する規律について整備がされています。次に，弁済に関するいろいろな規定がありますが，改正によって整備がされました。同じように規定の整備ではありますが，弁済の充当に関する規定も整理をしています。さらに，

I 消滅時効，弁済・相殺

なかなかややこしい条文ですが，弁済による代位に係る規定も，やはり今回の改正で修正がされました。一部変わっているところもありますし，整理がされたところもあり，残念ながら条文化されなかったものもあります。

(2) 第三者弁済

ア 現行法474条

現行法では，474条第1項で「第三者も原則として弁済ができる」とされています。例外として，性質が許さないとき，あるいは反対の意思表示をしたときは駄目だということになりますが，2項で「利害関係を有しない第三者は債務者の意思に反して弁済できない」となっているのが現行法の規律です。これに対しては，第三者が弁済した後に必ず代位の話が出るかと思いますが，債務者の意思に反して弁済することができる第三者の範囲は「利害関係」という言葉によっています。他方，弁済による代位のときは，法定代位，つまり法律上当然に代位できる場合は「正当な利益」となっており，表現が違うのですね。その辺，「どう違うのですか」というような議論はないわけではありませんでした。

また，難しいのは債権者の立場です。第三者が「払いますよ」と持ってきたので受け取ったけれども，債務者の意思に反していたことが後で分かったようなときになかなか面倒です。第三者が「払いたいのです」と持ってきたときに，債務者の意思に反していないかどうかというのは，債権者にとってなかなか判断が難しく，受け取ってよいかどうかの判断のリスクを債権者に負担させるというのはバランス上問題がある場合があろうかと思います。

イ 改正法474条

改正法では，この辺について少し規定の整備をしています。まず，第三者弁済ができるかどうかについては，正当な利益を有しない第三者による弁済であっても，債務者の意思に反しない限りは有効であるということで，「利害関係」を有しないではなく「正当な利益」を有しないという言葉で文言を統一しています。もう一点は，債務者の意思に反した

弁済であることを債権者が知らなかったときという点についてですが,改正法では474条2項ただし書で「債権者が知らなかったときは,この限りでない」として,債務者の側が意思に反した弁済であるということを証明しなければ弁済は無効とならない旨規定を改めています。立証責任の関係を整理し,第三者による弁済の効力と関係者,迷惑を被る債権者の利害調整をしているということになります。

　また,以上との関係で,「正当な利益」を有しない第三者については,債権者の意思に反して弁済をすることができないという点が併せて取り入れられました。これはどういうことかといいますと,債務者の意思に反しているか反していないかというのは債権者がすぐに分かるとは限りませんが,正当な利益があるかないかというのは債権者で確認が可能であるということで,正当な利益がない場合については,弁済をしてきても「嫌です」と拒絶できるということを明文で置きました。ただ,もちろん例外はあり,この第三者が弁済の委託を受けたことを債権者が分かっていたときにまで,「受け取りませんよ」と正当に拒絶できるかというと,それはそうではなかろうということで規律が定められています。これが第三者弁済に関する規律の整備ということになります。

(3)　弁済に関する諸規定の整備

ア　弁済の効果（改正法473条）

　実は,弁済をしたら債権はどうなるかという点は,消滅するのが当然だということで現行法では定めがありませんでした。したがって,弁済についていきなり「第三者が弁済できる場合は」という形で始まっていましたが,改正法は,債権が消滅するということについて明文を置いて規定しました。

イ　預貯金口座に対する払込みによる弁済（改正法477条）

　現行法では規定がありません。このような場合に,弁済による債権消滅の効果がいつ発生するのか,条文上明らかにした規定ということになります。具体的には,債権者が「払戻しを請求する権利を取得した時に,その効力を生ずる」となっています。ただし,ここまで定めたのはよい

のですが，この規定については，これだけでは分からないことが多々あるのではないかと思います。この点については，少なくとも部会では議論をされていますが，規定化が見送られております。

一つは，払戻しを請求する権利をいつ取得するのかということが，条文では書かれていません。当初は，受取人の預金口座入金記帳時という形で議論はされていたようですが，これ自体が現実の問題に則して考えると，いつなのかなかなかよく分からないということがあったようで，結局，条文のように，払戻請求権取得時とするのが限界だったということになります。この点は預貯金契約の実際の解釈に委ねられてしまうということです。

もう一つは，預貯金口座の払込みによる弁済はどのような場合にできるのかということも，条文でははっきり書いておらず，今後の課題として残されています。さらに，債権者の口座が複数あったときにどの口座に弁済すればよいのかということも規定されませんでした。実際上は，当事者の合意といったものに委ねるしかなく，合意していないときに勝手に預金に振り込んだらどうなるのかというのは，今後の解釈の問題ということになってきます。

ウ　受領者としての外観を有する者に対する弁済（改正法478条）

現行法でも，実際は受け取ることができないはずの人に弁済をした人が債権の準占有者に対する弁済ということで救われる場合があるという規定ですが，改正法は規律を整備しました。

すなわち，現行法は，「債権の準占有者に対してした弁済」といきなり始まっていますが，改正法は，まず条文の体裁として債権者以外の者に対する弁済の効力に関しての明文規定を置き，さらに，受領権がない人に対する弁済について規律を少し整備したということになります。

弁済者の保護要件について，弁済を受け取る人の関係では，現行法では「債権の準占有者」という文言となっているところ，債権者の代理人も含むというのが判例の解釈だと思いますが，準占有者という言葉と果たして一致しているのかという問題があります。そこで改正法は，「準

第2　弁済・相殺

占有者」という言葉自体を改め，「取引上の社会通念に照らして受領権者としての外観を有するもの」としました。この改正は，もともと478条が外観法理に基づく規定であるということを明らかにしたものであって，実際上の変化はないだろうとされています。ただ，文言が変わっていますので，今後の動きがどうなるかはまた別問題ではなかろうかと思います。なお，弁済者として保護されるための主観的要件は変更されていません。

エ　受取証書持参人に対する弁済（現行法480条の廃止）

これについて，まず，受取証書の場合だけどうして定めを置いているのかということに疑問があり，また，判例の取扱いは受取証書が真正でなくてはならないとしている一方で偽造のときはどうなのかといえば，結局478条で処理をしているということ等もあって，規定自体が必要ないということで廃止になっています。

オ　代物弁済（改正法482条）

現行法では要物契約であるかのような規定ぶりになっていますが，判例は諾成契約的に取り扱っているところですし，その辺の調整をどうするのかといったこともあり，結論としては諾成契約として処理をしています。

要物契約ということになりますと，代物弁済の合意をしたからといってそれだけでは効力は発生せず，実際のその他の給付をしたときに効果が発生するという形で単純ですが，諾成契約として理解しますと，理屈としては，本来の給付の請求権と他の給付を請求する権利が一緒に残るという理解もあり得ると思いますし，その辺をどのように理解していくのかは個々の契約の解釈等が関わってくるところです。この点，改正法の条文では決着が明らかに示されていないというところもあるとされています。

カ　特定物の現状による引渡し（改正法483条）

現行法は，「特定物の引渡しであるときは，弁済をする者は，その引渡しをすべき時の現状でその物を引き渡さなければならない」と書いて

あるだけでした。これについては,今後の講座で説明があるでしょうが,現行法483条は,瑕疵担保責任について,法定責任説が前提とする「特定物については,現状で渡すしかない」という考え方,特定物ドグマと呼ばれるものですが,その一つの根拠にされることがあったかと思います。

　改正法では,その中身について「債権の目的が特定物の引渡しである場合において,契約その他の債権の発生原因及び取引上の社会通念に照らしてその引渡しをすべき時の品質を定めることができないときは,……引渡しをすべき時の現状でその物を引き渡さなければならない」となっており,第一義的には債権の発生原因,すなわち契約等あるいは取引上の社会通念に照らして決めるという規定となっていますので,少なくとも潮見先生によれば,いわゆる特定物ドグマの根拠にはできなくなったという説明がされているところかと思います。

キ　弁済の方法等に関する規定の整理

　まず,弁済の場所については現行法でも484条に規定があり,これは変わりません。さらに,弁済の時間について民法に規定が置かれました。ただ,これはもともと商法が適用されるケースについては商法520条に規定があったのですが,これを民法に持ってきて一般化したものです。ですから,商法520条は今回の改正に合わせて削除されます。

　さらに,受取証書の交付請求ですが,現行法の条文では「弁済をした者は,弁済を受領した者に対して受取証書の交付を請求することができる」というように,弁済を先にしなくてはいけないのではないかというような規定ぶりですが,これを「弁済をする者は,弁済と引換えに,弁済を受領する者に対して受取証書の交付を請求することができる」としたということで,弁済提供と引換給付の関係にあることを明示したものと考えればよく,大きな扱いの変更を伴う規定ではありません。

ク　弁済提供の効果（改正法492条）

　弁済提供の効果については,見た目でお分かりのとおり条文の形式的な修正にとどまっており,内容面の変更はないとされております。

ケ 供託の規定に関する改正

これについては，若干変更があります。

まず，供託が可能な場合について主として規律の明文化・明確化の趣旨から現行法494条を修正しています。一つは判例法理等の明確化です。受領拒絶を理由とする供託については弁済提供せよという判例法理を明文化しています。

もう一つは，現行法の規定ではいまひとつはっきりしなかったものについて，規定を明らかにしています。すなわち，供託の有効性を争う場合に，弁済者に過失があるかどうかの主張立証責任について供託の有効性を争う側にあるという趣旨で明確化しました。具体的には，「弁済者が債権者を確知することができないときも，前項と同様とする。ただし，弁済者に過失があるときは，この限りでない」（494条2項）ということで，供託は有効ではないと言う側が，弁済者に過失があったことを主張立証するという形で条文を整えています。

さらに，自助売却について規律が修正されています。弁済者が裁判所の許可を得て自分で売却できる場合につきまして，現行法ではいろいろとやり方の工夫はあるようですが，少なくとも現行法の条文と比較して，自助売却可能な場合をより拡大しています。具体的には，現行法では，自助売却ができる場合を「滅失若しくは損傷のおそれがあるとき」としていますが，改正法は，それに加えて「その他の事由による価格の低落のおそれがあるとき」にも裁判所の許可を得て自助売却ができるということにしました。さらに，改正法497条4号では，「その物を供託することが困難な事情があるとき」についても自助売却を許容しています。実際上，物の供託のときは，供託所がないなどいろいろと大変な問題がある場合があるやに思いますが，そういう場合でも何とかできるようにということで規定が整備されており，より供託を柔軟に使えるようにという改正ということでよろしいかと思います。

もう一点，供託に関しましては498条1項が設けられました。これが置かれた理由は，どちらかというと，先ほどの弁済の効果の規定と同じ

といえます。つまり，供託された場合には，債権者は供託物の還付請求権を取得するという異論がない効果を明文化したというもので，現行法では当然であるから書かれていなかったものを分かりやすさの観点から明文化したといえます。

コ　その他

　現行法の476条は削除されます。制限行為能力者保護の趣旨に照らして問題があるということで削りました。ただ，現行法の477条が繰り上がって476条になっています。今回の改正は，このように現行法の条文がなくなったのかと思ったら他の場所に移動しているときがありますので，ご注意をいただければと思います。

⑷　弁済充当

　現行法でも488条から491条まで規定があります。488条で指定の充当を定め，489条で法定充当，490条で1個の債務を弁済するのに云々となっており，491条は元本，費用，利息を支払う場合について，そのときの充当の順番について書かれております。正直にいって読んでも意味が分かりづらいということ等がありましたので，改正法では少し規定を整備しています。また，弁済充当については契約で取決めをしていることが結構あると思いますので，合意による充当の取決めがまず優先するということをはっきりと条文で書いたということ等が挙げられます。

　その前提で，改正法の内容を少し簡単に見ますと，まず改正法の488条では，先ほどの指定，法定充当のあたりのことを全部一緒に書いていると考えてよろしいかと思います。そして490条で，合意による弁済充当についてはそちらを優先するということを確認的に規定しています。併せて，これは1点だけ現在の判例の考え方を修正したといわれているところがあります。それは，1個又は数個の債務について，元本，利息，費用を支払うべき場合の充当のルールです。この場合に，現行法では，491条2項が489条だけ準用しているので指定充当は認められるのかという議論があり，裁判例ではできないとしていたようですが，今回の改正では，不足を生ずる場合の指定充当を認めることにしています。

改正法の489条2項で「前条の規定は，前項の場合において，費用，利息又は元本のいずれかの全てを消滅させるのに足りない給付をしたときについて準用する」ので，488条のルールを準用するということになります。488条では，まず指定充当があり最後の法定充当に至るというルールが定められていますので，ここは現行法のルールを少し変更しているということになります。

(5)　弁済による代位

ア　任意代位と法定代位（改正法499条，500条）

　保証人が弁済をしたような「正当な利益」がある場合は，法定代位によって当然に代位できます。それ以外の任意の代位について，現行法では債権者の承諾を得なければ代位ができないとされていましたが，債権者に断られたらもう駄目じゃないかということでは問題があるということで，改正法は債権者の承諾を不要としました。ただ，任意代位と法定代位の区別は残しました。つまり，代位に当たって，正当な利益のない任意代位の場合は債権譲渡の対抗要件を備えなければいけないのに対して，法定代位の場合，正当な利益を有する第三者が代位をするのは当然だということで，その内容は変わっていません。ただ，条文の規定ぶりが少し変わっていますので，その点は若干ご注意をいただければと思います。

イ　弁済による代位に関する規律の整備

　いろいろと細かい規定がありますが，いくつか押さえておけば取りあえずはよいのではないかと個人的には思っております。一つは，保証人が弁済して第三者に代位するためには，現行法では付記登記をしなければいけないとされていますが，これが不要になったというものです。もう一つは，保証人が数人いた場合に保証人に対して代位をするときについて，共同保証人間でも代位による求償を認めるが，その上限は代位をした他の保証人に対する求償権の範囲までという形で明らかにしました（改正法501条2項）。

　また，現行法では，第三取得者の文言についていまひとつはっきりし

ない部分がありますが，みなし規定を使うことで整備をしています。第
三取得者から担保目的物を譲り受けた者を第三取得者とみなし，また，
物上保証人から担保目的物を譲り受けた者を物上保証人とみなすという
ことで，条文上明らかにしました（改正法501条3項5号）。

　その他，現行法と改正法の違いは，以下の表のとおりです。これは潮
見先生の赤い本で使っておられるものを，少し変えて引用させていただ
いています。

法定代位権者相互の関係に関する規定について		
内　容	現行法	改正法
代位弁済した保証人は第三取得者に対し代位可	501条1号	明示せず[※1]
代位弁済した物上保証人は第三取得者に対し代位可	明文なし	明示せず[※2]
代位弁済した第三取得者は保証人に対し代位不可	501条2号	501条3項1号
代位弁済した第三取得者は物上保証人に対し代位不可	明文なし	501条3項1号
代位弁済した第三取得者と他の第三取得者間の代位割合	501条3号	501条3項2号
代位弁済した物上保証人と他の物上保証人間の代位割合	501条4号	501条3項3号
保証人・物上保証間の代位割合	501条5号	501条3項4号

※1，※2 → 改正法501条1項より明らかであるため

出典：潮見佳男著『民法（債権関係）改正法の概要』（金融財政事情研究会，2017年）
　　　193頁

　代位割合などの規定の場所が少し移動しておりますし，当然のことな
ので明示せずというものもありますが，これは後日，条文と一緒に対照
しておいていただければよろしいかと思います。そのほか，保証人と物
上保証人を兼ねる場合は代位割合がどうなるのか，判例では頭数1名と
するもの（最判昭和61年11月27日民集40巻7号1205頁）があり，これ
も明文化すればよかったのではないかというところですが，議論をした
結果として明文化は見送られています。ですから，この点は今後の解釈
に委ねられているということになっております。

さらに，一部弁済の場合の代位について，実は，現行法でははっきりとした規律がなかった部分があります。一つが一部弁済の場合の債権者と代位権者の権利行使の調整です。代位権者が全額ではなく一部だけ，1000万円のうち500万円だけ払いましたというときに，誰が原債権あるいは原債権に付されている担保権を行使できるかというところは，現行法では，実ははっきりとは書いていません。

この点に関し改正法は，一部弁済をして代位をする者は，債権者とともにするのでなければ原債権は行使できないということにしました。現行法下では，大審院の判例ではありますが，債権者ではなく一部代位者が原債権を行使できるとした判断（大決昭和6年4月7日民集10巻535頁）がある一方で，下級審では逆に，債権者と一緒にしなくては駄目と原債権者優先の判断をしているというように分かれていたところ，求償権というのは何のためにあるのかということ等から，まずは原債権者が決定権をもつべきではないかということで原債権者優先の考えで条文を決めています。その一環で，一部弁済があったときに債権者は原債権をどのように行使できるのかということも逆側で残っていますが，これも改正法の502条2項で，原債権単独で債権者が行使できると明らかにしました。

また，担保権の実行があったときも同じ問題がありますが，一部代位者と原債権者のどちらが担保権実行による売却代金を先に取れるのかということについては，原債権者が優先するというのが判例法理（最判昭和60年5月23日民集39巻4号940頁）ですが，これを明文化しています。このように，一部回収の場合の債権者と代位権者の調整については，基本的にもとの債権者が優先する方向で規定を整備しているということになります。

ウ　担保保存義務

債権者が担保を取っていた場合に，弁済をして後で代位をする法定代位権者は，原債権者が持っていた担保から回収できるという期待があります。そうであるのに債権者がその取った担保を放棄してしまったとい

I 消滅時効，弁済・相殺

うような場合に，法定代位権者は，本当であればそこから回収できてはずの額の限度で自分の責任を免れるという担保保存義務の問題があります。これにつきましては，金融実務では担保保存義務の免除特約を置くことが多いとされており，これが504条との兼ね合いでどうなるか，あるいは担保保存義務に違反し，何となく担保を処分してしまい，その後第三取得者が現れたような場合にどうするのかといったことが明らかではありません。これらの点に関する判例はいくつか存在していたという中で，どう規律を整備するかも議論されてきました。これにつきましては，改正法の504条で現行法の内容を基本的に維持しているということになりますが，若干付加をしております。この点につき，504条によって責任を減免された物上保証人，要は担保保存義務違反があったときにその物上保証人から目的物を譲り受けたらどうなるのかという問題点がありますが，既に担保保存義務違反の事態が生じた後の承継ということで譲受人も責任減免の効果を主張できるというのが判例（最判平成3年9月3日民集45巻7号1121頁）であるところ，改正法は，これを明文化したものといえます。

　もう一つは，先ほどの担保保存義務免除特約があった場合の効果ですが，これは争いのあるところかと思います。これについても，判例（最判平成7年6月23日民集49巻6号1737頁等）があるところ，有効である場合と無効である場合があるということで，改正法は，この判例の判断，準則等を明文化し，最終的に504条2項で「取引上の社会通念に照らして合理的な理由があるとき」は，担保保存義務に関する例外とすると規律をしています。

　これと担保保存義務免除特約があった場合の関係については，正直にいうと個人的によく分からないところがあると思いますが，少なくとも部会資料（70A・48頁）は，主張立証責任の負担の転換という説明をしています。つまり，特約がある場合は，責任減免を求める代位権者の側が合理的理由のないことを主張立証すべきであり，逆に担保保存義務免除特約がない場合については，債権者が担保放棄等をしたことについて

合理的な理由があることを立証すべきであると解されるというものです。他方で潮見先生など，従来過失の中で考えていたことを明示しただけのものという形のご説明をされる見解もありますし，実際上は改正法後の状況をみてみないと分からないものがあるのかなと思います。なお，「担保保存義務」という文言を明文で置く必要があるのではないかという議論もありましたが，実際上は，担保保存義務という債務があって強制的に履行を求められるわけでもない，などいろいろとあり，この表現自体は最終的に見送られています。

(6) 弁済に関する経過措置

これは非常にシンプルであり，原則は，施行日前に債務が生じた場合は旧法が適用されます（附則25条1項）。少し例外があり，弁済充当については，施行日前に弁済がされた場合に旧法が適用されます（同条2項）。

弁済に関しましては，どちらかというと細かい改正点が目立ちますし，結局のところは条文の定めはありますが，基本は合意，契約の定めによっているところが多いと思います。ただ，契約で書いていなければこの民法の規定によるわけですし，現行法と全く同じというわけでもないので，施行までには一読して整理をしておくのがよろしいのではないかと思います。

2 相 殺

(1) 改正点の概観

まず一つは，相殺を禁止する特約ですね。現行法でも規定はありますが，改正法では相殺制限契約あるいは特約の効力について規律の整備がされています。次に，不法行為債権を受働債権とする相殺禁止について規律を少し改めています。3点目として，差押えと相殺の論点について，従来の解釈の争いに一応の決着をつけ，さらに少し議論を呼ぶような改正がされています。4点目は，差押えと相殺と似た論点として，債権譲渡と相殺についても同じような議論がありますが，この点についても規律がされました。最後に，相殺充当について規律が整備されました。相

殺について改正点を挙げますと，このくらいになるかと思います。

　相殺に関しましては，遡及効の制限が検討されるなど，法制審議会ではいろいろと議論がありましたが，最終的には，今申し上げたような箇所の変更にとどまっています。ただ，「とどまっている」と申しましても，結構大きな修正点がありますので，ご注意が必要です。

⑵　相殺制限特約の効力

　現行法505条2項でも規律があり，別段の意思表示や反対の意思表示に関しては「善意の第三者に対抗することができない」となっておりましたが，改正法は，第三者が悪意重過失の場合に対抗できると改め，立証責任の所在も併せて明確にしております。それほど重大な変更を伴う修正とは思いませんが，全く同じままというわけではありません。経過措置については，個々に申し上げますが，施行日前と後で区別をしているということで，比較的分かりやすい経過措置かと思います。

⑶　不法行為債権を受働債権とする相殺禁止についての規律

ア　現行法509条

　ご承知のとおり，現行法では，不法行為による損害賠償債権を受働債権とする相殺は禁止ということになっています。趣旨は，腹いせで不法行為をすることの防止，そして，被害者に現実の救済を受けさせるという説明がなされているかと思います。

イ　改正法509条

　改正法では，これから申し上げますとおり内容を改めています。一方で相殺できる範囲を拡大し，その一方で相殺を禁止する場合を拡大しております。

　受働債権が「悪意による」不法行為損害賠償債権の場合（1号）は相殺が禁止されるとされていますが，これは相殺制限を緩和し相殺できる範囲を拡大する方向の改正です。反対解釈すれば，悪意でない場合は相殺してもよいということになります。従来は過失の場合も相殺禁止でしたから，そういう意味では，相殺できる範囲が拡張されているということになります。ここでいう「悪意」とは何かという問題がありますが，

単なる故意，知っていたというものではなく，積極的な意欲を必要とするというのが部会資料等の説明です。この悪意の文言については，破産法253条1項2号の非免責債権に係る悪意による不法行為債権における悪意の解釈が参照されています。したがって，過失がある場合又は故意だが積極的な意欲まではなかったという場合は，これを受働債権とする相殺が可能であるというのが今回の改正ということになります。

　その一方で，受働債権を対象としている不法行為の損害賠償債務が生命身体の損害における損害を対象とする場合は，従来どおり相殺禁止のままです。さらに，条文の書き方で，1号は「不法行為」と書いてあるのですが，2号は「不法行為」ではなく単に「損害賠償」となっています。よって，生命身体侵害のときは債務不履行に基づく場合も相殺禁止になります。債務不履行の場合どうなのかというのは，現行法では実際のところはっきりしていませんでしたが，改正法では明らかに相殺禁止の対象となるということで，そういう側面からは相殺禁止を拡大する内容と見てもよいと思います。なお，これらの規律は，被害者が現実に救済を受けなければいけないという観点に立脚しておりますから，そのような要請が働かない場合，すなわち受働債権を第三者から譲り受けたものであるときは譲り受けた者の現実救済の必要はないといえますので，相殺禁止の趣旨に該当せず相殺が可能であるという509条柱書ただし書が置かれています。現実問題として，これに該当する例がどういうものになるのか，個人的には少し想定し難い部分があるとは思いますが，一応理屈からすると考えられない定めではありません。

ウ　現行法との相違

　現行法とどう違ってくるかを改めて簡単にいいますと，人身損害の場合を除いて，不法行為の加害者に悪意が認められない限り，この不法行為による損害賠償債権を受働債権とする法定相殺が可能となるということになります。なお，経過措置（附則26条2項）については，相殺の禁止について施行日前債権が生じた場合は旧法であるということになります。

⑷　差押えと相殺についての規律（改正法511条）

　現行法にも規定がありますが，差押え前に取得しているが，自働債権の弁済期が受働債権よりも後に到来するときに相殺できるのかという問題があり，現行法下で議論になっていました。現行法の条文上，その点が明らかではないということです。これについては，私から申し上げるまでもないかと思いますが，制限説と無制限説が対立しており，判例は，当初，制限説（弁済期の先後を問題にする立場）だった（最判昭和39年12月23日民集18巻10号2217頁）のが変更され無制限説になりました（最判昭和45年6月24日民集24巻6号587頁）。学説上争いのある論点でしたが，実務は無制限説で固まってしまっているということで，さてどうするかという状況でした。改正法は，条文を見れば分かるとおり，弁済期の前後は問わないということをはっきりと書き，無制限説の立場をとることを明示しています。これがまず1点です。

　さらに，差押えの後に債権が発生した場合について現行法511条の文言からしますと債権を差押え前に取得しなければならないとなっていますが，これについても，改正法では相殺ができる場合を認める方向で修正をしています。具体的には，差押え後に債権が発生してもそれが差押え前の原因に基づいているときは，これを自働債権とする相殺で対抗できることとなります。これについては，破産法67条1項，2条5号，6号の規定が，破産手続開始後に債権が発生してもその原因が破産手続開始前である場合については相殺の期待を保護しており，それに平仄を合わせるということで規律が設けられたものといえます。

　具体例につきましては，委託を受けた保証人が差押え後に保証債務を履行して事後求償権を取得したような場合が該当すると思います。ただ，改正法は，差押え後にその第三債務者が他の人の権利をわざわざ取得してそれで相殺するというような場合，さすがにそこまで相殺に対する期待を保護できないということで，相殺はできないとしています。

　このように，改正法は，少なくとも現行法が認める場合よりも相殺ができる方向で規律をしています。しかし，それはさすがにやり過ぎでは

ないかということで，適用範囲に限定を設定しようという見解が出ています。一つは，法制審の審議委員でいらっしゃった岡正晶先生が『金融法務事情』2054号31頁以下（「差押え・債権譲渡と相殺—改正民法下における新制限説（自働債権成熟度説）—」）で，発生原因が前にありさえすればよいのかという議論をされていますし，潮見佳男先生の『新債権総論Ⅱ』の309頁以下でその点の整理がされていますので，もしご興味があれば参照いただければと思います。いずれにしましても，ここについては解釈による限定を述べる方が多いかなというところですね。

　もう一つは，委託を受けていない保証のようなときはどうなのかということです。これにつきましては，破産手続における事例ですが最高裁判例（最判平成24年5月28日民集66巻7号3123頁）が参照されており，部会資料の説明（69A・30頁）では，この場合，先ほど申し上げた511条2項ただし書の類推によって処理することが考えられるとされています。

　なお，この点に関する経過措置ですが，差押えと相殺（511条）につき施行日前の原因に基づいて生じた債権を自働債権とする相殺については旧法（附則26条3項）を適用します。ですから，施行後に債権が発生する場合でも旧法の適用となる場合があるということです。

⑸　債権譲渡と相殺についての規律

　債権譲渡につきましては，後日，債権譲渡を取り扱った講義がされますので，具体的な話はそちらに乞うご期待ということにさせていただきたいと思いますが，さわりを申し上げます。

ア　現行法

　債権譲渡の当事者であるその債権の債務者が反対債権を持っていた場合はどうなのかというところについては，現行法の468条2項がありますが，それ以外ははっきりと規定がなく，相殺と差押えにおける議論と同じく制限説と無制限説があり，こちらについては，どちらかというと制限説の方が有力であるとされていました。判例（最判昭和50年12月8日民集29巻11号1864頁）の結論としては無制限説による処理のように

I 消滅時効，弁済・相殺

いわれていますが，事例が特殊である等で議論に決着をつけるものではないといわれているところかと思います。

イ 改正法

このような状況の中で，改正法はどうしたかといいますと，無制限説を採用しました。すなわち，相殺と差押えの議論における改正法511条と同じような規定の方向に立つことを明らかにし，さらに，先ほど差押えの場合にお話ししたのと同様に，相殺に対する期待を保護する方向で規定を置いています。すなわち，改正法469条1項で，債務者対抗要件の具備より前に債権を取得していれば相殺をすることは可能であるとしました。さらに，対抗要件の具備の後で取得した債権でも相殺可能な場合を認めています（改正法469条2項1号・2号）。このうち，対抗要件具備時よりも前の原因に基づいて生じた債権（1号）は，先ほどの相殺と差押えの場合と同じです。さらに，債権譲渡の場合は，もう一つ規定を置きました。これが，譲受人の取得した債権の発生原因である契約に基づいて生じた債権（2号）の場合です。

なぜこのような規定を設けたかといえば，一つは，債権譲渡の場合，将来債権譲渡の問題があるということです。将来に発生する債権をあらかじめ譲渡してしまうという問題があるということ，そして，あと一つは，相殺と差押えの場合は債権者と債務者の関係が今後も続いてくことはなかなかないと思いますが，債権譲渡の場合は債権譲渡がなされた後でも譲渡人と債務者との取引関係が続いていくことがあるというような違いがあります。そのような場合に，債務者の相殺に対する期待が一定程度保護されてよいのではないかという観点で，差押えの場合よりより一層相殺を許容する方向の規律が設定されているといえます。

2号の該当例でよく挙げられるのは，将来の請負代金債権の譲渡がされて対抗要件を具備した後に請負契約が締結され，その契約による目的物に契約不適合があり，これに基づく損害賠償債権を取得したというような場合です。この場合，債務者対抗要件具備前に「原因」があるとはいいがたく，先ほどのように「前の原因」で救うことができないのでは

ないかということで，2号が働く場面であろうとされています。現実問題として，この辺の解釈はいろいろ悩ましいところがありますし，さらには，先ほど申し上げた，相殺についてあまりにも相殺に対する期待の保護に傾きすぎなのはないかという議論が，ここでも既に展開されています。

　債務者が対抗要件具備の後に他人の債権を取得した場合の例外（改正法469条2項ただし書）は，先ほど相殺で申し上げたのと一緒です。このような場合には相殺に対する合理的期待があるとはいえず，相殺を許すわけにはいかないということです。

　その他，読替え規定（改正法469条3項／466条4項の読替え）については，債権譲渡の回にお話があると思いますが，今般の改正でいわゆる譲渡禁止特約（改正法では譲渡制限特約）付きの債権の譲渡の規律，譲渡制限特約違反の譲渡の効果については，明らかに制度を変えています。その関係でいろいろと調整の規定を置いており，その一環ということになります。

⑹　相殺の充当

ア　現行法512条

　現行法では488条から491条までを準用するとしか書いていません。ですから，相殺の場合に充当をどうするかは，結局解釈ということになろうかと思いますが，相殺の場合は通常の弁済とは違い効果が遡及するため弁済と全く同じというわけにもいきません。この点，判例（最判昭和56年7月2日民集35巻5号881頁）は次のように処理しています。すなわち，充当に関する当事者の合意がなければ，①元本債権相互間で相殺適状が生じた時期の順序に従って充当し，さらに②時期を同じくする元本債権相互間及び元本債権とその利息，費用債権との間で，現行法489条，491条の準用により充当を行います。

イ　改正法512条

　基本的にはこの判例法理を明文化したといわれています。まず，当事者間に充当に関する合意があればそれに従い，さらに合意がない場合は

どうかということになりますが，改正法の512条1項で相殺適状が生じた順序で相殺の対象とし，相殺の対象が定まった後は法定充当ということになります（512条2項1号）。現行の512条，そして判例がどういっているか，少しはっきりしない部分はあるようですが，改正法は指定充当ができないとなっており，現行法512条との違いとされています。

　そして，同時に相殺適状にある債権が複数あるときは，費用，利息の順に充当し，最後に元本に充当する（512条2項2号）ということになります。相殺充当につき先ほど申し上げた潮見先生の『新債権総論II』には，時系列を伴って説明がされていますのでご興味のある方は，お読みください。

ウ　改正法512条の2

　一個の債権の弁済として数個の給付をすべきものがある場合，相殺については512条の規定を準用するということで処理をしています。

　なお，経過措置は，相殺充当について施行日前に相殺の意思表示がなされていれば旧法で（附則26条4項），そうでなければ新法と，これもシンプルな内容です。

　以上のとおり相殺についてご説明いたしました。相殺につきましては，509条あたり，あとは相殺と差押え，債権譲渡と相殺のあたりで，基本的に相殺可能な場合を拡大する方向で改正がされている一方で，相殺への期待に対する保護について，制約の議論があるということ等があります。また，債権譲渡における相殺の取扱いには，債権譲渡に関する改正内容と関連していろいろ悩ましい問題がありますが，私からのご説明は以上とさせていただきます。

第2 弁済・相殺

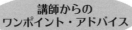

　債権の消滅時効期間については，短期消滅時効の廃止等により，これらの規定に関わる適用関係などの悩みは解消されることになります。ただし，本文で触れた賃金債権をはじめとして，もともと民法の特則が置かれており，かつ，今回の整備法等による改正がないものについてまで今回の改正法の規律（時効期間が主観的起算点から5年，客観的起算点から10年）が及ぶわけではありません。この点は注意が必要だと思います。

II

意思表示と保証債務

弁護士　篠塚　力

II 意思表示と保証債務

第1 意思表示

1 心裡留保

まず，現行法の条文と改正法の条文（93条）を見比べていただけますでしょうか。見ればお分かりのとおり，現行法では「真意を知り」というところが，改正法では「真意でないことを知り」と変わっていること，2項が追加になっており，ただし書で「善意の第三者に対抗することができない」ということで第三者保護規定を入れているということです。

(1) 無効となる要件の表現の修正

では，93条1項ただし書で「真意を知り，あるいは知ることができた」から「真意でないことを知り，又は知ることができたとき」に変えた理由は何かといいますと，相手方が真意そのものは知らなくても意思表示が真意でないことは知っている，すなわち，言っていることが本当でないということが分かれば，そういう相手方を保護する必要がないからです。

(2) 第三者保護要件を規定

従前からこの規定がないということで問題になっていたところなのですが，心裡留保については善意の第三者を保護するということになりました。この部分については，錯誤についても，詐欺についても少し変わりますし，虚偽表示については従前の規定があるわけですが，これを本人の帰責性と第三の主観的要件をカテゴリカルに連動して規定しているということになります。

虚偽表示の場合は善意の第三者は保護されるわけですが，心裡留保の場合は虚偽表示と同様に，表意者の帰責性がある程度あるということで，第三者は過失があっても善意であれば保護されることになりました。

2 錯 誤

飛ばした94条はどうなったのかということですが，これは議論が大いにありましたが結局まとまらず，従前の判例のとおりということで終わっています。

(1) 「要素の錯誤」の要件に関する判例ルールの明文化

　では，95条の条文を見ていただけますか。「法律行為の要素に錯誤が
あったときは，無効とする」という柱書の部分ですが，改正法では95
条の1項，2項に書き分けられています。それから，ただし書の部分の「重
大な過失があったときは，その無効を主張することができない」という
部分については，3項で詳しくその判例等を明文化しているということ
で，3項に移っています。4項として先ほどの第三者保護要件を規定し
ており，このような条文としてはきれいな形にまとめられているという
ことです。

　まず，要素の錯誤といわれている問題については判例を明文化しまし
た。それから効果としては，従前無効といわれていたものが，95条1
項のとおり「取り消すことができる」と，取消しに変わりました。この
点，形式的には大きな違いですが，実質的にはあまり変わっていないと
いうことは，後でご説明申し上げます。

　いわゆる要素の錯誤というものについては，従前，主観的因果性と客
観的重要性ということで理解されていました。しかし，その要件が現行
の条文から読み取れないということで，改正法で明文化しようと様々な
議論がなされた結果，「その錯誤が法律行為の目的及び取引上の社会通
念に照らして重要なものであるとき」と規定され，それで分かりやすく
なったかというと必ずしも分かりやすくなっていないわけです。もう既
に，A説，B説という形で，読み方，解釈が分かれています。

　主観的因果性と客観的重要性がいわゆる要素の錯誤であるということ
には変わりはないのですが，A説として，日弁連（『実務解説改正債権法』
11頁）あるいは森田修先生（『法学教室 №429』79頁）などは，1項の
「基づく」という箇所が主観的因果性を示し，「その錯誤が法律行為の目
的及び取引上の社会通念に照らして重要なものであるとき」というのが
客観的重要性を示すのだという解釈をしています。それに対して，B説
は潮見佳男先生（『民法（債権関係）改正法案の概要』7頁，『民法（債権関
係）改正法の概要』8頁）ですが，そうではなく，主観的因果性と客観的

重要性を統合したものが「その錯誤が法律行為の目的及び取引上の社会通念に照らして重要なものであるとき」という要件だということで，この二つが学説によって使い分けられていますので，それを理解した上で読んでいただきたいということです。

(2) 錯誤の効果～取消権

95条1項としては，錯誤の効果が無効から取消しに変わった，取消しをすることができると規定が変えられています。しかし従前から，錯誤無効の主張は表意者のみしかできなかったわけで，もともと取消し的無効といわれていた部分で，実質的な違いはあまりないと解釈されています。ただ，120条2項を見ていただくと，冒頭に「錯誤」が入り，これによって取消権の規定ですから126条が適用され，追認できる時から5年，行為の時から20年という，取消権の行使期限の制限が明確に規定されました。これまでは，錯誤無効についても期間制限は必要だという解釈上の処理として，信義則だとか権利失効の原則によって，長期間錯誤無効が主張されずに急にされた場合には制限を加えていたのですが，今回は取消権にすることによって行使期限が明確になったという点があろうかと思います。

(3) 動機の錯誤に関する規律の明文化

錯誤については，表示の錯誤が95条1項1号，動機の錯誤あるいは事実の錯誤といわれるものが95条1項2号に書き分けられています。その書きぶりとしては，「表意者が法律行為の基礎とした事情についてその認識が真実に反する錯誤」と変わっています。

その上で，動機の錯誤がいわゆる要素の錯誤に当たるかどうか，あるいは先ほど述べた「その錯誤が法律行為の目的及び取引上の社会通念に照らして重要なもの」に当たるかどうかについては，2項の「その事情が法律行為の基礎としていることが表示されていたときに限り」，いわゆる動機が表示されているときに限り，この要素の錯誤に当たるかどうかの判断ができるという構成になっているわけです。

もともと判例において，動機が表示されているということについて

は，三つの考え方があったわけです。

①表示されていれば足りるというもの，②表示だけでは足りず契約の内容とまでなっていないと駄目だというもの，あるいは③双方必要だというものという解釈上の争いがあり，潮見先生の考えによれば，今までどおり解釈に委ねられているわけで，どちらかに決めることはできないとされています（『民法（債権関係）改正法案の概要』8・9頁，『民法（債権関係）改正法の概要』9・10頁）。そのこともあり，表示だけで足りるという説と，いや，契約内容となっていなければ動機は要素の錯誤になるかどうかの検討ができないのだという説は今も分かれており，これを表にしてみました。

動機表示理論・認識可能性説（①③）

　動機の錯誤あるいは事実錯誤が取消対象となるためには，表示＋相手方の認識可能性があれば足りる。

アあ　動機 → 効果意思 → 表示 → 法律効果
　　　　　　　　　　　　↑

　い　表示の錯誤（効果意思と意思表示間に齟齬）→重要であれば法律効果否定

　う　動機の錯誤→ 効果意思 → 表示 →重要でも法律効果否定せず
　　　　（効果意思と意思表示間に齟齬なし）
　　　　（相手方認識不可能）

イあ　動機 → 意思表示の内容として表示 → 法律効果
　　　　（条件・前提・特約等 相手方認識可能）

　い　動機の錯誤→意思表示の内容として表示→重要であれば法律効果否定
　　　　（条件・前提・特約等 相手方認識可能）

II 意思表示と保証債務

事実錯誤論・動機の契約内容化説（②③）

　動機の錯誤あるいは事実錯誤が取消対象となるためには，動機が契約内容として合意されていることが必要とする説

ア あ　事実→ 動機 → 効果意思 → 表示 → 法律効果
　　　　　　　　　　　　　　　↑

　　い　表示の錯誤（効果意思と意思表示間に齟齬）→重要であれば法律効果否定

　　う　事実と動機の齟齬 → 効果意思 → 表示 →重要でも法律効果否定
　　　　事実と動機の齟齬のリスクは表意者が負担すべき
　　　　事実と動機の齟齬のリスクを表意者は合意内容に高めるべき

イ あ　事実→ 動機 → 意思表示の内容とする合意 → 法律効果
　　　　　（条件・前提・特約等 相手方認識）
　　い　事実と動機の齟齬→意思表示の内容とする合意→重要であれば法律効果否定
　　　　　（条件・前提・特約等 相手方認識）
　　　　事実と動機の齟齬のリスクを表意者は合意内容に高めている

　従前からいわれている動機の錯誤の表示理論というのは，認識可能で足りるということなのですが，どういう経緯でものを考えているかというと，動機があって，それから効果意思が発生して，それを表示して，それで法律効果に結び付くという考えを前提にし，表示の錯誤というのは，この効果意思と表示の間に錯誤があるという場合で，重要であれば法律効果を否定するというものです。次に，動機の錯誤の場合は，効果意思と表示意思の間に齟齬はないので，重要であっても法律効果を否定することができません。それはなぜかというと，相手方に認識は不可能だからという理屈を立てています。

　この動機の錯誤が要素の錯誤になり得る場合としては，動機が意思表示の内容として表示された場合，具体的には条件や前提などです。例えば，「地下鉄が通るという条件ならばそのものを買いましょう」，あるいは「地下鉄が通るという前提で取引します」ということであれば，それ

が正しければ法律効果があるというのは，相手方は認識可能性があるからだということになります。その動機の錯誤が表示されていた場合には，その意思表示の内容として，例えば地下鉄が通るようになればということが表示されていれば，相手方がそれを受諾しているわけではない，契約の内容とはなっていないけれども，動機の錯誤としての要件を検討し，重要であれば法律効果は否定されるというのが，この表示理論あるいは認識可能性説です。

　もう一方の事実錯誤論というのは，議論の出発点を事実に置くわけですね。事実があり，それに基づいて動機が形成され，効果意思が発生してそれが表示され，法律効果に結び付くという考えです。先ほどいいましたように，表示の錯誤は，効果意思と表示の意思に違いはないのですが，いわゆる動機の錯誤といわれていたものは，事実と動機に齟齬があるのです。そういった齟齬に基づいた効果意思が発生し表示されても，事実と動機の齟齬のリスクは表意者が負担すべきで，表意者が相手方にその錯誤のリスクを負わせることはできない，負わせるのならば合意内容に高めるべきだというのが，事実錯誤論，動機の契約内容化説といわれている説です。

　これらは，どちらも均衡したような形になっています。あくまでも，契約として法律効果が発生するというのは，意思表示の内容とする合意があった場合です。事実と動機の間の齟齬があり，それが意思表示の内容となっていれば，そして重要性があれば，法律効果が否定されるという考え方になっています。大きなところは，表示だけで足りるのか，契約内容になっていないと駄目なのかということです。

　認識可能説の立場からは，これが現行法の判例理論を示しているものだということで，事実錯誤論あるいは契約の内容化説に対しては，現状より狭くなってしまうと批判をしています。例えば，消費者の立場を考えると，従前よりも錯誤が認められる範囲が狭くなってしまうということ，そして，契約の内容にも取り込まれてしまっているのであれば，それに違反したというのは，錯誤ではなく債務不履行の問題になってしま

うのではないかということです。

　それに対して，事実の錯誤論あるいは動機の契約内容化説の立場からは，いや，認識可能性説はむしろ判例よりも広がりすぎてしまい，可能性さえあれば契約内容にもなってないもので相手を拘束する，要するに無効にしてしまうという批判があります。

　また，債務不履行か錯誤かというのは，両方とも表意者の方で選択すればよいのではないかという形で議論としては対立をしており，これも今後の解釈に委ねられています。

　ところが，この法案自体は平成27年3月末に国会に上程されているわけですが，その後，判例（最三小判平成28年1月12日民集70巻1号1頁・判時2293号47頁）が出ています。この判例は信用保証協会に関する問題で，協会が保証をしたところ，事後に債務者が反社会的勢力であることが分かったので錯誤無効だという主張をし，金融機関に対する支払を拒んだわけです。それで裁判になったわけですが，その中で最高裁は，「動機は，たとえそれが表示されても，当事者の意思解釈上，それが法律行為の内容とされていたものと認めない限り，意思表示に要素の錯誤はない」と，内容化説からすれば持論が採用されたという主張になるようなことをいいました。その後，さらに最高裁は，中小企業の実態がない場合について，信用保証協会は支払を拒んだわけですが，その点の錯誤についても同様の判断をし，意思表示が表示だけではなく契約内容となっていないと要素の錯誤はないという，動機の契約内容化説を採ったようなことをいっているわけです。ただ，これは改正条文が国会には上程されていてもまだ発効する前ですので，現行法の解釈としてそういうことを述べました。そうすると，新法が発効したときにどちらになるかは，また次の問題になってしまうということになります。

　では，実務家としてこういうときにどう対応するか，本当に大きな違いがあるのかないのかというと，個人的にはどちらを採ってもあまり変わらないのではないかと思います。というのは，契約内容化説，要するに合意として成立していなくてはいけないといっても，表示が進んで具

第1　意思表示

体的に立証されると，その後は事実上の推定が働く場合が多いと思うのですね。実務的には，どちらの場合に立っても表示をまず立証し，表示があれば通常それは契約の内容になっているでしょうという流れになるわけです。それに対して，本来は立証責任はない側でも，事実上の推定として裁判官の心証を覆すために，「いや，きちんと合意ができていたんだ」，あるいは「合意ができていなかったんだ」というところを立証していくという形になるので，立証まで考えると大きな差は本当にあるのか疑問です。研究者は非常に理論的に考えるので違いは大きいようですが，事実上の推定や裁判官の自由心証のところでは，決定的な大きな違いはないのではないかと，今は考えています。

　次に，惹起型錯誤というのは，例えばどんな例かといいますと，教材会社が「この教材を買いませんか」というので，「いやあ，高いんじゃないですか」と返答したところ，「いや，ちゃんとこの教材を使ってマスターできれば，教材のローンなんて簡単に返せますよ」といったわけですね。そうすると本人としては，「仕事も回してくれるんだな」と思ってしまったわけですが，それは錯誤が認められるのでしょうか。

　これは契約の内容とはなっていないのですが，セールスマンがそういったセールストークをし，その結果として表意者（本人）に動機の錯誤を生じさせた，要するに，相手方が表意者の錯誤を惹起したという帰責性を捉えて，表示をしていようと，契約内容になっていようとなかろうと，動機の錯誤の一形態として，下級審判例は惹起型錯誤を認めており，裁判例も集積しています。しかし，明文化することについては，相手方に過失がなくてもよいのかという議論もあり，見送りになりました。ただ，裁判例は否定されているわけではないので，下級審が築き上げた惹起型錯誤の裁判例は今後も続いていくということになります。

⑷　**表意者に重大な過失があるにもかかわらず，錯誤取消しが認められる場合**

　これは，従前の「重大な過失があったとき」ということに加え，共通錯誤（双方に錯誤がある場合）は，重大な過失があっても錯誤を認めます。

Ⅱ 意思表示と保証債務

(5) 第三者保護要件を規定

　第三者保護要件としては，心裡留保，虚偽表示，詐欺等と比較して，善意無過失の第三者を保護するという規定になっています。これが先ほどいったとおり，カテゴリカルに本人の帰責性と主観的要件を組み合わせているという形です。

3 詐　欺

　条文を見ていただくと，1項は変わっているわけではありませんね。2項を見ますと，第三者詐欺の要件について，現行法は「相手方がその事実を知っていたときに限り」と書いてあるわけですが，改正法を見ますと「相手方がその事実を知り，又は知ることができたとき」というように，相手方が事実を知ることができたとき，すなわち知らないことに過失があるときは取消しができるとして，取消しができる場合を広げて本人の保護を少し広げているということです。これは，心裡留保との比較の中で均衡をとるという形で，相手方が知らないことについて過失がある場合にも，第三者詐欺による取消しを認めたというものです。

　また，詐欺の場合の第三者保護の要件（96条3項）を見ていただきますと，「善意の第三者に対抗することができない」というのが現行法になっていますが，改正法では「善意でかつ過失がない」場合というように，被害者的要素が強いということもあり，第三者の保護としては善意無過失を要求すると条文が変わっています。この点が明確になったわけです。

4 意思表示の効力発生時期等

　条文をまた比較していただき，97条1項を見ますと，現行法は「隔地者に対する意思表示は」と，冒頭はなっているわけですが，改正法を見ますと，その頭が取れて「意思表示は」というようになっているわけです。そういうわけで，到達主義を隔地者間に限定しない，対話者間でも到達主義の適用を認めるということになりました。

　従前，それを確立した判例として，「到達」というのは「了知又は了知可能な状態に置かれた」ことで足りるということになっています。こ

の点は明文化されてはいませんが，変わりはなく到達主義の変更はありません。見ていただくと分かるように，現行法の2項というのは改正法の3項で，改正法は2項として新しい条文を入れているわけです。これは，読んでいただくと分かりますように，到達妨害による到達の擬制ということで，「相手方が正当な理由なく意思表示の通知が到達することを妨げたときは，その通知は，通常到達すべきであったときに到達したものとみなす」とされています。これ自体も大判昭和11年2月14日民集15巻158号の明文化であり，新しいものが加わった，条文化されたということではなく，判例を明文化したということです。明文化されたので，当然，一般にもこの条文はよく使われるようになっていくだろうと思われる改正です。

5　意思表示の受領能力

97条2項はどこへ行ったかというと，新法では3項になっており，「隔地者に対する」という箇所は削られていますが，「意思能力を喪失し」という語句が加わっているわけですね。こういう場合も同様に扱うということです。

それから，98条の2を見ていただけますでしょうか。98条の2は受領能力の問題なのですが，ここも現行法と改正法を見比べていただくと分かるように，改正法には「意思能力を有しなかったとき」という文言が加わっています。この受領能力の問題についても，行為能力がない場合だけではなく，意思能力がない場合も明文として規定したということです。その後，意思能力や行為能力が回復した場合の措置として，98条の2第2号に「意思能力を回復し，又は行為能力となった場合の相手方」と規定されているということで，この部分については，ほぼ当然のことが明文化されたということです。

6　新法の適用開始時期

93条，95条，96条2項及び3項，98条の2は，「施行日前になされた意思表示は従前の例による」というようになっていますが，今見てきましたように，施行日以後になされた意思表示から適用されることにな

るわけです。今回の95条，96条2項，98条は，多くは従前の判例を明文化した部分がありますから，その部分については，旧法を使おうと新法を使おうと，結果的にはあまり変わりがありません。ただ，第三者保護要件など新しく加わった要件については，施行日以後に意思表示あるいは通知がなされた場合になるということです。

　また，特に，要素の錯誤は，実際はあまり変わりがないということです。97条については，「施行日前に通知が発せられた意思表示については，従前の例による」ですから，施行日以後に通知が発せられた意思表示から適用されます。先ほど述べた新しい97条2項の「到達妨害による到達の擬制」というのは判例の明文化ですので，施行日前は判例を根拠に，施行日後はこの条文を根拠にという適用になり，結果としてはあまり変わりがないということです。

第2　保証債務

1　総　則

(1)　448条2項の追加

　保証についてもまず条文を見ていただきますと，448条1項自体は何も変わりがなく，2項が追加されているわけですね。これは条文を読んでいただくと分かるように，特段びっくりするようなことは何も書かれていません。「主たる債務の目的又は態様が保証契約の締結後に加重されたときであっても，保証人の負担は加重されない」という，弁護士にとっては当たり前のことが明文化されたということです。いわゆる保証契約後の主たる債務の加重に関する付従性原則の明文化と難しいことがいわれていますが，普通に考えれば，後から主たる債務が増えたからといって保証債務が加重されるということはないと明記したということです。これは学説に異論がないルールを明文化したといわれています。

(2)　主たる債務者に生じた事由

　まず457条1項については，見比べていただくと，主たる債務者に生じた事由の書きぶりが少し変わっているだけで，「時効の中断」と書か

れている部分が「時効の完成猶予及び更新」に，要するに総則で，従前中断といわれていたものが時効の完成猶予と更新に変わったわけです。例えば，仮差押えなどは，従前，中断事由だったわけですが，今回，更新事由ではなく完成猶予に変わりました。これは，前回の講義であったと思いますが，仮差押え，仮処分というのは暫定的で確定的なものではないので，更新事由にはならないというわけなので，それに合わせた書きぶりの変更ということになります。ですから，457条1項自体は実質的に何かを変えるというものではなく，表現の変更，すなわち時効の箇所の改正が反映されているというだけの話です。

　そして，457条2項についても条文を見ていただきますと，現行条文は「保証人は，主たる債務者の債権による相殺をもって債権者に対抗できる」という規定になっているわけですが，改正法は「保証人は，主たる債務者が主張することができる抗弁をもって債権者に対抗できる」というものです。見比べて分かるように，従前は相殺の抗弁だけを問題にしていたわけですが，改正法においては，主たる債務者が主張できる全ての抗弁を，保証人は債権者に対して抗弁とすることができるということを明記したということです。

　それから，新規の条文として457条3項を追加しています。これは，主たる債務者に相殺権，取消権，解除権が存在することを，保証人が履行拒絶の理由として使えるということを追加したものです。考え方としては，相殺や取消し，解除を保証人が行使するという構成も考えられるわけですが，保証人が行使するのではなく，保証人はあくまでも主たる債務者がそういう権限を持っているということを理由に保証債務の履行を拒絶するという構成が今回採られ，履行拒絶の抗弁権構成といわれているわけですが，履行拒絶権が保証人に与えられたということです。これも学説では異論のない準則を明文化したものといわれています。そういう意味で，保証人に，相殺権や取消権，解除権の行使権限を与えるものではないということです。この点が消滅時効の援用権とは法的構成が異なるわけです。

援用権者というのが前回の講義であったと思います。従前は，145条については援用者が書かれていなかったわけですが，改正法では，保証人は例示として援用権者に挙がっているわけですね。この場合は援用権者ですから，消滅時効については，保証人は主たる債務者の消滅時効を援用することができる，主たる債務を消滅させることができるので，拒絶権構成ではないというわけです。その結果として，主たる債務が消滅したので保証債務は付従性の原則によって消滅したという構成になるので，構成が少し違うわけです。この点注意してください。

⑶ **連帯保証人に生じた事由の効力**

458条は，見ただけではなかなか頭に入りにくいところなのですが，連帯保証人について生じた事由が絶対的事由なのか相対的事由なのかについて，連帯債務の規定が相対的事由に多くのものが変わったわけです。それに合わせて458条の内容も改めました。端的にいいますと，連帯保証人に対する履行の請求と免除は，絶対的効力事由ではなく相対的効力事由になりました。ですから，連帯保証人に対して履行請求をしても，主たる債務に対して履行請求をしたことにならないという構成に変わりました。条文を後で追っていくとそれが分かると思いますが，連帯保証人に対する履行請求と免除は相対的事由になったということをこの458条はいっているというわけです。

2 契約締結後の情報提供義務

続きまして，458条の2，458条の3というのが新しく創設された条文です。これはどんな条文かというと，保証人保護の観点からの一つとしての保証契約締結後の情報提供義務です。ただ，これは債権者が一般的な情報提供義務を負ったというほど単純なものではありません。

⑴ **受託保証人からの請求による主たる債務の履行状況に関する情報提供義務**

まず，458条の2を読んでみていただきたいのですが，対象となるのは委託を受けた保証人であり，かつ，保証人から請求があった場合に，債権者がこういった履行状況に関する情報提供義務を負うということで

すから，委託を受けていない保証人に対して，あるいは保証人から請求がないのに債権者が情報提供義務を負うわけではないということを押さえていただきたいと思います。

通常，なぜこの規定をわざわざ置くかということなのですが，一般的に，例えば債権者というのは金融機関等になるわけですが，保証人が問い合わせても，従前は，主たる債務者との関係で，すなわち借り主との関係で守秘義務があるのではないかということで，本当に保証人に答えてよいのかどうかという不安がありました。そこで，この規定を置くことによって法的根拠があるので，要件を満たす委託を受けた保証人から履行状況について問合せがあったときには，金融機関等がそれに答えても主たる債務者から守秘義務違反を問われることはないという根拠を与えたという条文です。この条文に違反し，主たる債務の元本，利息，違約金，損害金が発生しているのか発生していないのか，今，残額はいくらなのか，あるいは弁済期が到来しているものはどれだけあるのかというようなことをきちんと教えなかった場合にはどうなるのかといえば，この条文を見る限り何も書いていないわけですね。何も書いていないということは，一般的には民法415条で損害賠償の対象になったり，あるいは451条で保証契約の解除ができたりという，債権総論あるいは契約総論の原則に戻って解釈するという効果が発生します。ですから一般的な債務不履行になります。

(2) 主たる債務者が期限の利益を喪失した場合の情報提供義務

次が，これはよくある話なのですが，主たる債務者が期限の利益を喪失した場合の情報提供義務です。それまで，2%，3%，あるいは0.何%であったのが，期限の利益が喪失した途端に14%になったりするわけですね。保証人がそれを知らないと予想もしないような金額になり，期間が長くなれば長くなるほど損害が大きくなって，個人保証人を保護するという観点ではかなり問題がある現状ですので，これを改める制度になっています。

ただ，これはあくまでも個人保証人の保護であって，保証人が法人で

あるときは適用しません。458条の3の3項に「保証人が法人である場合には，適用しない」と書いてありますので，そこを見ていただければ分かるかと思います。

どのような義務の内容があり，どのような効果があるのか，義務違反の効果は何なのかということですが，まず，義務内容は1項に「(期限の)利益を喪失したときは，債権者は，保証人に対して，その利益の喪失を知った時から2箇月以内に，その旨を通知しなければならない」と書かれており，その通知をしなかったときの効果が2項に「前項の期間内に同項の通知をしなかったときは，債権者は，保証人に対し，主たる債務者が期限の利益を喪失した時から同項の通知を現にするまでに生じた遅延損害金に係る保証債務の履行を請求することができない」と書かれているわけです。通知がされるまでは，それまで2％だったものが2％のままいくということであり，14％の損害金は取れないということが効果としてあるということです。要するに，遅延損害金が発生したことを知らせなければ従前の利息しか取れないという規定で，通知をするように促しています。これは，実際かなりの金額になりますので，効果は大きいのではないかと思っています。

3 保証人の求償権

(1) 459条～受託保証人の求償権

結論的には，表現は変わっているものの内容はあまり変わりがないということなのですが，条文はかなりいろいろなところに移動しています。まず，新旧の1項を見比べてみますと，現行法にある「過失なく債権者に弁済すべき旨の裁判の言渡しを受け」たとき，要するに敗訴判決を受けたときというのは，払わなくてはいけないということですが，払った後の求償ではないので事前求償のような形になるわけです。この部分は現行法では抜けているのですが，改正法では460条の事前求償のところに3号として移動しています。ですから，判決の言渡しを受けたときには事前求償の中で処理をする形になっています。

また，委託を受けた保証人が弁済したときには，現行法では「主たる

債務者に対して求償権を有する」という規定だけになっているのに対し，改正法の459条1項を見ると，どれだけの金額を払うかという求償する金額が記載してあります。すなわち，「そのために支出した財産の額（その財産の額がその債務の消滅行為によって消滅した主たる債務の額を超える場合にあっては，その消滅した額）」という形で，求償権の額が明記されたということになります。

　なお，442条2項は，現行法，改正法ともに全く同じ書きぶりなのですが，実は内容が今の文章の関係でなくなっているわけです。要するに，459条2項で引用している442条2項の条文は，実は459条の2の2項と同じ書きぶりです。「主たる債務の弁済期以後の法定利息及びその弁済期以後に債務の消滅行為をしたとしても避けることができなかった費用その他の損害の賠償を包含する」。要するに，求償できるのは弁済した額＋弁済後の法定利息及び避けることができなかった費用だと，ごく当たり前のことを書いたわけです。

　この442条2項の場合は，元本の額のことは書いていません。先ほどいいましたとおり求償の対象となる元本は何かということ，要するに，求償権のもとの元本は459条1項に書かれている弁済のために支出した金額だということです。ただ，支出した金額が実際の債務よりも多かった場合は，その債務の金額までだということが書かれているわけです。442条2項には，それ以外の，法定利息，損害金，費用といったものも書かれているわけで，そのことが459条1項に書き分けられています。ですから，内容としては459条1項・2項を変えているわけではないのですが，求償権の額について1項で記載したために，条文が少し移動しているということになります。

⑵　**459条の2〜受託保証人が弁済期前に弁済等をした場合の求償権**

　現行法では，459条の中に全部入っていたわけですが，改正法では書き分けているわけです。459条の2というのはあくまでも委託を受けた保証人についてですから，無委託保証人，すなわち委託を受けてない保証人のことは次で説明します。

まずは，当たり前なのですが，委託を受けているとはいえ，先に弁済したときに，弁済した時から利息を取る，損害金を取るというのは少し取り過ぎではないかということで，請求できるのはあくまでも本来の弁済期以後だというのが459条の2第3項に書かれています。それから，どれだけの金額を求償できるのかということも従前と変わりはないのですが，主たる債務が消滅した当時，利益を受けていた限度の範囲で取れます。ただ，相殺の原因を有する，要するに「そんなことをいわれても，事前弁済をして払ってくれ」といわれたときに，「いや，自分は相殺できたんだから」と主張できる場合には，保証人は諦めるしかないわけで，債権者に対して，今度は相殺で消滅すべきであった債務を履行請求できるという形で調整をしているわけです。

次に，いくら取れるのかという金額です。これは，もちろん「当時利益を受けた限度」というのがあるわけですが，それは主たる債務，要するに元本の部分が2項に入っており，先ほど申し上げたように，主たる債務の弁済期以後であって事前に弁済した時ではないわけですね。主たる債務の弁済期以後の法定利息及び主たる債務の弁済期以後に弁済されたとしても発生する費用ですから，保証人が期限前に弁済したことから発生した費用や利息などは取れないという，考えてみれば当たり前のことを丁寧に459条2項で書いているということになります。

(3) 受託保証人の事前求償権関連

前記2は期限があるのに任意に払った場合であるのに対し，委託を受けた保証人は事前に求償権を行使できないのかということは460条に書かれており，もちろん委託を受けた保証人の事前求償権はあるわけですが，どう変わったのかということですね。この460条をじっと見ていただくと，3号が明らかに違いますよね。改正法の3号を見ますと，「裁判の言渡しを受けたとき」という，先ほど459条の本文にあったものがここに来ているといったものがあります。現行法の3号は「債務の弁済期が不確定で，かつ，その最長期をも確定することができない場合において，保証契約の後10年を経過したとき」というものであり，いわ

ゆる終身定期金のような債務ですが，これは削除されています。

　要するに，終身定期金のような債務について保証をしていた場合，「10年を経過したとき」といったときに，主たる債務の金額さえ不明ではないかということで事前求償になじまず，使われたこともありませんし，実際，定期金債務の終身定期金ですから，最後の最後までいくらになるか分からないわけです。それで，10年経ったときに期限前弁済ができるといわれても困った話になるので，不合理な規定ということで3号は廃止されたというわけです。

　460条1号・2号は変わりがありません。破産をしたような場合には，事前求償ができるという規定は変わりがないということです。要するに，債務者への破産開始決定かつ債権者が配当に不加入の場合，債務が弁済期に来たときで弁済がなされてないという場合については修正がないということです。

　そして小さなことなのですが，次の461条の頭を見ますと，「前二条の規定により」というのが「前条の規定により」と変わっています。これは条文が入れ替わり，委託を受けた保証人の事前求償は460条にまとめられたので，条文の整合性を保つために，「前二条」が「前条」に変わったということです。現行法をマスターした人にとっては少しややこしい話なのですが，新しく学ぶ人にとっては非常に分かりやすく，すっと頭に入る話ということで，少々我慢をしていただければと思います。

(4)　無委託保証人の事後求償権

　462条自体は，要するに委託を受けてない保証人なのだから，弁済行為をしたとしても当時利益を受けた限度でよいというものです。改正法では，459条の2第1項の「その当時利益を受けた限度において求償権を有する」という規定を準用していますので，条文の書きぶりは変わっていますが内容は変わっていないというわけです。

　次に2項で，主たる債務者の意思に反して委託を受けてない保証人が求償権を行使したときはどうなるでしょうか。これは，新法も旧法も現存利益，すなわち「主たる債務者が現に利益を受けている限度において」

求償でき，この点は何も変わっていません。

したがって，条文はいろいろとひねくり回されているのですが，無委託保証人の事後求償権自体は従前と変わりがないということになります。

⑸　通知を怠った保証人の求償権の制限

463条1項は，受託保証人に対し主たる債務者に対する事前通知義務を定めているわけですね。受託保証人がこれに違反して通知しなかったときには，主たる債務者は，当然，自分が抗弁事由等を持っていれば，債権者に対抗した事由で保証人に対抗できるということで，要するに，委託を受けた保証人が通知を怠った場合に，主たる債務者に抗弁事由があればそれを対抗されてしまうということです。その場合でも相殺をもって対抗したときには，その相殺する債権について保証人に移るということですね。

現行法の463条は，委託を受けた保証人だけではなく無委託保証人についても定めていたわけですが，改正法の方は，委託を受けた保証人についてだけ規定しています。これはどういうことになるかというと，結局，無委託保証人というのは，先ほどいいましたように，通知をしようとしまいと債務者の意思に反した場合は現存利益でしか求償できないわけなので，無委託保証人には事前通知義務を課すまでもないという解釈で，そこが463条1項において条文が変わった点です。ですから，あくまでも463条1項は委託を受けた保証人の通知義務で，改正前は無委託保証人についても事前の通知義務を課すという解釈になっていたわけですが，改正後はもうそのような解釈をする必要はありません。無委託保証人は，主たる債務者の意思に反する場合は現存利益しか取れませんし，意思に反しない場合でも当時利益を受けた限度でしか求償権がないわけですから，そういう意味で無委託保証人には事前通知義務を課すまでもないという形で，463条1項は委託を受けた保証人についてだけ規定しています。無委託保証人については，規定してないというより，規定してないのは無委託保証人には事前通知義務を課さないという解釈の下に，こういう規定ぶりになったということです。

463条2項は，今度は，主たる債務者が弁済した後に受託保証人に対する通知をしなかったために，保証人が善意で弁済してしまった場合，要するに，主たる債務者が「保証人になってくれ」と頼んでおいて，自分が払った後保証人にそのことを通知しなかったので，保証人が知らずに払ってしまったというときにどうなるかという問題を規定しているわけです。その場合は，保証人は自分の弁済行為を有効とみなすことができるということが定められています。この点は改正前の463条2項と同じです。読み比べていただければ分かるように，委託を受けた保証人が善意で弁済したときには，443条の規定は，主たる債務者についても準用すると書いてありますが，要するに委託を受けた保証人の弁済行為を有効とみなすことができるということで，求償ができるという規定になっています。

次は，主たる債務者が弁済したが事後通知を怠ったところ，受託保証人の方も事前の通知を怠り，結局どちらも払ったという場合です。この点についてはいろいろと議論はあったのですがまとまらず，解釈に委ねられるということになりました。現行法ではどうなっているかというと，解釈はいろいろ分かれているわけですが，『注釈民法（11）』283頁では「443条1項，2項とも準用の余地がない」といっており，要するに，基本原則に戻って両方とも義務違反の場合には主たる債務者の出捐行為を有効とすべきであり，保証人の方が負けるという解釈です。保証人が後で払った場合，本来債務がなくなっているのに払ったのだから，いくら善意であったとしてもその行為は無効だということが書かれていますが，もっと細かい議論もありますので，この点は今後も解釈に委ねられるというところです。

463条3項は，委託を受けた保証人と受けていない保証人の両方のことを規定しています。ここもまた分かりにくいところなのですが，要するに，委託を受けた保証人であれ委託を受けてない保証人であれ，弁済したがその通知をしなかったときの効果がどうなのかということを規定しています。

条文を少し整理しますと，まず，無委託保証人，それも主たる債務者の意思に反する無委託保証人については，事後通知を怠った場合には，主たる債務者は，自分の方の消滅行為を有効とすることができます。ですから，主たる債務者の意思に反して無委託で保証人になった人は，求償するまでに，主たる債務者が弁済行為，債務消滅行為をしてしまったときには，求償権が発生しません。要するに，勝手にしかも主たる債務者の意思に反して保証するというのは，ある意味では一方的に債権譲渡を受けるようなことになるわけですから，求償権は基本的には認めないということを明確にしているわけです。

他方，主たる債務者の意思に反しない無委託保証人や委託を受けた保証人については，事後通知を怠った場合でも，主たる債務者が善意で債務消滅行為をしたときは，主たる債務者は自らの弁済行為を有効とみなすことができるわけですが，主たる債務者が知っていてまた払ったときは，主たる債務者の意思に反していない保証人か，主たる債務者が委託した保証人なのですから，それはいくら何でもひどいではないかということで，弁済行為は有効とみなされないということになります。

これは非常に複雑ですし，いちいちこういうチェックをしなくてはいけないのかということにもなりますが，ここはあくまでも任意規定なので，保証契約の中にきちんとこういうものは適用しないなどと明記しておけば特約で排除できます。

この辺りは細かく，1回聞いただけではなかなか分からないとは思いますが，無委託保証人の権利は非常に小さい，また，債務者の意思に反する無委託保証人について事前の通知義務も課されないというように，いろいろと変わっているというくらいのところは押さえておいていただき，何か問題が出てきたら，もう一度条文を見直して丁寧に対応するというようなことではないかと思います。

4　根保証規制の拡大

(1)　根保証

個人根保証の規制については，平成16年に一度改正がありました。

これは貸金等根保証規制といわれるものです。

　根保証には，①貸金等債務の根保証（銀行取引等から生ずる不特定債務で，金銭消費貸借あるいは手形割引等が含まれるもの），②継続的な売買取引から生ずる不特定債務の保証（要するに，継続的売買から生ずる不特定の債務の保証），③不動産賃貸借から生ずる賃借人の債務の保証（賃料だけではなく，損害賠償などいろいろなものがあるので，その保証。敷金もあれば，保証金もあれば，あるいは損害を与えた場合の保証などが，不動産賃貸から生ずる根保証の対象になるもの），④被用者についての身元保証（狭義の身元保証契約。広義とは何かというと損害担保契約というものもありますから，そうではなく通常の身元保証契約という意味）といった類型があります。

⑵　平成16年改正による個人貸金等根保証規制

　では，平成16年の個人の貸金等保証契約の規制が何だったのかということを再確認してみたいと思います。現行法では465条の2から465条の5までありますが，これを概観すると，まず465条の2において貸金等根保証の定義が規定してあります。「一定の範囲に属する不特定の債務を主たる債務とする保証契約であってその債務の範囲に金銭の貸渡し又は手形の割引を受けることによって負担する債務が含まれるもの」であり，保証人が法人であるものは除かれます。

　貸金等根保証契約というのは，従前は個人であることが当然であり，正確には個人貸金等根保証契約というものであったわけです。そして，保証人が予想外の損害を被る可能性があるということで規制しているのが，465条の3において，元本確定期日によってその保証の金額が予想外のものにならないように確定期日で規定するというものです。次が465条の4ですが，一定の事由が発生したら元本は確定してしまいそれ以上は膨らまないということで465条の4が入っているわけです。そして，465条5というのは何かというと脱法防止です。先ほどいいましたように，個人の場合に限っているわけですから，保証人を法人にしてその法人が持つ求償権を個人に保証させるということで脱法が可能になる

わけで，それを防ぐのが465条の5という規定であるわけです。

(3) 今回の改正

　貸金等根保証規制についてはこのような規定があったわけですが，今回の民法改正において，貸金等根保証の規制は旧法の内容がそのまま残っています。残っているのですが，条文の書きぶりは動いてしまうのですね。それはなぜかというと，465条の2第1項を見ていただきますと，まず対象は，一定の範囲に属する不特定の債務を主たる債務とする保証契約であって保証人が法人でないものであって，いわゆる貸金等債務の部分が旧法と比べてばっさり切られているので，そういう意味で一般的な根保証契約全部に適用されるという条文に書き換えているわけです。そのような目的ですので，条文もいわゆる根保証契約を一般に規制しています。旧来は貸金等根保証契約にだけ限定していたので，そこの条文が入っていたわけですが，それを外してしまうというものです。

　貸金等根保証とそれ以外の一般の根保証とで，規制方法がどのように異なるのかといえば，極度額を規定してないものは無効になる，書面によらないものは無効になるということ自体は，465条2項・3項の条文を見ていただくと分かるように変わりがないわけです。

　元本確定期日による規制は，改正前は465条の3であったわけですが，この規制は貸金等根保証以外の根保証には適用しないことになりました。そのため，個人貸金等根保証契約の元本確定期日が従前と比べてどこが違うかというと，465条の3でこの貸金等根保証契約の定義を入れています。465条の2の方は一般的な根保証契約を定めましたから，元本確定期日による根保証規制があるのは貸金等根保証だけですので，現行法では465条の2にあった定義をあえて465条の3第1項に持ってきているわけです。

　元本確定期日による規制は，現行法の465条の4を見ていただくと，貸金等根保証契約の確定事由は，「主たる債務者又は保証人の財産について，……強制執行又は担保権の実行の手続の開始があったとき」あるいは「主たる債務者又は保証人が破産手続開始の決定を受けたとき」「主

たる債務者又は保証人が死亡したとき」です。貸金等根保証契約については，これらの事由により元本は確定するという規制をしていたわけですが，先ほどいいましたような今回の一般的な根保証については，不動産賃貸借契約も根保証の対象になっているわけですね。そうすると，借主が破産したからといって，あるいは借主が強制執行を受けたら，破産申立てをしたら，当然に賃貸借契約が無効になったり解除できたりするかというと，そうではありません。

　要するに，信頼関係を破壊しない特段の事情があれば解除ができないわけですから，破産しても，強制執行があっても，賃貸借契約は続き，賃料は発生していくわけです。そうすると，債権者すなわち賃貸人からすれば，そこで元本が確定されては，主たる債務者である賃借人の使用は続くが，主たる債務者である賃借人からは破産したり，強制執行を受けたりしているのでお金は取れません。それにもかかわらず，賃貸人が保証人に対して元本確定後の賃料について履行を求めることができないというのではバランスを欠くので，これらは元本の確定事由にしないと465条の書きぶりが変わりました。

　例えば，465条の4第1号を見てみますと「保証人の財産について，……強制執行又は担保権の実行を申し立てたとき」，2号は「保証人が破産手続開始の決定を受けたとき」と書かれていますが，現行法の2号では「主たる債務者又は保証人」であり，改正法では「主たる債務者」という文言が外れています。ところが，死亡した場合は一緒なので，3号を見ると書きぶりが全く一緒で，「主たる債務者又は保証人が死亡したとき」です。改めて465条の4第2項を見ていただきますと，個人貸金等根保証契約については，「主たる債務者の財産について，……強制執行又は担保権の実行を申し立てたとき」「主たる債務者が破産手続開始の決定を受けたとき」と再度規定しています。

　もう一度いいますと，個人の貸金等根保証債務については現行どおりですが，元本確定事由に関し一般の根保証契約については，主たる債務者が民事執行を受けたときや破産したときは確定事由とはならないとい

うことです。たったそれだけなのですが，条文だけ見ると，もう1回転半ぐらいひねりが利いてしまうということで，少し分かりにくいのですが，一度条文を追っていただければ分かると思います。

また，465条の5については，最初に説明した，いわゆる保証人を法人にし，法人の求償権を保証させることによって脱法することを認めないための規定ということです。

ここで，実務上の対策として，貸金等契約の連帯保証条項があったときにどういう書きぶりをすればよいのかということです。これは先ほどいいましたように，極度額の定めを規定していないと無効になるという形なので，極度額の書き方を以下のとおり例示してみました。

連帯保証人は，借主と連帯して，以下のとおり，極度額の範囲において，本件賃貸借契約から生ずる一切の債務（以下「本件債務」）を負担するものとする。

対象となる債務　　本件債務（賃料，延滞賃料に対する遅延損害金，原状回復義務違反等に基づく損害賠償金等従たる債務を含む一切の債務）

極　度　額　　　金○○万円（本件債務及び連帯保証債務について約定された違約金又は損害賠償の額を含む）

どういう要素で極度額を定めるのかという問題は出てくると思います。極度額が高過ぎると賃借人が現れないということにもなってしまうので，実務的には，損害保険でどこまでカバーされるのかということを考慮して，常識的な極度額を定めていきます。そういう意味では，損害保険は，直接保険料はもらった上で，いわゆる主たる債務者に契約してもらうという形にするわけですが，極度額もなるべく低くしてトラブルにならないようなことを考えます。しかし，極度額はきちんと定めておかないと，保証が無効になってしまいます。

連帯保証に関し，一般の賃貸借契約については，貸主としても決して

法的知識がある人ばかりではありませんので，この点のトラブルは今後起こっていくのではないでしょうか。逆にいうと，改正後しばらくして，根保証という意識もないと思うのですが，「保証人だから，これだけの金額を払え」といわれたのが，保証人からすると予想外の金額だったというときに，契約書を見て「極度額が定めていないではないか」ということで，いつ契約したかは後で問題になりますが，無効が主張できる場合が出てくるということです。零細な賃貸人，大家さんの場合については，なるべくこういう条項をきちんと入れて，思わぬ損害を被らないように指導してあげるということも必要です。要するに，我々もこういう講演をしていますが，賃貸借の部分というのは，非常に一般の人の関心事なのですね。我々は，一般的には，保証や意思表示などに関心がありますが，賃貸借に絡んだ話の方が，一般の人は関心が高く，テレビなんかで喋っていると視聴率がそこだけピッと上がるような問題なので，保証のところも賃貸借と結び付けて考えるというのは，実務的には非常に有益な話です。

5　個人保証人保護の方策の充実

⑴　個人保証（第三者保証）の制限／公正証書による保証意思の確認

条文としては465条の6ですが，いわゆる「公正証書を作らないと保証が無効になる」というようなお話を聞いた方がいらっしゃると思うのですが，まず前提として，どのような債務についての保証で公正証書を作らなくてはいけないのかということを，しっかり押さえておいてもらいたいと思います。

465条の6第1項を見ていただきますと，「事業のために負担した貸金等債務を主たる債務とする保証契約又は……根保証契約」ですから，貸金等根保証契約というのは，先ほど465条の3に「主たる債務の範囲に金銭の貸渡し又は手形の割引を受けることによって負担する債務」と定義があったように，それプラス事業のために負担した債務という二重の縛りがかかっているわけです。ですから，賃貸借契約の連帯保証などというのは対象外なわけです。要するに，金融機関からお金を借りる場

合，金融機関がお金を貸す場合，かつ，借主が事業のために負担したときであり，住宅ローンで借りるというような場合は入りません。ですから，住宅ローンを借りるために公証人役場へ行くようなことはないわけですね。事業を行っている人や法人がお金を借りるときに，第三者が事業資金の借入について個人保証をした場合，当然金額も大きいし，リスクも高いわけですので，そういうものに限って公正証書によって保証意思を確認するということで，個人保証人の保護を図ろうとした規定です。これは今回の改正の一つの大きな目玉になっているというわけです。

　保証契約をする1か月前までに公正証書で保証の履行意思を確認しなさいというのが1項であり，規制の方法は2項以降に書かれています。口授をするとか，口授を筆記して保証人に読み聞かせをして閲覧をするといった形式は，少し読まれれば分かるとおり，公正証書遺言の方式を持ってきているわけですね。ですから，弁護士にとっては，こういうやり方自体は驚くような新規の方式ではなく，公正証書遺言を作ったときのイメージを浮かべてもらえばそのとおりの話だということです。

　465条の7では，口授ができない，あるいは読み聞かせをしても聞こえない人のための措置が規定されています。

　465条の8は，保証人は法人にして法人の求償権を保証させればよいではないかという脱法を許さないための規定です。

　このような形で規制をしていくのですが，今問題になっているのは，きちんと公証人が保証意思を確認できるのかということです。安易に保証契約書を作って，むしろ後で争いにくくなるのではないかというような心配があり，本当にきちんと保証意思を確認して「やめたほうがいいですよ」ということまでいうのかどうかはともかく，主たる債務の債権者が誰で，債務が何で，元本がいくらで，利息がいくらで，違約金がどれぐらいの率で，損害賠償としてはどのぐらいの金額がかかるのかということを全部説明した上で，「本当にあなたはそれでも保証するのですか」「しかも，全額を履行しなくてはいけないですよ」と確認しなさいということです。それで，「じゃあ，保証をやめます」といわせるのが

本来の狙いなのですよね。

　ただそうはいっても，中小の金融機関としては保証人以外にお金を借りる方法はないというところもあり，ぎりぎりのところでどこまで保証人になろうとしている人を思いとどまらせるかというところが本来の立法趣旨なのですが，実際どうなるかは今後の運用次第です。要するに，公正証書でも口授をしなかったということで無効になったりもするわけですから，保証人の立場になって公正証書が出てきたときにどこを争うかというのは，公正証書遺言の争い方と同じように，今後，口授をしてないとか，読み聞かせをしてないとかいうこともあるでしょうし，意思能力に問題があったというようなことも含めて争っていくことによって，また，公証人の方も，きちんと履行意思を確認するということになるので，きちんと運用すれば個人保証が減るという関係にあるものだと思います。

　ここで，事業のためにする貸金等債務であれば全て公正証書により意思確認が必要なのかということに対して，例外が規定されています。これが465条の9であり，保証人となる者が会社のいわゆる経営者あるいは支配株主の場合には，例外として認められているわけですね。理想的に個人保証を徹底するということであれば，個人保証人をなるべく排除するということであれば，そういうものもないという方法もあるのでしょうが，そうすると先ほどいいましたように，中小零細の企業あるいは個人事業主が「融資を受けられない」という声があり，中小の金融機関と経営者の団体からの要請でこの条文が入りました。

　この中で一番問題とされているのが3号の「主たる債務者（法人であるものを除く。以下この号において同じ。）と共同して事業を行う者又は主たる債務者が行う事業に現に従事している主たる債務者の配偶者」です。要するに，主たる個人事業主がいて，配偶者であれば取締役や支配株主でなくても現に従事していればよいので，少し会計だけ手伝っているという場合でも，公正証書による意思確認なしに個人保証が認められるということなので，これについては一番危険な目に遭いそうな人を残

したというのは非常に問題ではないかということです。研究者において
もここの規定は空文化すべきであるという人もおり，弁護士としてもな
るべくこの規定が生きないように，主たる債務者が一方の配偶者なので
その圧力を受けたなどいろいろなことをいって，運用や解釈で克服して
いかなくてはいけない規定といわれているところです。少し恥ずかしい
とまでいわれる規定ではありますね。

　しかし現実には，本当に，弱い者同士というか，弱い金融機関，弱い
経営者がぎりぎり融資を受けるための選択として選ばれたので，あまり
"上から目線"でこれは駄目だとまでいえないのですが，例えば配偶者
が非常にかわいそうだというようなケースについてどう理論構成してい
くは，この後に出てくる情報提供義務につき，きちんとした情報が伝わっ
ていないといったところも活用して何とか守っていくということになり
ます。

⑵　保証契約締結時の情報提供義務

　465条の10ですが，これは保証契約の締結時の情報提供義務なのです
ね。対象は,事業のために負担する債務の個人保証です。したがって，
貸金等債務は当然入るのですが，それだけではありません。

　これを説明するのが債権者なのか債務者なのかというと，あくまでも
主たる債務者が説明をするという建て付けになっています。説明する内
容としては，「財産及び収支の状況」「主たる債務以外に負担している債
務の有無並びにその額及び履行状況」「主たる債務の担保として他に提
供し，又は提供しようとするものがあるときは，その旨及びその内容」
ということで，主たる債務者はこういったことを保証人に説明しなくて
はいけないということです。そして２項の終わりの方ですが，「主たる
債務者がその事項に関して情報を提供せず又は事実と異なる情報を提供
したことを債権者が知り又は知ることができたときは，保証人は，保証
契約を取り消すことができる」というわけです。先ほど述べたように，
配偶者から無理に，内容の説明もなしに「はんこを押せ」などといわ
れ，そういう形で保証したということを金融機関の方が知っていた，あ

るいはいつもそうやっていることが分かっていたというようなことであれば，保証人は契約を取り消すことができるという条文なので，これも保証人保護のために是非活用していただかなくてはいけない規定です。

　これは，一般の債務不履行や損害賠償ではなく，保証契約自体を取り消すことができるわけですから，かなり強力な条文になっているわけですね。しかも債権者が知っている場合だけではなく，知ることができたということなので厳しく，商法的な立場で考えると，知ることができたということは，債権者の方に調査義務があるということもいえないことはないわけで，そこまで民法の場合は求めるかどうかとは思いますが。金融機関の場合，貸す側としては良心的な人であれば本当にその確認を取りたいと思うわけですね。

　そこで，金融機関サイドで後に保証を取り消されないようにするためにどういう点をチェックすればよいのか（逆にこのチェックをすることによって，保証人がもう保証しないということになるのかもしれませんが），本章末尾のとおりチェックリストを作ってみました。これを参考にされ，ここまで作っておけば，過失というのはなかなか言いにくくなるのではないかと思っています。

6　保証債務についての経過措置

(1)　保証債務についての原則

　一つは付則の21条1項なのですが，「施行日前に締結された保証契約は改正前の民法による」ということになります。そうすると，先ほど述べたように，大家さんが契約を更新するときにどのようにしているかといえば，いろいろあるわけですね。管理業者が入っている場合には，毎回賃料を上げたり，あるいはいろいろなことを変更したりするので，保証契約も新たな締結をされたと見られやすいわけです。そういう場合には，更新した時が施行日以後であれば，そこから適用になります。

　ところが，旧来のいわゆる町の大家さんの場合は，一度契約書を交わすとそのまま継続しています。そういう場合には，保証契約についてなかなか新たに締結したということにならず，先ほどいいましたように，

賃貸借契約の連帯保証は根保証だということになりますから，極度額がないと無効になるわけですよね。「無効だ」といわれたときに，かわいそうな大家さんを救おうとすると，2年ごとで更新されているけれども保証契約はずっと続いており前のままだということになれば，根保証契約が無効だという規定は適用にならないということになりますから，まさに意思表示の解釈の問題です。

ですから，事案ごとに，どちらの立場に立っても不合理，不正義な結果にならないよう，この経過措置の箇所もうまく使い，公正な結果が得られるように検討していただきたいというところです。

(2) 公正証書による保証意思確認

公証証書による保証意思の確認というのは1か月しか効力がないので，施行日の3か月前からそういった準備をすることができると，経過措置の21条2項・3項にその旨が記載されています。公正証書の作成については，3か月前からできるということになります。

今回の6回の研修というのは，約200ある論点を一応全部つぶすという形でやりましたので，本日は細かい話も多かったとは思いますが，意思表示，保証に関する改正論点については全てお話しできたと思います。

**講師からの
ワンポイント・アドバイス**

新旧の条文を読み比べて改正点を把握し，改正理由が分からないところがあれば，この解説を利用していただければと思います。改正で積み残された問題もありますし，さらに新たな問題が発生していくことと思います。むしろ，それをチャンスととらえて，新たな解決方法を生み出していただき，弁護士会・法制委員会へも還元していただければと思います。

第2　保証債務

契約締結時の情報提供　債務者個人

　次の各項目について，主債務者から情報提供を受けた場合は，右端にある（根）
保証人受託者の欄のチェックボックスにチェックをしてください。

	項　　目	弊行	主債務者	保証人受託者
1	**財産及び収支の状況** ①　事業開始時期　　年　　月 ②　事業収入　　　　　　　　円 ③　事業所得　　　　　　円 ④　課税される所得金額　　　　　　円 ⑤　所有不動産 　　・ 　　・ 　　・ ⑥　保有金融資産 　　・ 　　・ 　　・ ⑦　その他の財産及び収支の状況については，主債務者 　　から確定申告書の提供を受けました。 ⑧　上記内容は　　年　　月現在のもの。	☐	☐	☐
2	**主たる債務以外に負担している債務の有無並びにその額** **及び履行状況** ⑨　主たる債務以外に負担している債務が　有る／無い。 　　有る場合 　　・○○銀行　　　　　円　履行状況　遅滞なし 　　・××銀行　　　　　円　履行状況　遅滞なし ⑩　上記の他に遅滞となっている債務が　有る／無い。 　　有る場合 　　・ 　　・ ⑪　その他の負債の状況については，主債務者から確定 　　申告書の提供を受けました。	☐	☐	☐

73
Chap. II

	主たる債務の担保として他に提供し，又は提供しようとするものがあるときは，その旨及びその内容			
3	⑫　主たる債務の担保として他に提供し，又は提供しようとするものが　有る／無い。 　　有る場合 　　　・ 　　　・	☐	☐	☐

　私は，主たる債務者が事業のために負担する債務を主たる債務とする保証又は主たる債務の範囲に事業のために負担する債務が含まれる根保証の委託を受けるに当たり，上記の情報提供を受けたことを確認します。

　平成　　年　　月　　日

　　　　　　　　　（住所）○○県○○市○○Ｘ丁目Ｘ番ＸＸ号

（根）保証人受託者（氏名）甲　野　太　郎（印）

第2　保証債務

契約締結時の情報提供　債務者法人

　次の各項目について，主債務者から情報提供を受けた場合は，右端にある（根）保証人受託者の欄のチェックボックスにチェックをしてください。

	項　　目	弊行	主債務者	保証人受託者
1-1	**財産及び収支の状況** 財産及び収支の状況については，主債務者から決算報告書の提供を受けました。	☐	☐	☐
1-2	主債務者から決算報告書等に基づいて，次の情報提供を受けました。 ①　会社設立日　　年　　　月　　　　日 ②　資本金　　　　　　　　　　円 ③　純資産　　　　　　　　　　円 ④　営業利益（又は営業損失）　　　　　　円 ⑤　経常利益（又は経常損失）　　　　　　円 ⑥　所有不動産 　　　　　　・ 　　　　　　・ ⑦　その他の財産及び収支の状況については，主債務者から決算報告書のとおりであるとの情報提供を受けました。 ⑧　上記内容は　　年　　　月現在のもの。	☐	☐	☐
2	**主たる債務以外に負担している債務の有無並びにその額及び履行状況** ⑨　主たる債務以外に負担している債務が　有る／無い。 　　有る場合 　・○○銀行　　　　　円　履行状況　遅滞なし 　・××銀行　　　　　円　履行状況　遅滞なし ⑩　上記の他に遅滞となっている債務が　有る／無い。 　　有る場合 　　　　　　・ 　　　　　　・ ⑪　その他の負債の状況については，主債務者から決算報告書のとおりであるとの情報提供を受けました。	☐	☐	☐

75

Chap. II

3	**主たる債務の担保として他に提供し，又は提供しようとするものがあるときは，その旨及びその内容** ⑫ 主たる債務の担保として他に提供し，又は提供しようとするものが　有る／無い。 　　有る場合 　　　・ 　　　・	☐	☐	☐

　私は，主たる債務者が事業のために負担する債務を主たる債務とする保証又は主たる債務の範囲に事業のために負担する債務が含まれる根保証の委託を受けるに当たり，上記の情報提供を受けたことを確認します。

　　平成　　年　　月　　日

　　　　　　　　　　　（住所）○○県○○市○○Ｘ丁目Ｘ番ＸＸ号

　（根）保証人受託者（氏名）甲　野　太　郎（印）

III 定型約款，賃貸借

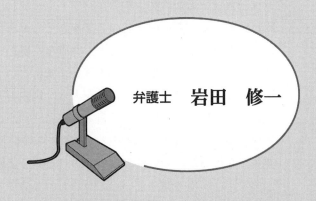

弁護士　岩田　修一

III 定型約款，賃貸借

　皆さま，こんばんは。ただいまご紹介いただきました弁護士・岩田修一と申します。期は57期でございます。

　本日ですが，債権法の改正の中でも定型約款と賃貸借の二つのテーマでお話をさせていただきます。これまで講座が2回開催され，重要論点についてお話をお聞きになってこられたと思いますが，今日の定型約款は特に重要な分野となります。賃貸借はそれと比べると少し重要さが落ちるかもしれませんが，マスコミ，新聞などを見ていると，割と賃貸借のことについては書かれていることが多いです。また，一般の方からすると，賃貸借というのは非常になじみのあるものですので，皆さま，結構質問されることもあるのではないかなと思います。そういうことで，賃貸借についてもいろいろ知っておかなければいけないことがありますので，今日はこの二つを2時間でお話させていただきます。

第1　定型約款

1　総　論

　定型約款という概念になっていますが，まず皆さまは，定型約款という名前よりも約款という名前の方になじみがあると思います。約款というと，具体例としては，保険約款や運送約款，電気・ガス・水道の供給約款，倉庫寄託約款，電気通信役務約款，預金約款，旅行業約款，宿泊約款といったものがいろいろあります。また，現代的なものとして，インターネット通販の利用約款，ソフトウェア利用規約などが，通常，約款といわれていたものに該当します。そもそもこの約款の定義は何だったのだろうということになると，明確な定義というのはなかなかすぐに思い浮かばないのではないかと思います。というのは，やはりそれは民法の中に規定がないということが大きな理由の一つかなと思います。

　この約款に関しては，全く日本の中に法律がないわけではなく，例えば保険業法の4条2項3号では，普通，保険約款の審査というものは営業免許を得るための要件となっているというような条項が入っていたりします。いわゆる業法といっているものなのですが，その業法が，約款

の内容がまず規定がされていること，そして，約款の内容に関してある意味適正さを担保しているような形で今まで推移してきたというところがあります。その他，運送約款などについても条文がそれぞれ業法であります。インターネット通販などになると，明確なものがなかなかないところではありますが，そのような形で今まではやってきました。ほとんどの業法にはあるが民事の実体法としての規定はないということで，ある意味自由に事業者が約款を作ってそれを利用してきたというような状況があります。

そもそもこの約款というものがなぜ出てきたかということになりますが，もともとは契約自由の原則というものがあり，個々に契約をし，その契約の内容を決めます。そのようにして契約というものは締結され，それによって拘束力が生じてきたということになるわけです。ただ，一事業者の相手が不特定多数の大勢の人になってくると，いちいち大勢の人たちと個別の契約をするということが難しくなるわけですね。

考えてみたら運送約款などは特にそうでしょうけれども，例えばJR山手線に乗る時に，いちいちJR東日本と運送に関しての契約を結んでいるかというと，必ずしもそんなことはしない，いや，全くそんなことは考えていないわけですね。そのような形で不特定多数の人がある事業者と契約関係に入るときに，いちいち個別の契約を結ぶなどということはできないわけで，そのようなときにこの約款の必要性が出てきます。経済的な効率性を図るということになるわけです。個々の当事者との交渉や検討をするということはしないというのが基本的な約款の性質になっています。

このように，ある意味契約に取り込まれる条項になるわけですが，そのようなものというのは特殊なものになっているわけです。これが生まれたのは相当前らしいのですが，内田貴先生の本によると，実際にこの約款というものについての法的関係がいろいろ問題になってきたのは20世紀の中頃だということのようです。そうすると，民法は1898年の制定なので，もちろん明治時代では約款なんてものは全く姿形がない

とまでいってよいか分かりませんが，少なくとも日本ではほとんどそんなことは考えていませんでした。ですから，もともとはなかったもので，その後も解釈でやってきた，又は業法で定めている部分があったということで，民法の中には特別取り込もうとしてこなかったわけですね。ただ，民法というのは基本法なわけで，その中でこの契約に関しての条項が入っていないということはやはり問題ではないかというところで，この債権法の改正の中で規定を設ける方向で学者の先生がまず考えていろいろ案を作り始めたというところがスタートになっています。

2　法制審議会における議論の要点

そのような形で，この定型約款について法制審議会の中で議論がされてきました。法務省のウェブサイト（http://www.moj.go.jp/shingi1/shingikai_saiken.html）をご覧いただければと思います。目次的に見ていただくと，①約款の定義，②組入要件と約款内容の開示，③不意打ち条項，④不当条項規制，それから⑤変更要件というものがテーマとして挙がっていました。全部がそのとおりに規定されたわけではないので，それについてはこれから見ていくことになります。

3　約款の定義

ここで今回は約款ではなく「定型約款」という定義になっています。いわゆる約款とされるものについて全部を対象としなかったというのが今回の改正の一つになっています。広い約款の中の一定範囲のものを定型約款という形で定義付け，これについて規律を置くことにしました。東京弁護士会の高須順一先生が，今回の改正の法制審議会の幹事として弁護士会から行かれていたわけですが，高須先生がイメージ付けておっしゃった中では，卵の全部が約款で，卵の中の黄身が定型約款であり，白身の部分はどうなんだということがあるというお話でしたが，白身の部分については，今回，民法の中では規定はされていませんが，もちろんその白身の部分が何も規制がないかというと，定型約款というものについての規律がなされたことによる影響は今後あるのではないかということはいえると思います。

この定型約款というものについて定義付けの話になるわけですが，どういったところがポイントになるかという点を二つ挙げています。一つは，この約款の規定の適用対象となる範囲はどうするかということです。約款といっても定型約款というようには絞るわけなので，どういうものに民法の新しい規定が適用されることになるかという問題が出てきます。また，約款といわれているものにもいろいろなものがありますし，約款なのかどうか少し微妙なものなどもあるわけです。例えば，契約書のひな形，事業者間で用いられる基本契約書といったものが果たして今回でいう定型約款の中に含まれていくのかどうかということを定義の中で検討しておく必要があると思います。

具体的な内容に入りますが，まずこの定型約款の定義というのは，548条の2第1項の柱書きに書いてあります。

「定型取引（ある特定の者が不特定多数の者を相手方として行う取引であって，その内容の全部又は一部が画一的であることがその双方にとって合理的なものをいう。以下同じ。）を行うことの合意（次条において「定型取引合意」という。）をした者は，次に掲げる場合には，定型約款（定型取引において，契約の内容とすることを目的としてその特定の者により準備された条項の総体をいう。以下同じ。）の個別の条項についても合意をしたものとみなす。」

まず，定型取引において，その定型取引を行うことの合意をした者が，次に掲げる場合は定型約款の個別条項についても合意をしたものとみなすということになっており，1号が「定型約款を契約の内容とする旨の合意をしたとき」，2号が「定型約款を準備した者があらかじめその定型約款を契約の内容とする旨を相手方に表示していたとき」という条文になっています。

定義付けということになると，この「定型取引において，契約の内容とすることを目的としてその特定の者により準備された条項の総体」といわれています。ここでさらに「定型取引」という言葉が出ています。この定型取引というのも，新しい言葉なわけです。定型取引というのは何かというと，これも条文に書いてあるものですが，「ある特定の者が

不特定多数の者を相手方として行う取引であって，その内容の全部又は一部が画一的であることがその双方にとって合理的なもの」です。念仏みたいな文言になっているわけですが，ポイントとしては，まずは①不特定多数の者を相手にすること，②その内容の全部又は一部が画一的であるということ，それから，③それが双方にとって合理的なものというところで，三つくらいに要素として分かれるかなと思います。そのような定型取引において契約の内容とすることを目的として，その特定の者により準備された条項の総体が定型約款ということになっています。これが定義として条文で明確に書かれているものです。このようにいろいろと要件が加わっていることからすると，一般的な約款よりも制限的と評価できると思います。

　ただ，いろいろと本で調べたりしても，いまいちまだ分からないところがあります。解釈の問題になるのでしょうけれども，本当に卵の全体と黄身の部分に分かれるのかどうかというと，実際にはその差が不明確な部分はあるんですね。約款であって定型約款でないものとして実際に何があるかというと，あまりちゃんとした具体例が出てきてはいません。もしそういうものが書いてある本があればむしろ教えてもらいたいくらいで，実際にはまだそこまではっきり明確に書かれていないのではないかと思います。

　約款というのも，本を見ると，当事者が合意した契約条項一般というように，広義だとすごく広いものなんですよね。ですから，契約条項一般なので契約というものを広く見ているというようにも思えますが，それだとどんなものも含まれてしまうわけで，定義として十分かどうかというと少し難しいなという感じもします。したがって，定型約款といっていますが，実際，約款との差がどこまであるかというのが分からない以上，約款というもので考えられるようなものに関しては，定型約款の規定が適用される可能性が十分あるというような考え方をした方が実務的にはよろしいのではないかと思っています。

　例えば，労働契約や賃貸借契約に関しては，定型約款に含まれないの

ではないかといわれています。このような契約というのは，個々の交渉ややり取りというものがむしろ前提になっており，画一的な契約ではないと思われます。

　次に，先ほども挙げていた契約書のひな形というものです。これについては，「定型約款の定義……を充たすか否かによって定型約款といえるかどうかが決まる」と，それはそうでしょうねということが，潮見佳男先生の本（『民法（全）』（有斐閣，2017年）372頁）には書かれています。実際に，ひな形というものも，その後それを基にして契約をするということがあるわけですね。ですから，実際にはその契約の内容というのはお互いに十分認識しなければいけないということが前提になっているということになると，先ほど定義で述べた「定型取引において，契約の内容とすることを目的としてその特定の者により準備された」といえるかといえば，それはいえないのではないかといわれている先生もいらっしゃいます。ですから，必ずしもひな形というものが，不特定多数で用いられ，契約の内容とすることを目的としたものかというとそうではなく，そのものが契約になっていくものではないでしょうか。理論的に難しい部分があるかもしれませんが，これは定型約款に当たらない方にむしろ動くかもしれないという感じはしています。ただ，断言はできません。

　次に，事業者間の契約に関しては，基本的にはこの定型約款には含まれないと考えられています。事業者間では，相手の方が不特定多数かというと必ずしもそうではない場合もありますし，画一的ということに関しては，両当事者にとって合理的かというと必ずしも合理的ではないといわれています。ですから，事業者間の約款については，基本的には定型約款には含まれないだろうと指摘されています。ただ，銀行の預金関係やソフトウェアの利用契約関係といったものはかなり画一的といい得る，設けることによって円滑に物事が進むという意味でいえば合理的だという部分があるので，こういうものに関しては，事業者間のものでもあっても定型約款に含まれるのではないかという考え方があります。

　また，銀行取引約定書や住宅ローン契約書は，基本的には個別のもの

が含まれている関係で，定型約款には当たらないであろうという説があります（浅田隆「定型約款（その2）—銀行取引を念頭に—」『金融法務事情』2055号44頁）。

このように，どういうものが定型約款なのかというのが微妙なところがいくつかあります。先ほど挙げた運送約款や保険約款といったものは，あまり問題なく定型約款だといってよろしいかと思います。

4 拘束力の問題：みなし合意と定型約款内容の表示義務による規律

約款が契約内容とみなされるための要件を組入要件といっていますが，契約内容になるためにどのような要件を満たせばよいのかというところが次の課題になってきます。

ここで問題になってくるのは，そもそもは契約というものは，個々に交渉して，契約の内容についてきちんと開示されて，その内容を理解して，それでよいということで合意して成立するというようなものが本来の成立過程になるわけです。ただ，先ほど述べたとおり，例えばJR山手線に乗る時に，運送約款をみんなが理解して乗っているかというと必ずしもそうではないということになると，典型的な約款というものについて，きちんと開示されているのを見るといったことが考えられないようになってくるわけです。したがって，そのようなものであっても契約の拘束力を発生させてもよいのかというところがここでの問題になります。それをもう少し硬い言葉でいうと，相手方に対する定型約款の内容の開示や認識可能性を，契約の拘束力の発生の要件とするかどうかということにつながってきます。

(1) 定型取引合意をした者におけるみなし合意

これに関しては，この組入要件という形で議論の中で話があったのですが，条文の中で組入要件という言葉は使っておらず，みなし合意，すなわち「合意したものとみなす」という表現にしています。再び548条第1項ですが，「定型取引を行うことの合意をした者は，次に掲げる場合には定型約款の個別の条項についても合意をしたものとみなす」ということで，明確な合意はないが合意をしたものとみなすということで，

合意ありということにして，契約の内容に取り込むというようなことになっています。

　要件としてもう一回見ていただくのは，548条の2第1項1号の「定型約款を契約の内容とする旨の合意」です。これはスムーズに考えられるところですね。2号の「定型約款を準備した者」は事業者の方ですが，「あらかじめその定型約款を契約の内容とする旨を相手方に表示していたとき」としています。定型約款がまず存在し，存在するその定型約款について，「これを契約の内容にしますよ」ということを表示すればよいのです。

　ですから，もっと裏側からいえば，その定型約款に書いてある内容自体を開示し，それについて相手方（消費者などが多いと思いますが）に対して認識してもらう，認識する可能性があることというところまでは要件にしていないわけです。とにかく定型約款があって，「それを使いますよ，契約の内容としますよ」ということが表示されていれば足りるということで，そういう意味では非常に緩和されているわけですね。契約の拘束力を発生させるという意味では，内容が分かっていなくても，契約の内容とするということだけが表示されていれば足りてしまうということで，緩和された要件になっています。ですから，相手方が，個別のその条項の内容がどうこうとかいうことは分かってなくてよいということになります。これが，性格的にはかなり大事なところになってきます。

　さらに鉄道の場合で考えていただくと，鉄道の場合，山手線に乗るときに「契約の内容とされています」などということが，例えば電車の外に書かれているわけではないですよね。当たり前の話です。ですから，鉄道やバスといった乗り物などが特にそうですが，乗ろうとした時にそんなことはどこにも書いてないから契約拘束力が生じないのかというと，それも困るということになってくるので，これについては更に緩和されるということになっています。

　「表示」という文言が2号にあり，「表示していた」という表現になっていますが，これに関しては，民法の一部を改正する法律の施行に伴う

関係法律の整備等に関する法律（整備法）というものが同時に制定され
ています。整備法は，省庁ごと，業法的なものに関して個別にまとまっ
ているものなのですが，国土交通省関係の中に鉄道営業法というものが
あり，そこで「表示していた」という表現になっているものに関しては，
「表示し，又は公表していた」と読み替えるという条文が新しく入って
います。ですから，表示がなくても公表されていればよい，ネットなど
で見られようになっていればよいというイメージで考えていただければ
と思います。電車に乗っていても，そんな約款なんかどこにも書いてい
なくてもよいという状況で更に更に緩和されているわけですね。それで
も「合意したものとみなす」ということで契約の拘束力が生ずるような
規定になっています。

　今，このように緩和されたという形で話をしていますが，あまり緩和
をしていくと，契約の拘束力が生ずるものとしての根拠という意味では，
やや薄くなっていきます。本当にそれで拘束力が生じてよいのかというと
ころがあるので，ある程度の歯止めというものは考えられるところです。

(2)　表示義務

　次に歯止めの話をしていくわけですが，表示義務という形で548条
の3に規定が設けられています。これについては，もともとの議論の中
では，組入要件の同じ条文の中でいろいろと規定しようという形で考え
られていたところもあるのですが，そこからは除外して別個の規定にす
ることになっています。

　「定型取引を行い，又は行おうとする定型約款準備者」に関しては，
ここは少し複雑なのですが，「定型取引合意の前又は定型取引合意の後
相当な期間内に相手方から請求があった場合には，遅滞なく，相当な方
法でその定型約款の内容を示さなければいけない」ということで，これ
が表示義務といわれているものです。ですから，普通だったら定型取引
の合意の前でないとそもそも契約としては成立しない，拘束力が生じな
いということになりそうなのですが，定型取引合意の後でも相当な期間
内だったらよいという意味で，拘束力が生ずる場合がかなり広がってい

るという見方もできるかもしれません。ただ，相手方が「見せてくれ」と言った場合には，その定型約款の内容は示さなくてはいけないということになっています。

　もともと書面の交付やウェブで開示していたような場合はこの限りでないので，それは例外になっていますが，こういう表示義務があるということになっています。

　表示義務ということなので，その義務違反として何があるかという話になります。548条の3第2項で，「定型約款準備者が定型取引合意の前において前項の請求［「開示してくれ」という請求］を拒んだとき」は，この合意はみなし合意の規定なのですが，みなし合意は適用されません。「拒んだとき」という条文になっているのですが，「一時的な通信障害が発生した場合その他正当な事由がある場合」というのがただし書にあるので，この2項本文の方は，「不当に」拒んだときと読むことになります。ですから，この2項の方の定型取引合意の前において請求されたのに拒んだという場合は，義務違反の程度が大きいということになるので，みなし合意がそもそも適用されないという，ある意味，強力な効果が生ずるということになります。

　これとの比較として，1項の方は，「定型約款準備者は，定型取引合意の前又は定型取引合意の後相当の期間内に」請求されたということになっているわけですが，定型取引合意前に開示を「拒んだ」のではなく「怠った」という場合についてです。拒んだというと故意で開示しなかったということですが，怠ったというのは例えば過失で開示しなかったという場合です。これは合意の前の話であり，定型取引合意後に関しては，開示を拒んだという故意も含まれます。過失はもちろん含まれますが，定型取引合意後に拒んだ場合には条文がありません。ですから，これらについては明文がないので一般法則として，債務不履行に基づく損害賠償義務が発生するという解釈になっています。合意前なのか，合意後なのかで効果が少し違うので，この辺は注意していただきたいと思います。

⑶ 不意打ち条項

「不意打ち条項」というのはそもそもどんなものかということなのですが，例えばある商品を購入したときに，その約款の中に（約款というと，紙であれば8ポイントほどの細かな字で書いてあることが多いと思われますが），購入した人が多額のメンテナンス費用を支払わなければいけないなどという条項が，そんなところ誰も読まないよというような奥の方に書かれていた場合です。ある意味姑息な場合なのですが，そういうことも事業者としてはできてしまうわけですね。そのような条項がある場合，購入者（消費者などが多いですが）である相手方にとっては，とても予測できないようなことによって不利益を被るということがあるわけです。このように，約款に含まれている事項に関して合理的に予想することができないような条項を不意打ち条項といっています。

不意打ち条項という定義はこのようになっていますが，これについて法的拘束力を否定することができるかどうかというのが一つのテーマになっていました。あまり積極的に議論されなかった部分もあるのですが，そのような不意打ち条項というものについて，もともとは内田貴先生などを中心として学者のグループで案を作っていました。この案が当初は法制審に強い影響力があったわけですが，その中では不意打ち条項というものは特に設けないということになっていたので，重要性をあまり感じてこられませんでした。学者の先生の中では重要性が感じられていなかったという部分もあるかもしれませんが，でも考えてみたら，そういう条項があったらそれは卑怯，こんな条項によって契約の拘束力が生ずるのはおかしいという部分はあると思われます。

ただ，そういうような考え方がある反面，この不意打ち条項というものを設けることについては，法制審の議論の過程の中で，経済界がある意味大きな反対をしていました。どういうレベルのものが不意打ち条項になるかという評価というのもなかなか難しい部分があるわけですね。それはもちろん，事業者が自分の都合のよいように約款を作っているという面がありますから，ある意味やむを得ない部分もあるのかもしれま

せんが，非常に反対が強かったのです。法制審というのは，そもそも委員の全会一致で案を作っていくという伝統があり，強い反対があるとなかなかそれが成案としてまとまらないという方向になります。そういう面もあり，不意打ち条項というものは，正面からは設けられないことになりました。ただ，この後お話する不当条項規制というものと一体化し，そういうような規定を設けるということにして，不意打ち条項規制に関しても取り込むような形で，法務省がある意味工夫したといえると思います。

(4) 不当条項規制

不当条項規制というものはどういうものかというと，約款使用者（約款準備者）にとって一方的に有利な条項（逆にいうと相手方にとっては一方的に不利な条項になるわけですが）に関しては法的拘束力を否定できないかという問題点です。例えば，いかなる場合でも事業者は責任を負わないという免責の規定が置かれているというような場合が挙げられると思います。このような規定からは，消費者契約法10条なんかがイメージとして思い浮かぶと思います。ですから，それとの比較として考えていくと割と理解もしやすくなるかと思います。そのような不当条項規制と不意打ち条項規制の二つがあったわけですが，不当条項規制に関してもプロパーの規定は設けないということにし，不意打ち条項規制と不当条項規制を一本化した形の信義則の規定を置くということになりました。これが548条の2第2項です。

これも条文が非常に長いのですが，①「相手方の権利を制限し，又は相手方の義務を加重する条項」であること，かつ（「又は」ではなく「かつ」です），②「その定型取引の態様及びその実情並びに取引上の社会通念に照らして第1条第2項に規定する基本原則（＝信義則の規定）に反して相手方の利益を一方的に害すると認められるもの」という条文になっています。ここを見ると1条2項を使っているので，1条2項があればこの条項は要らないのではないかという考え方もできなくはないというような話もありました。ただ，1条2項や公序良俗というのは一般

III 定型約款，賃貸借

的な規定で，伝家の宝刀ではあるけれどもなかなか使いづらい，なかなか裁判所も認めてくれないという条項なわけです。約款の中であえてこういった信義則の規定を設けることというのは，それはそれだけ重要性があるという見方もできるわけで，この一本化された信義則規定が存在することには，やはりそれなりの意味があると考えることはできると思います。

ここでもいくつかポイントがあり，前述の①②という要件があるのですが，この要件が果たして厳格な要件なのか，それともそれほどでもないのかというところからすると，まだはっきりしない部分があります。やはりこれは実務上動かしていったときにどういう解釈がされるかというところになってくると思うので，今後，検討していくようなことになるかと思っています。

また，この効果なのですが，こういう信義則の規定に反した場合にはみなし合意から除外する，すなわち合意しなかったものとみなすという表現に条文はなっていますが，法的拘束力が否定されます。ここで先ほどお話した消費者契約法なのですが，消費者契約法10条では効果が「無効」となっています。無効ということになると，契約自体は成立しています。これに対して今回の548条の2第2項というのは，「合意しなかったものとみなす」なので契約も成立しないわけですね。結果は同じじゃないかという感じもしなくはないですが，法律家としては違いますよねということになりますので，消費者契約法と似ているようで異なるということがいえる部分でもあるかと思います。

消費者契約法の方は，消費者との関係で経済力や交渉力の格差というものがあっての規定になっているわけですが，ここでの民法の規定は必ずしも消費者に限られていないわけで，とにかく合意の内容が稀薄である，契約締結の態様が普通の契約の成立とは違うようなものになっている，あるいは取引慣行など，そもそもの約款の性格に考慮して判断されるものだという指摘がされています。ですから，ある意味，概念上は趣旨が違うという部分はあるといえると思います。ここも大事なところで，

第1　定型約款

本当にみなし合意が認められないという意味ではとても大事な効果が生ずるわけなので，是非こういうものがあるということは理解しておいていただきたいと思います。

(5)　変更要件

変更要件というのはどういうものかというと，通常，定型約款というものは，ある意味出来合いのものを利用するわけですが，その時代や経済の状況，法律が改正されたといったような事情でその約款自体をどこかで改正しなくてはいけない場合が出てくるというわけです。ただ，一旦契約の関係が不特定多数の人とできている中で，いちいち個別に変更の合意を得ることは，はっきりいって無理なわけですね。すると，この約款というのは変更できないのかという話にもなりかねないというところで，ただ，それでは経済上よろしくないのでどのように考えるかということです。

まず問題点としては，契約締結後に約款の使用者が一方的に約款を変更して契約内容を変更することができるのかどうか，そこでは個別の合意が必要なのかどうかということがあります。また，もし個別の合意は不要だとして，定型約款の中に「何かこうこうこういう場合があれば，約款使用者の方で約款を変更することができる」というような条項をあらかじめ盛り込んでおく必要があるのかどうかというところが問題点として挙げられると思います。あらかじめ約款変更できると書いてあれば割とすんなりいけるのかもしれませんが，そういうことが書いていないものも見ることはあります。そうすると，それは変更できないのかという話になってきます。

これについては，やはり個別の合意が必要というのは経済上適切ではありませんし，たまたま約款を変更できるという条項が入ってないからといって，未来永劫変更できないというのはおかしいでしょう。ですから，要件を満たす場合は原則として変更可能にしましょうということで明文を作っています。

548条の4ですが，①「定型約款の変更が，相手方の一般の利益に適

合するとき」というのが1号です。それから，②「定型約款の変更が，契約をした目的に反せず，かつ，変更の必要性，変更後の内容の相当性，この条の規定により定型約款の変更をすることがある旨の定めの有無及びその内容その他の変更に係る事情に照らして合理的なものであるとき」（2号）です。これも複雑な条文になっています。このような要件が定められていますので，裏返せば相手方との個別の合意は必要なく，あらかじめ約款を変更できる旨の条項も盛り込む必要はないということになってきます。もちろん，もともと盛り込んでいる方がよいことは間違いないので，実務上，もし先生方が約款の内容を作るような仕事があるとしたら，そういうことは一応網羅しておくべきということはあります。民法がせっかく規定してくれていますから，別途約款を作るときには民法で書いてあることを盛り込むということですよね。ただ，変更に関しては要件として厳しくない内容になっているといえます。

　この点，変更要件を厳格なものと考えるか，緩和されたものと考えるかということなのですが，果たして厳格な要件といえるかどうかというところは，微妙なところはあります。これについては，日弁連の消費者委員会の委員である大阪の山本健司先生という先生がいらっしゃるのですが，この山本先生が，やはりそれは微妙なところがあり，緩和されて適用されるということは適切ではないので，もっと慎重に厳格に適用される方向であるべきだというような意見を書かれています（「「定型約款」に関する民法改正法案の概要」（消費者法ニュース№107，193頁）。

　これに関して，今回の改正の際，衆議院も参議院も附帯決議を設けています。附帯決議というのは，国会の審議の中で結果としてはほとんど原案どおり可決されているのですが，その中でも議論になったことについては，今後改正の必要があるかもしれないからきちんと検討しておきなさいよということを特に触れている部分です。この定型約款に関しては，契約条項を変更することができる場合の合理性の要件について，取引の実情を勘案し，消費者保護の観点を踏まえ，適切に解釈運用されるよう努めることというような規定が置かれています。消費者保護の観点

（本当は消費者保護に限られないのですが）というのも触れた上で，適切に解釈運用されるようにということは，明文でどこまで規定されているか微妙なところはありますが，発想としては，厳格に解釈する方向に考えた方がよいのではないかと思われます。ですから，これは附帯条項で何も拘束力はありませんが，解釈の指針にはなるかと思いますので，そのようなことで理解をしていただければと思います。

　上記の①②というのは実体的な要件です。そして次が手続的な要件ですが，③「定型約款の変更をするときは，その効力発生時期を定め，かつ，定型約款を変更する旨及び変更後の定型約款の内容並びにその効力発生時期をインターネットの利用その他の適切な方法により周知」しなくてはならないとなっています（548条の4第2項）。不特定多数の人に全部知ってもらう必要があるかというと，個別に全部知らせるというのはなかなか難しいので，こういう適切な方法を用いて周知することを規定しています。もしこういう変更に関して，効力発生時期の到来までに周知していない場合には，変更の効力が生じません。ですから，④「効力発生時期が到来するまでに」周知が必要だということが548条の4第3項に書かれています。これらが手続要件といわれているものです。また，先ほど548条の2第2項のところにあった信義則の規定はいろいろなところに関係しそうではあるのですが，⑤ここの定型約款の変更に関しては特に適用しないとなっています。548条の4第1項に要件がありますから，それで十分でしょうという発想があると思われます。ですから，二重な縛りは設けていないという意味で，注意的な規定だといわれています。

5　経過措置

　この改正民法は2020年4月1日施行ということになっていますので，今回の講演時（2017年12月）にはもうあと2年半くらいになっています。2020年4月1日を境にするわけですが，いつの段階で旧法が適用されるのか，新法が適用されるのかということを決めているのがこの附則ということになります。通常は遡及しないというのが原則です。遡及しないというのは，例えば2019年にあった法律関係の問題に関しては，

2020年4月1日に施行された民法は，基本的は適用されないというのが大原則なわけです。大原則なのですが，特に重大な例外がこの定型約款のところにあり，簡単にいうと，定型約款に関しては新法施行日前にも原則として新法の規律が及ぶということになっており，「遡及効」とまでいえるかについては指摘があるところですが，遡及的な効果が生ずることとなっています。附則33条1項ですが，「施行日前に締結された定型取引に係る契約についても，適用する」ということになっています。今，定型約款になるものを作ったから現行の民法での枠内でよいのかというとそうではないということになりますので，これは重要なわけですね。したがって，この附則33条1項というのはとても大事なので，例外として覚えておく必要があると思います。ただし，旧法の規定によって生じた効力は妨げないということになっており，一応法的安定性は図られるようなものにはなっています。

　また，反対の意思表示がある場合は，33条1項の適用排除ということになりますので，そのような書面のやり取りをするかどうかということが出てきます。それについては，33条2項に書いてあるとおりなので，この条文に従って行うということになってきます。

第2　賃貸借

1　総論

　賃貸借の方は先ほどお話したように，定型約款などと比べると重要性は落ちるというわけではありませんが，それほど問題でないという部分があります。というのは，定型約款については，民法には全く規定がなかったものなので，当然覚える必要が出てくるわけですが，賃貸借に関しては，基本的には判例・通説の明文化が中心になってきます。ですから，ある意味取っ付きやすいものです。民法の勉強をしていれば，それは弁護士に限らず不動産関係，仲介業者といった関係でも知っている人は知っているという部分があるので，そういう意味ではメジャーな分野ということです。今まで判例はあるけれど明文がなかったという意味で

は，むしろ分かりやすく，喜ばしい内容になってくる部分です。

　ただ，以下お話ししていくのは，条文が明確になったものも当然ありますが，判例がいっていた表現と違うものや，条文そのものが変わったものがいくつかあります。ですから，そういうものに関して説明をしていきたいと思います。

2　賃貸借の終了によって賃借人の目的物返還債務が生ずる旨を明記

　これは改正法601条です。従前は，賃貸人が使用収益させるということと，賃借人は賃料を支払うことが明記されていたにすぎない条文だったわけです。ただ，解釈上は，賃貸借の目的物に関して引き渡すということがあるわけで，引渡しを受けた者については，契約が終了したときには返還するということが，ある意味当然に含まれていたわけですが，それが条文にはありませんでした。ですから，それは明記しましょうというのが601条の改正法の内容になっています。ある意味それほど大した話ではないともいえます。

3　短期賃貸借

　従前の602条は，「処分につき行為能力の制限を受けた者又は処分の権限を有しない者が賃貸借をする場合」は，各号に定める期間を超えることができないという形の規定になっていました。ただ，ここでいう「処分につき行為能力の制限を受けた者」とは何かという話になると，通常は未成年者等の制限行為能力者のように思われてしまうような文言になっていたわけですね。でも，そういう人達が短期賃貸借できるというのは誤解です。そのような誤解を招くような条文だったので，この「処分につき行為能力の制限を受けた者」という文言が削除されました。ですから，「処分の権限を有しない者」だけが残ったというものです。

4　賃貸借の存続期間

　604条ですが，もともとは「存続期間は，20年を超えることができない」とされていました。契約でこれより長い期間を定めたときでも，あくまで民法では期間は20年という条文になっていました。ただ，20年というのは現代においてははっきりいって全然長くないという部分が

出てきているわけです。例としては，メガソーラー，すなわち太陽光発電などのために土地を借りる，プラントのリースのために土地を借りる，あるいはゴルフ場などもありますよね。そのようなものが20年で契約終了となるのはおかしいわけですね。

したがって，その時代のニーズに合わせるものであり，もちろん借地借家法などの特別法による規定で修正があればよいのですが，そうでないものもありますので，そういう意味で賃貸借の存続期間を延ばそうという話になりました。無制限にするという考え方もあったのですが，結局50年という規定になっています。これはもう明らかに条文が変わっていますので，自由化というとそうでもないかもしれませんが，覚えておいてください。

5　不動産賃貸借の対抗力，賃貸人の地位の移転等

この辺は判例があったりして解釈のあったところなので，なかなか大事なところです。改正前の605条は，「不動産の賃貸借は，これを登記したときは，その後その不動産について物件を取得した者に対しても，その効力を生ずる」という条文になっており，物件の売買や譲渡というものが入っているわけですが，この中には特に不動産の賃貸人の地位の移転ということが明文では書かれていなかったわけです。これについては判例があったところです。

⑴　605条の文言

改正法では，まず①「その他第三者」が物権を取得した者に加えて明記されました。これは不動産を差し押さえた者も含まれるということで，このような文言になっています。

それから，「その後」という語句が改正前には入っていたわけですが，その後ということになると，登記の後の第三者に限られるかのようにも読めるというところがあり，②「その後」は削除されました。また，改正前は「効力を生ずる」となっていたのですが，これはあくまでも対抗要件の話という解釈になっていたので，③「対抗することができる」という表現に直したというのが605条です。

⑵　賃貸人たる地位の当然承継に関する判例法理を明文化

　605条の2は新設の条文です。不動産の賃貸人たる地位の移転について定めていますが，1項は「前条（＝605条），借地借家法第10条又は第31条その他の法令の規定による賃貸借の対抗要件を備えた場合において，その不動産が譲渡されたときは，その不動産の賃貸人たる地位は，その譲受人に移転する」ということで，今までは解釈としては認められていたところですが，それを原則として明記したということになっています。

　判例では，所有権が移転した場合，簡単にいえば，特段の事情がない限り賃貸人の地位も移転するという判示がされていました（大判大正10年5月30日民録27輯1013頁，最判昭和39年8月28日民集18巻7号1354頁等）。さらに，賃貸人たる地位を留保する合意が譲受人と譲渡人の間であったとしても，それだけで特段の事情があるとはいえないという判断もされていました。これが今までの判例の解釈ということになっていたわけですね。

　これを明文化しようとしたわけですが，どういう条文にしたかというと605条の2第2項です。「前項の規定にかかわらず，不動産の譲渡人及び譲受人が賃貸人たる地位を譲渡人に留保する旨及びその不動産を譲受人が譲渡人に賃貸する旨の合意をしたときは，賃貸人たる地位は，譲受人に移転しない」となっています。例外的に，賃貸人の地位が移転しない条項を2項の方に設けているわけです。要件としては，①「賃貸人たる地位を譲渡人に留保する旨」及び②「不動産を譲受人が譲渡人に賃貸する旨の合意」ということで，②が表現としては目新しいかなといえるところです。先ほどの判例と比較すると，「特段の事情がない限り」という部分が表現としては消えてしまっているので，果たして今回の改正が判例の解釈を明文化したものといえるかどうかはまだよく分からないところもあります。

　ただ，指摘されているところからすると，単に留保する合意があるだけでは足りないといわれており，この部分を具体的にし，判例の趣旨を表現したものが要件の②だと考えられています（中間試案補足451頁）。

本当にそうなのかというのはまた吟味する必要があるかもしれませんが、これとの関係で、賃貸借が終了した場合というところが605条の2第2項後段で更に明文化されています。「この場合において、譲渡人と譲受人又はその承継人との間の賃貸借が終了したときは、譲渡人に留保されていた賃貸人たる地位は、譲受人又はその承継人に移転する」ということになっており、ここでその賃貸借の留保されていたものが実際に解決するような形になっているわけです。このような条文が入っていることも関係して、判例が単に留保する合意があるだけでは賃貸人の地位が移転しないということはできないとしていたものを表現しているというような考え方になっていると思われます。ですから、これはもちろん判例の解釈が変わったというわけではありません。判例の解釈が明文化されたという意味では、判例の考えているところが失われるわけではなく、今後の解釈には生かされていく部分はあるかなと思いますので、そういう意味で605条の2第2項というものを覚えておいていただければと思います。

(3) **賃貸人の地位の移転の際の対抗要件に関する判例法理の明文化**

対抗要件に関しては不動産の所有権移転登記となっています。これは605条の2第3号です。賃貸人の地位の移転ということに関しては、敷金返還債務や費用の償還債務というものが賃貸人にはあるわけですが、それについては、この賃貸人の地位の移転があった場合、そのような債権が譲受人や承継人に承継されるという解釈があったところですが、それが明記されたということになっています。この辺は、もともと解釈の中でいわれていた部分ですからよろしいかなと思います。

6　合意による不動産の賃貸人たる地位の移転

605条の3も判例法理の明文化なのですが、条文は、「不動産の譲渡人が賃貸人であるときは、その賃貸人たる地位は、賃借人の承諾を要しないで、譲渡人と譲受人の合意により、譲受人に移転させることができる」ということで、承諾が不要だということを明文化しています。

第2　賃貸借

7　賃借権に基づく妨害排除請求権及び返還請求権に関する判例法理を明文化

605条の4は,「不動産の賃借人による妨害の停止の請求等」という条文見出しになっています。具体的にいうと,1号が「不動産の占有を第三者が妨害しているとき　その第三者に対する妨害の停止の請求」をすることができる,そして2号が「不動産を第三者が占有しているとき　その第三者に対する返還の請求」ができると定めています。賃借権に基づく妨害排除請求権と返還請求権というものが認められているというのが,ある意味不動産賃貸借の物権化といわれていたものですが,その判例法理を明文化したということになっています。

もう一つ,概念上は妨害予防請求権（民法199条参照）というものもあります。ただ,妨害予防請求権に関しては,具体的に判例を調べ尽くしたわけではないのですが,判例が存在しないといわれていること,また,賃借権はあくまでも債権なので,妨害予防請求権までは認めなかったというのが理由で明文化しないことになっていますので,頭の隅に置いておいていただければと思います。

8　敷金に関する規定を新設

(1)　敷金に関する規定がないため解釈上疑義

敷金については,かなりの部分が判例や実務の解釈に委ねられていた部分がありました。ただ,敷金について具体的な規定がなかったので,解釈上どのようにするかというところは疑義というか,見た目に分かりづらいという点はあったと思います。そのため,敷金については明確な規定を置く必要があるということで設けられました。これが622条の2で,わざわざ「第4款　敷金」という款が設けられています。

ここでは敷金の定義というものも書かれており,「いかなる名目によるかを問わず,賃料債務その他の賃貸借に基づいて生ずる賃借人の賃貸人に対する金銭の給付を目的とする債務を担保する目的で,賃借人が賃貸人に交付する金銭をいう」となっています。賃借人について生ずる賃料債務などを担保するための金銭という意味なので,今までよくいわれ

99

Chap.Ⅲ

ていた敷金の定義から特に外れたものではないといえると思います。

このような「敷金を受け取っている場合において」というところで622条の2第1項があるわけですが,「次に掲げるときは,賃借人に対し,その受け取った敷金の額から賃貸借に基づいて生じた賃借人の賃貸人に対する金銭の給付を目的とする債務の額を控除した残額を返還しなければならない」とされています。賃貸人に発生している債権（賃借人から見たら債務）を控除した残額を賃貸人が返還するということになっていますから,これは充当の問題が明文化されているということになります。債務不履行の場合の敷金の充当の話になっています。残額があることを条件として請求権が発生するということになっています。これももともといわれていた解釈ですね。

(2) 敷金返還義務の発生要件

どういう場合に発生するかというところで,1号ですが,「賃貸借が終了し,かつ,賃貸物の返還を受けたとき」となっています。これは終了＋明渡しという返還ですが,従来の明渡時説というものを明文化,判例が明文化されたということになっています。もう一つは2号ですが,「賃借人が適法に賃借権を譲り渡したとき」です。この場合にも敷金が発生するとなっています。これも解釈であったところを明文化したといえると思います。

また,2項で「賃貸人は,賃借人が賃貸借に基づいて生じた金銭の給付を目的とする債務を履行しないときは,敷金をその債務の弁済に充てることができる」としています。賃借人は賃貸人に対し敷金をその債務の弁済に充てることを請求できないということになっているので,少し先取りしましたが,先ほども述べた充当の話という条文になっています。

また,敷金に関しての権利義務というのは,先ほどのように賃借人が適法に賃貸借を譲り渡したときには発生してしまうので,新賃借人には承継されないと導かれるということがあります。明文でそうは書いてないようにも見えますが,裏側から話しているようなところではありますので,解釈としては別に疑問なところはありません。

第2　賃貸借

　ここで一言申し上げますと，敷金について明文化はされましたが，あくまでもこれは任意規定です。新聞の報道などを見ると，敷金についての規定が設けられたので，もうこの規定に拘束されるかのごとく書いてあるものがあったりしますが，それははっきりいえば理解されていない人が書いているということになるわけで，あくまでも任意規定です。ですから，ここに書いてあるものと違う規定を賃貸借の契約で設けることはできます。

　ですから，その点は誤解しないように，弁護士としては一般の方に説明をしなければならないということになるかと思います。敷金については，雑誌などを見ても結構書かれていますが，一言でいえば，「別にそんなに変わっていませんよ。今でも契約に基づいてやっていますから，今までとはあまり変わりませんよ」というのが，法律家としてのアドバイスになると思います。ただ，明文化されているので，そういう意味では分かりやすくなってはいますし，一般の方からしたら，そういう規定があるから守りましょうということになっていくので，規定化されたことには意味があると思います。

9　賃貸物の修繕

　606条が賃貸人によるもの，607条の2が賃借人による修繕という条文になっていますので二つ説明します。

　一つ目は，賃貸人の修繕義務というものですね。606条1項の本文は，「賃貸人は，賃貸物の使用及び収益に必要な修繕をする義務を負う」ということであり，これ自体は変わっていません。ただ，例外規定を追加しており，同項のただし書ですが，「賃借人の責めに帰すべき事由によってその修繕が必要となったときは，この限りでない」とされています。賃借人に帰責事由がある場合には，賃貸人には修繕義務がないということで，これ自体は解釈としては今までもありましたから別に変わったことではありません。それが明確になったということはいえると思います。ある意味危険負担的な発想ですよね。

　次に賃借人の修繕権の明文化です。これについては，もちろん解釈で

101

Chap.Ⅲ

も従前もいわれていたところではありますが，明文でははっきりしていませんでした。条文を見ると607条の2ですが，「賃借物の修繕が必要である場合において，次に掲げるときは，賃借人は，その修繕をすることができ」，1号は「賃借人が賃貸人に修繕が必要である旨を通知し，又は賃貸人がその旨を知ったにもかかわらず，賃貸人が相当な期間内に必要な修繕をしないとき」ということになっています。賃借人としては，自分の所有物ではないので，勝手に本来は修繕できないというところがあるわけですね。ただ，「修繕してくださいよ」といっているのにいつまでも修繕されないということになると，この賃借物に関して賃借人が使用できないということにもなってしまうので，通知した，又は通知しなくても賃貸人が知っていたのにもかかわらず相当な期間内に修繕しないという場合は，賃貸人がやらないのであれば賃借人がやりますよということを認めています。

　もう一つは，2号の「急迫の事情があるとき」があります。急迫な事情があるときは通知などがなくても修繕ができるというところで，例外的に賃借人の修繕権を明文化しています。

10　減収による賃料の減額請求等

　609条は，もともとは「収益を目的とする土地の賃借人」となっていたところなのですね。この条文自体が，はっきりいって現代的な意味がないというような考え方があり，そもそも削除しましょうということもいわれていました。ただ，農林水産省からは，まだこれは意味があるというような話があったらしく，限定的に残すことになりました。改正法では，「耕作又は牧畜を目的とする土地の賃借人」となり，ある意味狭めたということになっています。

11　賃借物の一部滅失等による賃料の減額等

　現行の611条は，「賃借物の一部が賃借人の過失によらないで滅失したときは，賃借人は，その滅失した部分の割合に応じて，賃料の減額を請求することができる」となっていたんですね。減額請求できるという条文だったのですが，一部滅失ということになると，その分賃借物が使

えなくなるということが割合的には生ずるわけですが，それはむしろ当然の話です。したがって，ここは賃借人の請求によってではなく，当然の減額だというようなことになっています。これも危険負担的な発想になっています。

それから，もともとは「滅失したときは」となっていたのですが，ここが「滅失その他の事由により」と条文的には拡大された形になっています。実際に，「その他の事由」として何があるかというのは分かりません。滅失まではいかないが賃借物が使えなくなるような事情だと考えていただければよろしいかと思います。

12　転貸の効果

613条では，転貸に関して，「適法に賃借物を転貸したときは，賃借人は，賃貸人に対して直接に義務を負う」「前払をもって賃貸人に対抗することができない」という条文があったわけですが，これについて少し不明確だった転借人の賃貸人に対する直接債務の範囲の明文化をしました。1項は，「賃貸人と賃借人との間の賃貸借に基づく賃借人の債務の範囲を限度として，賃貸人に対して転貸借に基づく債務を直接履行する義務を負う」とされ，少し明確になったということがいえるかなと思います。前払の対抗ができないのは従前どおりです。

2項は今までと同じなので，あとは3項で，「賃借人が適法に賃借物を転貸した場合には，賃貸人は，賃借人との間の賃貸借を合意により解除したことをもって転借人に対抗することができない」とされ，合意解釈によって転借人を追い出すことはできないということを明文化しました。さらに例外も設けたという形になっています。これも今までの解釈や判例を明文化したということになりますから，そんなに難しい話ではありません。

13　賃貸借終了後の収去義務及び原状回復義務

ここも賃貸借の中では，ニュースや新聞で取り上げられるところかと思いますので，若干大事なところです。これは使用貸借の条文を準用する形になっているので，622条から599条に行きます。599条は，「借

主は，借用物を受け取った後にこれに附属させた物がある場合において，使用貸借が終了したときは，その附属させた物を収去する義務を負う」という形になっており，まずは（ここでは借主になっていますが読み替えて）賃借人の収去義務を明文化しています。さらに，収去義務がどこに及ぶかということも「附属させた物」というところで明記しています。誰の所有かということは書いていません。

そのようなことで収去義務がありますが，1項のただし書で，「借用物から分離することができない物又は分離するのに過分の費用を要する物については，この限りでない」ということで，分離ができない物，分離に過分な費用のかかる物は例外的に収去しなくてもよいということになっています。

次に，賃借人の収去権も明文化したということになっていますが，2項で，「借主は，借用物を受け取った後にこれに附属させた物を収去することができる」とされています。収去する義務を負うのですが，さらに収去する権利もあるというわけです。借用物受取り後に附属させたものについては明文化したのですが，これもそんなに不思議な話ではありません。

大事なのは原状回復義務の方かなと思いますが，621条で，「賃借人は，賃借物を受け取った後にこれに生じた損傷（通常の使用及び収益によって生じた賃借物の損耗並びに賃借物の経年変化を除く。……）がある場合において，賃貸借が終了したときは，その損傷を現状に復する義務を負う」とされています。ですから，基本的に原状回復義務は明文化されたのですが，通常損耗と経年変化，そして，ただし書のとおり「その損傷が賃借人の責めに帰することができない事由によるものであるときは，この限りでない」ので，賃借人に責任がない場合，以上三つに関しては例外規定を設けています。これは判例（最判平成17年12月16日判時1921号61頁）があるところなので，そういうものを明文化したということになっています。

ただ，これも任意規定なので621条の内容を契約上変えることはできるということになっていますが，例えば通常損耗について抽象的に賃

借人が全て負担するというような契約条項を設けていたというような場合には判例があります。判例の表現と一言一句一緒ではないのですが，賃借人が補修費用を負担することになる通常損耗の範囲が，賃貸借契約書の条項自体に具体的に明記されているか，又は明らかでないとき，通常損耗補修特約が明確に合意されているということが必要であり，したがって，通常損耗の範囲というのは，明確に契約に設けられているか，特約で設けられている場合でないと，賃借人に責任を負わせることができない，原状回復義務を負わせることができないとされています。

この判例自体，別に621条を設けたことによって適用されなくなるということではありません。むしろ，判例の方に近づくような規定になっているという考え方もできるかなと思いますが，ただ，判例がいっていることがそのまま条文になったわけではないので，まだ今後の解釈の余地というのは出てくると思います。

ただ，見ていくと，業者が作っている契約書では，非常に適当な契約条項になっているというものは結構あると思うんですね。ですから，これは別に民法が改正になるから直す必要があるというものではないのですが，契約書のチェックの際には，明確に「これはちょっと直した方がいいよ」「もっとはっきり判例に沿った内容にするように直すから」というような形でやってもらった方がよろしいかと思います。

14 損害賠償の請求権

622条から準用された600条2項ですが，まず600条1項は，「契約の本旨に反する使用又は収益によって生じた損害の賠償及び借主が支出した費用の償還は，貸主が返還を受けた時から1年以内に請求しなければならない」となっています。

これは今日のお話ではないのですが，消滅時効の改正のところで完成猶予，更新という制度ができたということは，既に聞かれているかと思います。そのような制度が新設されているということがあるので，それに平仄を合わせる形にしています。ですから，2項として，「前項の損害賠償の請求権については，貸主が返還を受けた時から1年を経過する

までの間は，時効は，完成しない」という条文が追加されています。実際にやることはあまり変わりないかもしれませんが，時効の規定と平仄を合わせたという意味で見ておいていただければと思います。

これは，もともと使用貸借の規定ですので使用貸借も同様ですし，寄託についても同様の規定があるということになっていますので，また見ていただければと思います。

このように賃貸借は条文の解説になっているので，念仏を唱えているようで少し面白くないところもあったかもしれませんが，一般の人には興味があるところですので，「条文がすごく変わったんでしょう」といわれたら，「そうでもないよ。こことここが変わったからそこだけ覚えておけばいいよ」というような感じで解説すると，「よく分かっていますね」ということになると思います。そのように一般受けするという意味で，賃貸借については見ておいていただければよろしいかと思います。

**講師からの
ワンポイント・アドバイス**

　全体的に見れば，判例通説の明文化の側面が多いと思いますが，明確に法制度や判例解釈を変更した箇所も少なくないです。勉強される際には，特に後者について時間をかけていただきたいと思います。危険なのは，「(あくまで自分の)リーガルマインドで考えた結論に民法はなっているはずだ(改正されたはずだ)」と不遜にも考え，改正法の勉強をしないことです。特に，今回の定型約款と，一部の賃貸借の規定は後者に当たるものですので，十分な勉強が必要です。

　それと，本文中でも話しましたが，強行規定か任意規定か，という点は，常に意識しておく必要があります。これによって，契約書をどうすればよいかが決まってきます。

IV 消費貸借，法定利率，債権者代位権・詐害行為取消権

弁護士　山崎　岳人

IV 消費貸借，法定利率，債権者代位権・詐害行為取消権

今ご紹介にあずかりました，東京弁護士会会員の山崎と申します。よろしくお願いいたします。

それでは早速なのですが，本日のテーマに入らせていただきます。

第1 消費貸借

1 消費貸借の成立

(1) 要物契約としての消費貸借

587条については条文が変わっておりません。消費貸借の要物性の見直し，要は消費貸借を諾成化するという検討が法制審でなされてはおりましたが，最終的には要物性を完全に不要とするような改正には至りませんでした。現行法と同じで，要物契約かつ片務契約という位置付けになっています。

(2) 書面でする消費貸借の場合

ア 要式契約かつ片務契約

続いて，新たに加えられたものが，改正法587条の2第1項に定められた，書面による消費貸借です。1項として，「前条の規定にかかわらず，書面でする消費貸借は，当事者の一方が金銭その他の物を引き渡すことを約し，相手方がその受け取った物と種類，品質及び数量の同じ物をもって返還することを約することによって，その効力を生ずる」となっております。後で詳しくお話しますが，要式契約かつ片務契約と位置付けられております。この片務契約の片務の中身は，貸主に貸す債務が発生することを意味しております。

まず要式性のところなのですが，書面による合意で成立します。現行法では，判例・通説ともに，非典型契約として諾成的消費貸借契約が認められておりました。そこにおいては書面によることは求められておりません。ただ，改正法は587条の2により，書面でする場合のみ諾成的消費貸借契約を認めましたので，書面によらない諾成的消費貸借の効力は否定されると理解されております。

また，1項の冒頭に，「前条の規定にかかわらず」とわざわざ書かれ

第1　消費貸借

ておりますが，これについては，原則は要物契約の消費貸借であって，書面でする消費貸借というのは例外的だということが表されていると整理されております。

　続いて書面が要求される理由についてです。①当事者の合意が要物契約の前提としての合意ではないことの確認と，②軽率な契約の防止の2点にあると説明されています。この書面要件については，既にどの程度厳格に解すべきかということが解釈論でいわれております。特に書面が要求される問題の本質について，今述べた①の方で考えるのか，②の方で考えるのかによって立場は変わってくると思うのですが，保証の場合よりも緩やかでよいのではないかという解釈論も既に示されているところです。

イ　借主：金銭その他の物を受け取るまでの解除権

　続いて借主の解除権について，条文は587条の2の第2項前段です。書面でする消費貸借の特徴としては，金銭その他の物を受け取るまでは，借主は契約の解除をすることができるとされています。これについては金銭等の引渡し前に需要がなくなった場合に，受取りを強制し返還をさせることには意味がないからです。これを裏返しますと，借主に金銭受領義務がないことを含意していると理解されております。

ウ　貸主：解除によって損害を受けた場合の損害賠償請求権

　金銭等交付前の借主に解除権を認める一方で，貸主に対しては，契約の解除によって損害を受けた場合に，損害賠償請求権が認められております。587条の2第2項後段です。一体どのような損害賠償が認められるのかという問題になると思うのですが，利息と返済期限の合意がなされただけで，貸主が返済期限までに得られたであろう利息が，当然に損害となるわけではありません。

　ですから，逸失した利息相当額となるのは，かなり例外的な場合だと想定されております。原則は資金調達費用や事務処理費用ですが，これも最終的には因果関係の問題となります。例えば，資金を100万円貸すために自分が100万円を調達したときに，貸金業者の場合ですと多

数の借主がいらっしゃいますので，そこの因果関係をどのようにするかという問題もあり，資金調達費用・事務処理費用だからといってなかなか簡単に認められるというわけではないのではないかという指摘も，既になされているところです。

続いて，違約金条項を設けた場合はどうなるでしょうかというお話があります。これについては，今後またこの講座の中でも出てくると思うのですが，改正法の420条がございます。何が変わったかといいますと，賠償額の予定をした場合，現行法では賠償額の増減を裁判所はできないとされていたものが削除されておりますので，賠償額の予定を例えば逸失した利息相当額と定めたとしても，裁判所によって金額の増減がなされてしまう可能性があるというようなことがあります。

エ　当事者の一方の破産手続開始決定による消費貸借の効力の喪失

受取り前に貸主又は借主のどちらか一方が破産した場合には，当然に書面でした消費貸借の効力は失われます。587条の2第3項です。

まず借主が破産した場合には，信用供与の前提が崩れるため当然に効力喪失となります。貸主が破産した場合なのですが，効力を有効と考えた場合にどうなるかといいますと，借主が金銭交付請求権を破産債権として届け出て，配当を受けて，破産管財人に返済し，破産管財人が追加配当を行うことになってしまうので，こんなことは面倒くさいでしょうということで，効力喪失となっております。

オ　書面に代わって電磁的記録によることも可能

最後に4項ですが，諾成的消費貸借で必要とされる書面は電磁的記録であっても構わないということです。

(3)　準消費貸借

588条冒頭の「消費貸借によらないで」という字句が削除されております。この意味なのですが，現行法において，既存の消費貸借上の債務についても，準消費貸借とすることが妨げられないと一般的には理解されておりましたが，現行法の条文の字句と解釈が合わないというので，解釈上の疑義の解消のために削除されております。

⑷ 消費貸借の予約

　まず条文の確認からいたしますと，現行法の589条をご覧ください。「消費貸借の予約は，その後に当事者の一方が破産手続開始決定を受けたときには，その効力を失う」として，消費貸借の予約が前提とされた規定がありました。ただ，改正法589条は全く違った利息について書かれており，この条文は改正法で削除されております。削除された理由なのですが，先ほど書面による消費貸借のところで述べました587条の2第3項の規定ができましたので，あえて現行の589条を残す必要はないのではないかということです。

　だからといって改正法で消費貸借の予約そのものができなくなるのかというと，そういうことではありません。消費貸借の予約をすることは可能です。ただ，消費貸借の予約は，おそらく貸す債務を作り出すためになされることが多いと思うのですが，その場合，諾成的消費貸借を要式契約としたこととの関係で，書面によらない消費貸借の予約の効力についてどのように考えるかというところについては，既に議論があるところです。想定例としては，改正法の下においても，要物契約としての消費貸借の成立を目的とする片務予約であるとか，諾成的消費貸借の成立を目的とする一方の予約であるとかが，想定されております。利息付き消費貸借の予約の場合，売買の予約に関する規定を準用したり，また，先ほど申し上げた現行法の589条が削除されましたので，代わりに587条の2第3項を類推適用したりするというような話が出てきております。ここまでが消費貸借の要件についてのお話です。

２　消費貸借の効果

⑴　貸主の義務

ア　貸す債務

　要物契約としての消費貸借の場合は，貸す債務はありません。書面でする消費貸借の場合に生じます。ただ，いずれの場合も，貸主の借主に対する目的物返還請求権は，物の交付により成立しますので，この点は現行法と変わりありません。

イ　瑕疵担保責任

　貸主が負っているものとしてもう一つ，瑕疵担保責任がございます。消費貸借はほとんど金銭しかなされていないのが最近の現状だと思いますので，具体的な例というのがなかなか難しいのかもしれませんが，米や味噌や醬油の消費貸借ということになると思います。現行法なのですが，利息付きの消費貸借契約の場合は，物に隠れた瑕疵があったときは，貸主は瑕疵がない物を引き渡す義務を負っていました。現行法の590条1項になります。

　無利息の場合は，瑕疵がある物の価額を返還することができるということが現行法590条2項前段に明文で定められていました。ただ，無利息の場合であっても，貸主が瑕疵の存在を知っていれば，瑕疵がない物を引き渡す義務が貸主に課されていました。これが現行法の2項後段です。

　改正法になり，売買の瑕疵担保責任が見直されましたので，それに合わせてこちらについても見直しが進められております。改正法の場合ですと，利息付きの場合は，改正法559条と562条1項によって，売買の瑕疵担保責任の準用がなされるようになっております。無利息の場合には，改正法の590条1項と551条によって，贈与の瑕疵担保責任が準用されるような形になっております。

　続いて，瑕疵担保責任と合わせて，借主の返還債務の内容のうち瑕疵がある物を受け取った場合の返還債務の内容だけここで簡単に触れさせていただきます。受け取った瑕疵ある物を返還すればよいというのは，587条の冒頭規定から導かれます。瑕疵ある物の価額の返還についてなのですが，改正法590条2項というのがございます。現行法では，利息がある場合について，実は価額返還について明文がなかったのですが，この2項が前条1項の特約の有無にかかわらずと定めておりまして，前条1項の特約というのが利息の特約ですので，利息の有無にかかわらず，価額返還もできるということが条文で明示されるようになりました。

第1　消費貸借

⑵　借主の義務
ア　目的物に関するもの

　先ほども申し上げましたが，いずれの場合も物を受け取ることを要件として，目的物の返還債務は生じます。なお，物の価額償還ができる点は，現行法592条ですが，ここは変更ございません。

　返還の時期については，返還の時期を定めた場合について改正がございます。

　まず返還の時期を定めなかった場合です。貸主は相当の期間を定めて返還の催告をすることができるというのは現行法の591条1項で，やはり改正はございません。返還の時期を定めなかった場合なのですが，借主はいつでも返還をすることができると明文で書かれております。これは改正法591条2項ですが，旧法から変わらなかったところです。

　続いて，返還の時期を定めた場合なのですが，借主はいつでも返還をすることができるというのが，改正法591条2項で認められるようになりました。期限前弁済については，認められるのかどうかというのは，今まで解釈によっていたところなのですが，その解釈を明文で認めるようにしております。

　利息の定めがある場合に期限前返済をした場合についてですが，貸主は借主に対して，期限前の返還によって被った損害を賠償することができるとされました。改正法591条3項です。この591条2項と3項なのですが，期限の利益の放棄を定めた136条2項の特則と位置付けられております。

　また，591条3項によって認められる損害なのですが，先ほど書面でする消費貸借のところで出てきた，金銭等の交付前に借主が解除した場合の損害賠償権を定めた587条の2第2項というものがございましたが，それと整合的に理解した方がよいといわれております。ですから，期限前に返済がなされたからといって，返還時期までに発生したであろう利息が当然に貸主の損害となるわけではありません。また，その利息が損害とならない場合には，先ほど申し述べたような資金調達費

用や事務処理費用を損害として認めることが考えられるということになります。

イ　利息

改正法589条1項をご覧ください。「貸主は，特約がなければ，借主に対して利息を請求することができない」と，利息について明文化されました。なお，商人間の金銭消費貸借では，従前どおり，特約がなくても法定利息を請求することができます。条文は商法の513条1項です。また，利息の発生日についてですが，目的物を受け取った日であることが明文化されております。改正法の589条2項です。「前項の特約があるときは，貸主は借主が金銭その他の物を受け取った日以後の利息を請求することができる」とされております。

3　改正法の適用開始日

施行日前に締結された消費貸借は従前の例によるとされております。改正法の施行日については2020年4月1日に決まりました。したがって，2020年の4月1日の前後で分かれますのでご注意ください。

4　書面による諾成的消費貸借契約書の例

私が所属している東京弁護士会法制委員会の民事部会が編集元となり，『債権法改正事例にみる契約ルールの改正ポイント』（新日本法規出版，2017年）という書籍を発行しております。その中の270頁に，当会会員の児玉隆晴先生による書式が掲載されていますので，ご覧いただければと思います。

第2　法定利率

1　固定金利から緩やかな変動金利へ

(1)　改正法施行時の当初利率年3％

法定利率については，低金利の状況が長期間にわたって続いている現下の情勢を踏まえて，年5％という法定利率が高すぎるとの批判がなされていたことから，まず当面これを引き下げることとされております。この後詳しくどのように変動するかお話ししますが，固定金利制ではな

第2　法定利率

く緩やかな変動金利制に変わっております。

　改正法施行時の当初の利率は年3％に引き下げられております。条文は404条2項です。

　参考とされた金利水準というのが，国内銀行の貸出約定平均金利が年1％弱，住宅ローン年2％程度，無担保のマイカーローン・教育ローン年3％程度，貸金業者による個人向け貸出金利年12.8％程度といったものです。これはこの3％を決めた当時の金利水準です。こういう状況を踏まえ，現行の法定利率からの円滑な移行という観点を含めたところで，3％とされております。

(2)　見直し期間

　まず，利率を見直す期間なのですが，3年を1期として，1期ごとに見直しの要否の検討がなされます。404条3項です。先ほども少し触れましたが，施行日が2020年4月1日であることが公表されました。この2020年4月1日を1期目の初日としますと，1回目の見直しは3年後の2023年4月1日，2回目が2026年4月1日となってまいります。

(3)　見直しの際の計算方法

　ではその見直しのときに，どのように見直すのでしょうかというお話になるのですが，これは改正法の404条4項にございます。分かりやすくまとめますと，最初に，①直近変動期の基準割合と当期における基準割合との差を求めるという話になります。直近変動期という言葉がこの後も度々出てくるのですが，これは何かといいますと，法定利率に変動があった期のうち直近のものをいいます。この直近変動期の基準割合と当期における基準割合との差を求めて，②その数値から1％未満の端数を切り捨てます。その上で，③直近変動期における法定利率に，上記②の数値を加減算することによって，新しい法定利率を出すというルールが採用されております。

　ここでは例として2023年4月1日見直しの場合を記載しました。

115

Chap.Ⅳ

IV 消費貸借，法定利率，債権者代位権・詐害行為取消権

法定利率の見直し例（2023年4月1日の見直し）

		［差］	［法定利率］
基準となる法定利率	年3%		
直近変動期の基準割合	年2%		
当期における基準割合	年1%	▲1%	2%
	年1.5%	▲0.5%	3%
	年2%	0%	3%
	年2.5%	0.5%	3%
	年3%	1%	4%

　基準となる法定利率は年3%になります。改正法施行後初めて法定利率に変動があるまでは直近変動期がありませんので，年3%に読み替えられております（経過措置に関する附則15条2項）。直近変動期の基準割合を仮に年2%とし，当期における基準割合を5段階で見ていきますと，年1%になった場合には直近変動期よりも1%下がっておりますのでマイナス1%で，法定利率は年3%から1%を引いて2%になります。その後1.5から2.5の間は差が1%になりませんので，3%は動きません。最後，年3%になりますと，差が1%になって4%に動くという話になります。

⑷　基準割合の算定方法

　今まで基準割合といってまいりましたが，基準割合というのは何なのかという話が改正法404条5項に書かれております。各期の初日の属する年の6年前の年の1月から前々年の12月までの各月における短期貸付の平均金利をいうといわれておりますが，少し長いので分かりやすく短くすると，過去5年間の短期貸付の平均金利になります。

　例として2023年の場合には，直近変動期の基準割合は2014年の1月から2018年12月，当期の基準割合は2017年1月から2021年12月となります。この404条5項の短期貸付とは何かといいますと，各月において銀行が新たに行った貸付をいいます。貸付期間は1年未満です。

具体的には日本銀行が毎月公表する国内銀行の貸出約定平均金利，新規・短期を参考にするといわれております。ただ，別に我々が一生懸命これを追う必要はなく，法務大臣による告示が予定されていますので，法務省のホームページ等でこの辺りは公表されていくことが予定されております。

基準割合の例（2023年の場合）	
直近変動期の初日	2020年4月1日
当期の初日	2023年4月1日
	［対象期間］
直近変動期の基準割合	2014年1月から2018年12月
当期の基準割合	2017年1月から2021年12月

2　商事法定利率の廃止

整備法によって，商法514条は削除されております。1％の上乗せ制度の廃止です。

⑴　改正理由

商事法定利率がなくなったことの改正理由なのですが，現行法の趣旨は，商取引では民事上の取引より元本から多くの収益が上げられる，まさしく運用能力の差を反映しているというような説明がなされていましたが，改正法では，商人であるから民法上の法定利率より高い運用利回りを得られるとはいえないのではないか，また，市中金利と連動する民事上の法定利率に年1％上乗せする合理性がないというところになります。

⑵　手形法・小切手法

商事法定利率がなくなりましたので，手形・小切手に適用される法定利率も原則として年6％から民事上の変動金利，法定利率に変更されております。ただし，国内において振り出し，かつ，支払うべき手形小切手以外の手形小切手は，改正法施行後も，引き続き年6％の固定金利に

よるとされております。

私は，今日ここまで細かい知識は覚えていただく必要はないと思っておりますので，手形・小切手の場合には年6%の場合もあるということを念頭に置いていただいておけばよろしいのかなと思います。ここまでが，新しい緩やかな変動金利というところの内容になりますが，ここから先は，金利を適用する局面，法定利率を適用する局面のお話に移りたいと思います。

3 法定利率の適用

⑴ 利息債権の法定利率の基準時

法定利率が適用される主な場面ですが，契約によって利息が発生することが定められているものの利率の定めが明らかでない場合や，利息・遅延損害金が法律の規定によって発生する場合，また，損害金を一時金で受け取る場合になされる中間利息控除等が考えられると思います。

まず，利息債権で利率が定まっていない場合の話に入ります。条文は改正法の404条1項で，「利息を生ずべき債権について別段の意思表示がないときは，その利率は，その利息が生じた最初の時点における法定利率による」とされております。したがって，債権者が恣意的に利息の高い時を選択することはできませんし，法定利率が変更される度に適用される利息の利率が変更されることもありません。

⑵ 金銭債務の遅延損害金における法定利率の基準時

金銭の給付を目的とする債務の不履行については，債務不履行の金銭債務の特則を定めた419条があります。今回の改正で，損害賠償の額について「債務者が遅滞の責任を負った最初の時点における」という字句が，法定利率の前に付け加えられております。要は，履行遅滞に陥った最初の時点で利率は固定されるということが明文で規定されました。そのため，こちらも恣意的な選択はできなくなります。

例を一つ挙げると，不法行為に基づく損害賠償債務と安全配慮義務違反に基づく損害賠償債務の場合です。不法行為の場合には，履行遅滞は不法行為時に生ずるとされておりますので，不法行為時の利息が適用さ

れるのに対し，安全配慮義務違反の場合には，履行の請求を受けた時の利率が適用されることになりますので，法定利率が変動した場合には，請求原因によって遅延損害金に適用される法定利率が変わるということになります。

⑶　中間利息控除

ア　ルールの変更

現行法では，中間利息の控除について明文はなく，判例により5％の固定利率による中間利息の控除をすべきであるとされておりました。これに対して改正法では，417条の2が新設されております。

この規定は改正法の722条1項で不法行為に準用されていますので，不法行為に基づく損害賠償債務にも適用されます。417条の2では，「その損害賠償の請求権が生じた時点における法定利率」により中間利息控除をすることとなっています。こちらの中間利息控除に用いる利率は，損害賠償債務が発生した時点で固定されるというわけです。

イ　損害賠償請求権発生時の解釈論（特に人身損害について）

ここではもう既に大きな解釈論があり，損害賠償請求権が発生する時とはいつなのかという問題になります。特に人身損害について既にいわれております。例えば，後遺障害による逸失利益ですが，損害賠償請求権が発生するのが不法行為時だというところを重視するのでしたら不法行為時でしょうし，後遺障害というのはあくまで症状固定によって明らかになると考えれば症状固定時でしょうし，他方，学者の先生によっては症状固定という概念はあくまで逸失利益を算定するためのテクニックにすぎないというようなこともおっしゃっており，ここについてはまだ結論が出ていないというのが正直なところだと思います。

将来の介護費用に至りますと，更によく分からなくなってまいります。原則論としては損害賠償請求権が発生する時を基準にする不法行為時になるでしょうし，実際に費用が発生した時に損害賠償請求権が発生すると考えれば将来費用が発生する各時点になるでしょう。ただ，それでは一括でもらうことができないので中間利息控除の話になるということで

あり，その場合には事実審口頭弁論終結時を基準にするなど，いくつか既に説がいわれているところです。ここについてはまだおそらく確定した見解というものはなく，この先いくつかの見解が示されるのではないかと思っております。

ウ　安全配慮義務違反に基づく損害賠償請求

中間利息控除に関して安全配慮義務違反に基づく損害賠償請求を例として挙げますと，要は，遅延損害金に用いる法定利率と中間利息控除に用いる法定利率の時点が異なるという話です。遅延損害金に用いる法定利率は履行の請求を受けた時，中間利息控除に用いる法定利率は損害賠償請求権発生時になります。損害賠償請求権の発生時について，不法行為時とした場合にはやはりずれてしまいますし，症状固定時とした場合もずれてしまいますので，注意が必要です。

エ　強行法規か否か

なお，この中間利息控除の規定が強行法規か否かという問題が既に指摘されております。大村敦志先生のご見解（中田裕康・大村敦志・道垣内弘人・沖野眞己著『講義債権法改正』（商事法務，2017年）104頁）は，いずれとも考え得ると書かれており，保険約款で中間利息を年5％と規定した場合にその規定が有効なのかどうかというのは，我々実務家にとっては結構重要な問題だと思うのですが，そこについてはやはり議論があるところなのではないかといわれております。

4　改正法の適用開始時期

改正法「施行日前に利息が生じた場合におけるその利息を生ずべき債権に係る法定利率はについて，……なお従前の例による」とされています（附則15条1項）。これは先ほど述べたとおり，2020年の4月1日を基準に考えていただければと思います。何回か出てきましたが，法定利率の初めての変動が生ずるまでは，直近変動期は改正法施行後最初の期，直近変動期における法定利率とあるのは年3％と読み替えられております（附則15条2項）ので，ご注意ください。

第3 債権者代位権と詐害行為取消権共通の点

1 款の細分化

まず法文の形式から見ていきたいと思います。現行法は，「第2款 債権者代位権及び詐害行為取消権」と，一つに款がまとめられていたのですが，款の細分化が図られました。法的な解釈論上の意味があるのかというところは，今のところは特にないといわれており，法制上の観点からの処理だといわれております。条文数が増加したからです。

2 責任財産の保全制度

次に理念的なところのお話をしたいと思います。債権者代位権と詐害行為取消権の制度趣旨についてですが，責任財産の保全制度であるということが，今回の改正法では強く意識されております。そしてあくまで，債権者代位権と詐害行為取消権は，これらの権利を行使したことにより維持・回復された責任財産に対して，債権者が強制執行をするための制度という位置付けになっています。

3 強制執行の準備のための制度

したがって，強制執行の準備のための制度というところが前面に出てきます。ここにいる皆さんはご存じだと思うのですが，現行法では，代位債権者・取消債権者による事実上の優先弁済（要は相殺を利用したものですが）がなされておりました。これについてはどう考えるのかという話ですが，改正法においても禁止はされておりません。ただ，事実上の優先弁済が適用される局面が狭くなる，あるいは相殺権の濫用法理による制限の可能性といったところまで，既に指摘がされております。

4 債権者代位権について強制執行準備目的以外の利用を制度化

債権者代位権についてなのですが，強制執行準備目的以外の利用が制度化されました。今までいわゆる転用事例と呼ばれていたようなものです。ですから，本来型と転用型という二つが条文の中に出てきております。改正法では，本来型を責任財産保全型，転用型を個別権利実現準備型と呼ぶことがあります。最近では，改正法になったのだから，本来型・

Ⅳ　消費貸借，法定利率，債権者代位権・詐害行為取消権

転用型という呼称はおかしいといわれることもありますが，ここではなじみ深い本来型・転用型という呼称も併用して使わせていただきます。

第4　債権者代位権

1　責任財産保全型の債権者代位権

(1)　改正法423条が定める要件

　まずは本来型すなわち責任財産保全型の債権者代位権について条文を確認していきたいと思います。改正法の423条1項で，「債権者は，自己の債権を保全するため必要があるときは，債務者に属する権利（以下「被代位権利」という。）を行使することができる。ただし，債務者の一身に専属する権利及び差押えを禁じられた権利は，この限りでない」とされています。

ア　被保全債権の存在

　まず423条が定める要件を確認したいと思います。条文上の字句としては，「自己の債権を保全」と書かれておりますので，そこから被保全債権の存在が必要になります。ただ，これは新法で新設されておりますが，423条3項で，「債権者は，その債権が強制執行により実現することのできないものであるときは，被代位権利を行使することができない」とされており，被保全債権から強制力を欠く債権が除外されております。これは先ほど申し上げたように，強制執行の準備を目的とする制度であるというところを意識した改正であり，明文化されています。

イ　債権保全の必要性

　423条1項の「自己の債権を保全するため」という言葉の「ため」の部分です。この「自己の債権を保全するため」というところなのですが，本来型ですので，現行法どおり，債務者が無資力であることが要求されると理解されております。法制審議会では，無資力要件が必要であるということについては意見の一致をみてはいたのですが，無資力とは何ぞやという具体的な内容についてのところで意見の一致をみることが

第4　債権者代位権

できず，無資力要件の明文化が見送られ，このように「自己の債権を保全するため」という抽象的な表現にとどまっております。ですから，無資力要件が記載されていないからといって不要だということはございません。

ウ　被代位権利の存在

債務者に属する権利，すなわち「被代位権利」という言葉が条文上も出てまいりましたが，この存在が必要になるとされております。ただし，債務者の一身に専属する権利と差押禁止債権は，被代位権利から除外されております。改正法では差押えを禁止された債権が加えられました。その理由なのですが，債務者の責任財産を構成しないためです。

エ　被保全債権の期限の到来

これは423条2項で，現行法では裁判上の代位によればできるとされていたのですが，改正法では裁判上の代位制度が廃止されました。その理由なのですが，①裁判上の代位による債権者代位権の行使の実例が存在しないこと，②民事保全法20条2項に基づく仮差押えが充実しているということの2点が挙げられております。ただ，2項ただし書の保存行為の場合は，現行法と改正法とで変わりはありませんので，保存行為の場合でしたら期限が到来していなくてもできるという規律になっております。

オ　改正法で明示されていない要件

債務者が被代位権利を行使していないことです（最判昭和28年12月14日民集7巻12号1386頁）。改正法で判例法理が取り込まれた，あるいは通説が取り込まれたというようなお話が多いと思うのですが，債権者代位権のところは，このようにまだ取り込まれていない，条文に書かれていないことも相変わらずあるということです。

カ　要件事実

ここで要件事実について簡単に整理をしますと，①請求原因事実として，被保全債権の発生原因，債権保全の必要性，被代位権利の発生原因です。②抗弁として，先ほど申し上げた被保全債権に履行期があること，

債務者が被代位権利を行使していることが入ってまいります。最後に③再抗弁として，被保全債権の履行期の到来になります（潮見佳男著『新債権総論Ⅰ』（信山社，2017年）653頁）。

⑵　代位行使の範囲

条文は改正法423条の2で新設されたものです。被代位権利の目的（客体）が可分である場合，代位債権者は被保全債権の額を条件として，債権者代位権を行使できることが明文化されております。これについては現行法の判例（最判昭和44年6月24日民集23巻7号1079頁）と同様の準則を採用したといわれております。

中間試案段階の資料も，皆さんお読みになることがあると思うのですが，ここは中間試案から大きく異なっている点です。被保全債権を上限にするというルールは，中間試案の段階で設けられていませんでした。ただ，代位債権者が被保全債権の金額を超えて受領した金銭の処理が明確でないことや，代位債権者による事実上の優先弁済が認められたこと等を理由に，被保全債権上限ルールは現行法どおり残されることになりました。ですから，判決主文についても，従前どおり被保全債権の額を明示する必要があるとされております。

以下に主文例を挙げましたが，「充つるまで」や「限度で」といったいくつかの表現があるようですので，請求の趣旨をお書きになるときには，皆さんご注意ください。

〈主文例1〉

　被告は，原告に対し，原告のＡに対する金○○○万円及びこれに対する平成○年○月○日から完済まで年5分の割合による金員に充つるまで，金○○○万円及びこれに対する平成○年○月○日から支払済みまで年5分の割合による金員を支払え。

（※仙台高判昭和62年12月23日判時1273号65頁を著者が一部修正）

> **〈主文例 2〉**
> 　被告は，原告に対し，［被代位権利の金員］を［被保全債権の］限度で支払え。
> （※塚原朋一編著『事例と解説 民事裁判の主文』（新日本法規出版，2015年）150頁）

(3)　代位債権者の直接請求・受領権限

　条文は改正法423条の3です。「被代位権利が金銭の支払又は動産の引渡しを目的とするものであるとき」は，代位債権者は，第三債務者にその支払又は引渡しを求めることができるとされております。これも現行法における判例・通説が採用していた法理の明文化になります。

　この直接請求が認められましたので，金銭の支払を受けた場合，代位債権者の相殺を通じた事実上の優先弁済が肯定されることになっております。ただし，後述するように，認められる範囲については狭まったという評価がなされていますので，ご注意ください。

(4)　第三債務者の抗弁事由

　条文は改正法423条の4です。債務者に対して主張できる全ての抗弁を主張することができると明文で認められました。この条文については，代位行使の相手方が，要は第三債務者が代位債権者に対する自身の抗弁をもって対抗することができない趣旨を含意すると，潮見先生の教科書（『民法（債権関係）改正法の概要』（金融財政事情研究会，2017年）71頁）にはそのようにズバリ書かれているのですが，これに対しては，そんなことまで含意はしていないのではないかという指摘が既に出ており（中田ほか・前掲書104頁〔沖野眞己〕），第三債務者がどのような抗弁を主張できるかについては，なお解釈に委ねられています。

　また，代位債権者が現行法94条2項，改正法96条3項の第三者に該当するか否かについても，まだ解釈論として残っております。改正法で解決されたわけではなく，争いがある（否定した判例として大判昭和18年12月22日民集22巻1263頁，肯定する見解として潮見佳男著『新債権総論 I』（信山社，2017年）686頁）というところをご理解いただければと思います。

IV 消費貸借，法定利率，債権者代位権・詐害行為取消権

⑸ 被代位権利の消滅

第三債務者が被代位債権者に対し，被代位権利について支払又は引渡しをしたときは，被代位権利は消滅します。改正法423条の3の後段です。これは被代位権利行使の結果が債務者に帰属することが明文化されたといわれております。

⑹ 事実上の優先弁済

中間試案の段階では，代位債権者の有する被保全債権と債務者の代位債権者に対する不当利得返還請求権との間の相殺を禁止するとされておりました。ただ，これについては立法化の段階で断念されております。

立法化を断念した理由ですが，事実上の優先弁済に対する批判として民事執行法の定める手続を潜脱するものだという意見が多かった一方で，それでも認めるべきだ，このような制度はなくてはいけないという説も根強く，最終的には許容されました。ただ，それでもまだ批判は収まったわけではありません。事実上の優先弁済を認めることはよいという結論になってこのような改正に至ったわけではないということです。最近では相殺権の濫用法理による制約の可能性というようなことをいわれている先生もいらっしゃいます。

⑺ 債務者の取立てその他の処分の権限等

こちらが先ほどから出てきた事実上の優先弁済を受けることができる場面が限定されるポイントになります。条文は改正法423条の5ですが，内容としては，債務者による被代位権利の取立てその他の処分は可能であり，第三債務者は債務者に対して被代位権利を履行してもよいということです。これは別の条文になりますが，債権者代位訴訟で後述の訴訟告知をした場合も変わりません。あくまで被代位権利は債務者の権利なので，債務者が自分で取り立ててもよいし，第三債務者も債務者に支払ってよいということになっています。

現行法はどうだったかといいますと，代位債権者が債務者に通知をした場合，又は債務者が代位を知った場合には，債務者の処分権限は制限されておりました。ですから，ここについては判例法理が変更されてお

ります。お気を付けください。

　実務上の留意点としては，債権者代位訴訟の提起と同時に，被保全債権に関する訴訟提起が必要となるのではないかと既にいわれております。要は，被代位権利を差し押さえておかなければ，債権者代位訴訟で勝訴判決を得た途端に債務者に返されてしまうと，もうそれで回収ができなくなってしまうからです。さらに，第三債務者による債務者への弁済まで禁止したいのであれば，仮差押えも必要になってきます。仮差押えの必要性も考えなくてはいけないと思いますので，個人的には，なかなか使いづらい制度になったという感じがしております。

(8)　被代位権利の行使に係る訴えを提起した場合の訴訟告知

ア　債務者に対する必要的訴訟告知

　改正法の423条の6ですが，「債権者は，被代位権利の行使に係る訴えを提起したときは，遅滞なく，債務者に対し，訴訟告知をしなければならない」となりました。このような訴訟告知が設けられたことによって，何か第三債務者の訴訟上の地位が変わるのかといわれるとそういうことはなく，現行法どおり法定訴訟担当だと解する説が通説だといわれております。また，この条文から明らかなように，訴え提起の場合のみですので，訴訟外における行使の場合については債務者への通知は要件とされていませんし，先ほど述べたように訴訟外で通知したからといって債務者の処分権限に何らの制限も加えられないということになります。

イ　訴訟告知を受けた場合の債権者の参加の方法

　ここから先は，まだよく分からない部分が多いところになるのですが，訴訟告知を受けた場合の債務者の訴訟については，代位債権者の当事者適格を争わない場合と争う場合に分けて考えられるといわれております。ここについては，当委員会の委員であり法制審でも幹事を務められた高須順一先生が詳しい論文（「債権法改正後の代位訴訟・取消訴訟における参加のあり方」名城法学66巻3号67頁以下）をお書きになっていますので，そちらも後でご参照いただければと思います。

　まず代位債権者の当事者適格を争わない場合なのですが，共同訴訟参

加によるのはどうかと，高須先生の論文では提案されております。この場合であっても，代位債権者は当事者適格を失わないとされております。ここが一番難しいところなのですが，認容判決をどう書くかという話で，以下に独立説と変容説とを紹介しております。

〈認容判決の例〉
（債権者がX，第三債務者がY，債務者がA）
ア　独立説
　1　Yは，Xに対し，［被代位権利の金額］を支払え。
　2　Yは，Aに対し，［被代位権利の金額］を支払え。
イ　変容説
　Yは，Aに対し，［被代位権利の金額］を支払え。

独立説の場合は，XとAの両方に対して支払命令を出せばよいのではないか，それに対して変容説では，債務者Aに対してのみ支払命令を出せば足りるのではないかという話になっております。ここについてもまだ何か決まった定説があるようなわけではありません。

続いて，代位債権者の当事者適格を争う場合です。例えば，債務者が被保全債権の不存在を主張するような場合については独立当事者参加によるといわれております。ただこれについては民事訴訟法47条の話になりますが，独立当事者参加の要件が充足するのか，請求の両立不可能性がきちんとあるのかという議論がなされております。請求の趣旨の例は以下に書きましたが，これについては，債権者Xとしては自分に払え，債務者としてはやはり自分に払えという請求の趣旨でいけばよいのだと思います。

〈請求の趣旨の例〉
X：Yは，Xに対し，［被代位権利の金額］を支払え。
A：Yは，Aに対し，［被代位権利の金額］を支払え。

ウ　訴訟告知の効果

代位債権者と債務者の間に参加的効力が生じます。民事訴訟法53条4項と46条です。現行法からの変更点なので何回も繰り返しますが，債務者の被代位権利の処分権限は制限されません。

また，判決の効力なのですが，勝訴，敗訴に関係なく債務者に及びます。先ほど申し上げたように，代位債権者が法定訴訟担当だからです。民事訴訟法115条1項2号によります。訴訟告知の効果ではありません。訴訟告知を欠いた場合は訴え却下になるといわれております。

⑼　債権者代位訴訟が提起された場合の他の債権者の地位

代位訴訟提起後に，他の債権者は，被代位権利の差押えが可能だと理解されております。債務者の処分権限がなくならないからです。また，他の債権者が裁判をする場合をどうするのかという話がありますが，民事訴訟法142条の重複起訴の禁止が適用され別訴は不可ではないか，民事訴訟法52条に基づく共同訴訟参加の道しかないのではないかといわれております。

2　個別権利実現準備型の債権者代位権

⑴　包括規定の断念

中間試案の段階では，以下のような，個別権利実現準備型の債権者代位権について包括規定を設けることが提案されていました。

「債権者は，債務者に属する権利が行使されないことによって，自己の債務者に対する権利の実現が妨げられている場合において，その権利を実現するため他に適当な方法がないときは，その権利の性質に応じて相当と認められる限りにおいて，債務者に属する権利を行使することができる。」

しかしながら，改正法では，423条の7というものが一つ設けられただけにとどまっております。423条の7は，登記又は登録の請求権を保全するための債権者代位権なのですが，現時点での転用型のうちほぼ異論なく認められる場面に限定して規定したものです。もっとも，423条の7に規定された場合以外に転用型の債権者代位権を認めない趣旨では

ありません。また，包括規定が見送られた理由は，特に補充性の要件，提案中の字句でいいますと，「その権利を実現するために他に適当な方法がないとき」というところについて，特に意見の一致をみることができなかったからだといわれております。そのため，改正法423条の7以外に個別権利実現型の債権者代位権を行使したい場合には，現行法同様423条を利用することになります（中田ほか・前掲書115頁〔沖野眞己〕）。

(2)　登記又は登録の請求権を保全するための債権者代位権

その唯一規定された個別権利準備型の423条の7の内容を見ていきたいと思いますが，「登記又は登録をしなければ権利の得喪及び変更を第三者に対抗することができない財産を譲り受けた者は，その譲渡人が第三者に対して有する登記手続又は登録手続をすべきことを請求する権利を行使しないときは，その権利を行使することができる」とされております。まず条文の字句から明らかなように，債務者の無資力要件は課されておりません。その一方で，この条文の字句にはありませんが，423条に基づき被保全債権の存在や保全の必要性が要件だと解されています（中田ほか・前掲書117頁〔沖野眞己〕）。

甲が乙に対しＡ土地を譲渡し，続いて，乙が丙に対しＡ土地を譲渡した事例を考えます。

乙の甲に対する所有権移転登記請求権を丙が代位行使する場合，「登記又は登録をしなければ権利の得喪及び第三者に対抗することができない財産」はＡ土地，「財産を譲り受けた者」は丙，「譲渡人」は乙，「第三者」は甲ということになります。

既にここについても解釈論がいくつか出ております。まずは，①登記又は登録が効力要件とされている財産は含まれるかです。条文上は，「登記又は登録をしなければ第三者に対抗することができない」と書いてありますので，効力要件の場合どうなのかといわれておりますが，法制審議会の部会において法務省担当者からはこれを肯定する発言が出ておりますので，こういった解釈が定着する可能性が大きいと思います。続いて，②動産が含まれるのかという問題です。要は「登記又は登録をしな

ければ対抗できない」とありますので，引渡しで対抗要件を具備できる動産は含まれるのかという問題です。ここについては，動産譲渡登記がされている場合の当該動産は対象としてよいのではないかという見解が既に出されております。この423条の7については，後段において「前三条の規定を準用する」と記載されております。逆に何が準用されてないのかというところの確認をしたいのですが，423条の2の代位債権者による直接請求，423条の3の被保全債権上限ルールの二つは準用されていないということになりますので，ご注意ください。

　また，参考として，債権者代位権の話とは少し外れるのですが，不動産の賃借人による妨害の停止の請求が条文化されております。改正法605条の4ですが，賃借人でも，占有妨害された場合には，妨害停止なり妨害排除なりができるという話が加わっていますので，ご参考にしてください。

3　改正法の適用開始時期

　債権者代位権についてなのですが，被代位権利を基準に定められております。債務者に属する権利が施行日の前に発生した場合には，従前の例によります。条文は附則18条1項です。被代位権利の発生原因となった法律行為が施行日前になされた場合は含まれませんので，ご注意ください。

　また，登記又は登録の請求を保全するための債権者代位権（423条の7）も同じように施行日前に生じた譲渡人が第三者に有する権利については同条を適用しないとされておりますが，ただ，これは現行法においても判例で認められているものですので，影響は限定的だといわれております。以上ここまでが債権者代位権です。

第5　詐害行為取消権

1　破産法の否認制度との整合性

　詐害行為取消権は，破産法上の否認制度との平仄を合わせる方法で，大幅な変更が加えられました。

IV 消費貸借，法定利率，債権者代位権・詐害行為取消権

潮見先生の教科書（『新債権総論Ⅰ』（信山社，2017年）732頁）で，今回の全体の改正についてどのようにみればよいのか端的にまとめられておりましたので，以下に引用しております。

「詐害行為取消権の制度は，全体としてみたときに，①債権保全の必要性（無資力），②債権者間の衡平・平等，③債務者にとっての有用性（債務者の動機・目的を考慮したときの当該行為の不当性），④受益者・転得者にとっての取引安全の保護の総合的考慮の上に成り立つものとなっている。」

条文が入り組んでたくさん出てまいりますので，先にまず全体的な規律のイメージからご説明します。まず従前と異なり，詐害行為取消しの相手方が受益者か転得者かによって条文が分かれます。また，責任財産を減少させる行為（狭義の詐害行為）か，特定の債権者を利する行為（偏頗行為）かによって分かれます。これは破産法の否認権と似たようなところです。要件を以下の表に整理しました。

詐害行為取消しの要件

	詐害行為（狭義）	偏頗行為
受益者	<u>424条</u>	424条の2
	424条の3	424条の4
転得者	424条の5	424条の5

四つのカテゴリーに五つの条文が配置されているということになります。424条にのみ下線を引きましたが，要は，受益者が相手方であって，狭義の詐害行為の取消しが基本形になります。そこからどのように要件が変わるのかというところを確認していただければと思っています。

もう一つ大きな変更点として，現行法では詐害行為取消しは相対的取消しであるとされておりましたが，今回の改正で，債務者と全ての債権者に確定した認容判決の効果が及ぶことになりました。ただ，一部及ばない者もおりますので，それについては後ほど説明させていただきます。

2 法的性質論

ここはあまり深く触れるつもりはないのですが，現行法の頃から，詐害行為取消権の法的性質については争いがありました。折衷説と責任説という話になります。折衷説の方は逸失財産の債務者への返還を認めるのに対して，責任説はこれを認めないという説です。これについて，債権法改正の際にはどのように考えるかというのが議論はされておりますが，改正法の立場は，現行法と同様に折衷説といわれております（中田ほか・前掲書130頁〔沖野眞己〕）。ですから，ここから先は折衷説を基にして説明をしていきたいと思っております。

3 改正法424条の定める詐害行為取消し

(1) 条文見出しの変更

まず424条に付された条文見出しから変えられており，「詐害行為取消権」とされていたのが「詐害行為取消請求」と改められています。詐害行為を取り消した上で逸失した財産を取り戻すという意味が，この見出しでも明示されております。

(2) 改正法424条の定める要件

この424条は受益者を相手にする場合ですので，それを念頭に置いてお話を聴いていただければと思います。

ア 被保全債権の存在

まず，「債権者は，債務者が債権者を害することを知ってした行為の取消しを裁判所に請求することができる。ただし，その行為によって利益を受けた者がその行為の時において債権者を害することを知らなかったときは，この限りでない」というのが1項です。条文が「債権者は」で始まっていますので，やはり被保全債権の存在が必要となります。ここでは，債権者代位権と異なり，被保全債権の履行期の到来までは要請されておりません。また，強制執行により実現することができない債権が除外されております。改正法の424条4項です。これは債権者代位権と同じく，強制執行の準備のための制度だからというところが意識された改正です。

特定物債権の債権者による詐害行為取消請求の可否については，改正法では特に触れられておりませんが，現行法の判例法理がそのまま妥当するといわれておりますので，詐害行為取消権行使時点までに損害賠償請求権に転換している必要があるということになります。

また，被保全債権との関係で一点，消滅時効の関係を申しておきます。現行法では受益者・転得者による時効の援用は可能だとされておりますが，改正法においてもこの解釈は妥当するといわれております。もっとも，債権者側としては詐害行為取消権の行使によって被保全債権の時効は中断しませんので，ここについてはご注意ください。

イ　詐害行為性（狭義）

条文上の字句でいいますと，「債権者を害すること」となります。狭義の詐害性の判断基準として，以下に潮見先生の定義（『新債権総論Ⅰ』（信山社，2017年）772頁）をレジュメに入れておりますが，分かりやすくいえば，責任財産の減少が認められる場合をいうとされております。

「債務者の行為により逸失した財産の価値と，それとの交換で入ってきた財産の価値（または，債務者の行為により消滅した財産の価値）を比較して，責任財産の計数上の減少が認められる場合」

詐害行為の対象となる行為ですが，条文上の字句が変更されております。現行法では「法律行為の取消し」とされているところ，単に「行為の取消し」と変更されました。これは，現行法でも厳密には法律行為といえない行為についても詐害行為取消しの対象となると解釈されていたことを考慮し，破産法160条と平仄を合わせて，「行為」という用語に置き換えられています。

続いて，対抗要件具備行為について，詐害行為の対象とされるかどうかです。現行法では，詐害行為の場合，判例・通説はこれを否定していました。否認権の場合には対抗要件否認がありますが民法上はなく，法制審議会においてもいろいろな議論がなされておりますが，条文化は見送られております。ただ，条文化が見送られたから一切できないのかといわれると，対象になるか否かはなお解釈に委ねられているというとこ

ろが最も正解に近いようですので，対抗要件具備行為についてはなお解釈に委ねられています。

ウ　債務者の「詐害の意思」

条文上の字句としては，「債権者を害することを知ってした」になります。この「債権者を害することを知ってした」なのですが，一般の債権者を害する意思で足りており，特定の債権者を害する意思は不要だといわれております。

また，前述の詐害行為性と詐害の意思の要件は統合されて判断される場合もありますが，要は詐害行為性が高い行為でしたら詐害の意思が認められやすく，低い行為でしたら詐害の意思が認められにくいという意味になります。

エ　債権の保全の必要性（無資力要件）

条文上は明示されておりませんが，現行法同様，「債権者を害することを知ってした」の字句に無資力要件は含まれていると理解されております。改正法においても，無資力要件は当然必要であり，無資力の判断基準については二つの時点が必要になります。これも現行法と変わりません。①詐害行為時と②詐害行為取消権行使時（具体的には事実審口頭弁論終結時）です。取消債権者の側で，①の無資力を主張立証すれば，②の時点に関しては受益者側で資力が回復したことを抗弁事由として述べればよいということになっております。

オ　受益者の悪意の要件

424条1項ただし書について，従前は受益者の悪意といわれていることが多かったと思うのですが，改正法においては条文上の字句を確認していただきますと，受益者が「その行為の時において債権者を害することを知らなかったとき」とありますので，受益者の悪意というよりは受益者の善意が抗弁に回るという理解が正確なところになります。つまり，受益者の悪意については，受益者が善意を抗弁事由としていわなくてはいけないということが明示されました。

カ　財産権を目的としない行為の除外

　また，424条2項において，財産権を目的としない行為が詐害行為の対象から除外されております。

キ　被保全債権の発生時期

　改正法424条3項で明文化されております。条文を読みますと，「債権者は，その債権が第1項に規定する行為の前の原因に基づいて生じたものである場合に限り，同項の規定による請求（以下「詐害行為取消請求」という。）をすることができる」とされております。ここについては，現行法よりも被保全債権の範囲が広がったと理解されております（中田ほか・前掲書126頁〔沖野眞己〕）。詐害行為の前に当たるか否かについては，破産債権の解釈と同様に，発生原因の全てが詐害行為の前に備わっている必要はなく，主たる発生原因が備わっていればよいとの解釈が既に示されているところです。この解釈を前提としますと，履行期未到来の債権，条件付き債権，将来の請求権であってもよいでしょうし，主債務者の委託を受けない保証人について（この場合には事前求償権がありませんが）事後求償権が発生すれば，詐害行為取消しができるのではないかといわれております。また，詐害行為後になされた債権譲渡の譲受人も，譲受債権の発生原因が詐害行為の前に備わっていれば行使可能です。これはどういうことかといいますと，要は，その詐害行為の後に債権が帰属した譲渡人であっても，他の要件を満たせばできるという話になります。

ク　訴訟物と要件事実

　訴訟物は現行法同様，詐害行為取消権そのものです。被保全債権の変更は攻撃防御方法の変更となります。また，これまで述べた要件のうち，受益者の善意の抗弁と資力回復の抗弁以外は，取消債権者の側で主張立証しなければなりません。以上が先ほどの整理表でいうと，左上の基本類型（424条）の受益者を相手方とする狭義の詐害行為を取り消すための要件になります。

4　行為の詐害性の修正

　ここから行為の詐害性が修正されたバージョンについて説明をしてい

きたいと思います。

⑴　相当の対価を得てした財産の処分行為の特則

ア　規律の変更

現行法424条の2では，適正価格での不動産売却行為について判例・通説は，原則として詐害行為に当たるが，有用の資に充てるための売却は例外的に詐害行為にならないと理解されておりました。改正法では，相当の対価を得てしたのであれば，原則として詐害性が否定され，例外的に該当する場合の要件が条文化されております。

イ　相当対価処分行為の場合の要件

改正法424条の2が定める要件は，①隠匿等の処分をするおそれを現に生じさせるもの（1項1号），②債務者が行為当時に隠匿等の処分をする意思を有していたこと（1項2号），③受益者が，行為当時，債務者が隠匿等の処分をする意思を有していたことを知っていたこと（1項3号）の三つです。

否認権の解釈を参考に，1項2号の隠匿等の処分をする意思については，責任財産の減少の認識だけではなく，処分の対価を隠匿するなど債権者の権利実現を妨げる意図が必要であるのではないかという解釈が示されております（中田ほか・前掲書129頁〔沖野眞己〕）。また，これは破産法との違いなのですが，破産法では，受益者が債務者の内部者といえるような場合には，受益者の悪意を推定する規定が設けられております（161条2項）。改正法では，このような破産法と同じような推定規定は置かれておりません。したがって，取消債権者は内部者の場合にどこまで悪意の立証をがんばらなくてはいけないのかという話になるかと思うのですが，今申し上げた破産法161条2項の類推適用であるとか，事実上の推定は及ばないとまではいえないのではないか，などいろいろな解釈論が既に示されています。

同時交換的行為について，ここで一つ触れておきたいと思います。同時交換的行為とは，新たな借入行為とそのための担保の設定について同時に行うことをいいます。

ご存じの方も多いと思うのですが，破産法は，偏頗行為の否認のところでこの同時交換的行為については手当てをしております。破産法162条1項柱書括弧書きです。ですから，破産法の場合にはこのように明文で同時交換的行為については否認の対象から外れるということが明示されているのですが，詐害行為取消しの場合には，後ほど見る偏頗行為の特則にこのような規定はありません。ですから，同時交換的行為は本条（相当対価処分の特則）で対応するのだろうといわれております。ただ，どうやって対応するのかというところはまだ解釈に委ねられており，424条の2の要件を充足するかどうかというところの判断になると思いますので，ご注意ください（中田ほか・前掲書131頁〔沖野眞己〕）。

(2) 偏頗行為の特則

ア 規律の維持

先ほどの表の右上，相手方が受益者でかつ偏頗行為という第2カテゴリーにようやく入ります。ここについては，現行法の規律が維持されております。後ほど条文は確認しますが，現行法は，一部債権者への弁済は原則として詐害行為にならないが，例外的に通謀して他の債権者を害する意図がある場合，いわゆる通謀的害意を要件として詐害行為に当たると判断しております。それが明文化されたのが424条の3です。

イ 改正法424条の3第1項が定める要件

まず偏頗行為の特則ですので，既存の債務についての担保の供与又は債務の消滅に関する行為でなくてはなりません（1項柱書）。また，債務者が支払不能の時に行われたものというところで要件が縛られております（1項1号）。さらに，債務者と受益者とが通謀して他の債権者を害する意図をもって行われたものでなくてはいけない（1項2号）といわれております。

時間の関係もありここで詳しくは説明できないのですが，支払不能と無資力とは一体どういう関係にあるのかというのが問題にされております。この点については，いくつかの教科書に既に書かれてはいるところですので，無資力と支払不能というのは同じようで異なる概念であると

いうところをご理解いただければと思います。

2号の主観的要件は通謀的害意の要件です。この通謀的害意については，先ほど申し上げたように現行法の規律の維持ですので，現行法の詐害行為取消権で要求されているところで，破産法の否認権では要求されておりません。そのため要件が否認権に比べて加重されておりますので，これによって否認権との平仄を取っているということになります（潮見佳男著『民法（債権関係）改正法の概要』（金融財政事情研究会，2017年）89頁）。

ウ　改正法424条の3第2項（非義務行為の場合）が定める要件

条文の字句は，「前項に規定する行為が，債務者の義務に属せず，又はその時期が義務に属しないものである場合」とされています。これを非義務行為といっておりますが，非義務行為になる場合には取り消される範囲が広がります。条文の要件では，行為が義務に属しない場合又は時期が義務に属しない場合となります。例としては，行為に関する非義務行為は，特約のない担保の提供です。時期に関する非義務行為は，期限前弁済です。この場合は支払不能前30日以内の行為に拡大されています（2項1号）。通謀的害意が必要ですが（2項2号），これは1項の場合と変わりません。

非義務行為についても，既に解釈論で争いがあります。期限後の代物弁済が非義務行為に該当するか否かという点です。否定説と肯定説があります（潮見・前掲書90頁で，法制審議会での議論を含めた本論点に関する解説がなされている。）。

ここでは時間の関係もあるので簡単にご説明してしまいますが，否定説の方は，①従来，非義務行為は3種類（行為による非義務行為・時期による非義務行為・方法による非義務行為）に分かれていたところ，改正法では方法による非義務行為が除かれたこと，②破産法の偏頗行為否認では方法について非義務行為とされていないことなどから非義務行為に当たらない，だから2項では取り消すことができないと考えます（中田ほか・前掲書132頁〔沖野眞己〕，東京弁護士会法制委員会民事部会編集『債

権法改正事例にみる契約ルールの改正ポイント』（新日本法規出版，2017年）175頁以下〔神尾明彦〕）。

それに対して肯定説は，代物弁済は諾成契約だと理解した上で，期限後の代物弁済も非義務行為に当たるが，通謀的害意の要件で破産法以上に行為の効力が否定される場面を限定したのだと解釈されております（潮見佳男著『新債権総論Ⅰ』（信山社，2017年）786頁）。

私がいろいろと読んでいる限りでは否定説のほうが多いのではないかと思ってはいるのですが，多分皆さんもお読みになるであろう潮見先生の本は肯定説で書かれています。法律の解釈は多数決で決まるわけでもありませんので，結論は今後の解釈に委ねられていると思っています。

ここについても，支払停止があった場合に支払不能を推定する破産法162条3項に相当する規定がありません。ただ，支払停止行為は，支払不能を基礎付ける重要な事実であることは確かだと思いますので，事実上の推定が働くのではないかと考えております。

⑶　過大な代物弁済等の特則

要件ですが，①債務の消滅に関する行為であって，②受益者の受けた給付の価額が消滅した債務の額より過大であるものについて，③改正法424条に規定する要件に該当するときに，過大部分について取り消すことができるとなっております。ここだけ特殊な効果になっており，過大部分について取り消せるということです。つまり，財産減少行為を捉えて過大部分のみを取り消しているとみることもできますので，これについては，偏頗行為の特則ではなく，狭義の詐害行為の特則と考えることもできるかもしれません。ですから，全てを取り消したい場合は，改正法の424条の3の偏頗行為の条文を利用してください。

5　転得者に対する詐害行為取消請求

⑴　規律の変更

先ほどの整理表の下段の話にようやく入ります。転得者の場合はかなり規律が変更されておりますのでご注意ください。

受益者が相手方となった場合と転得者が相手方となった場合につい

て，現行法は区別していませんでしたが，ここを区別して規律をするようになったというのがまず大きな変更になります。

(2) 趣　旨

受益者に対する場合よりも取消しの範囲を限定して，取引の安全を保護しましょうという話があります。また，破産法における否認権との平仄を合わせています。

(3)　改正法424条の5が定める要件

ア　柱　書

受益者に対して詐害行為取消請求をできる場合に限定されております。これは受益者の悪意が必要だということになります。現行法の場合，受益者が善意，転得者が悪意の場合に詐害行為取消しが認められていたのですが，これは改正法では禁止されました。受益者の悪意の主張立証責任なのですが，これについてはまだなお解釈に委ねられていると考えられております（中田ほか・前掲書145頁〔沖野眞己〕）。

イ　受益者から転得した場合

続いて，転得者が誰から取得したかによって，要件が分かれております。受益者から転得した場合について書いてあるのが424条の5の1号です。まず転得者の主観的要件は，「転得の当時，債務者がした行為が債権者を害することを知っていたとき」となります。ここで重要なのが，二重の悪意の否定という改正がなされております。二重の悪意というのは，転得者は受益者が悪意であることを知っていることを意味します。つまり，受益者が悪意であることを転得者も知らないといけないという話でした。破産法170条1項がこの二重の悪意を今まで要件としており，現行法では「否認の原因のあることを知っていたとき」と書いてあるのですが，この否認の原因の中に，受益者の悪意という要件が入っていると考えられており，そのため転得者は受益者が悪意であることを知らないといけないと解釈されていました。それに対して，今回の債権法改正に合わせて改正される破産法は，「破産者がした行為が破産債権者を害することを知っていたとき」に変わっております。つまり，二重の悪意

が不要とされました。ここについては，民法の改正に合わせて破産法の要件が変わった部分になりますので，ご注意ください。

最後に主張立証責任なのですが，改正法では取消債権者が転得者の悪意を主張立証しなければならないとされておりますのでご注意ください。

ウ　輾転譲渡された場合

今度は輾転譲渡された場合の話です。条文は424条の5の2号です。まず転得者，転得者の前者の主観的要件なのですが，「全ての転得者が，それぞれの転得の当時，債務者がした行為が債権者を害することを知っていたとき」となっております。現行法の場合は相対的取消構成を前提に，相手方とされた転得者のみが悪意で足りるとされていましたが，改正法では全ての転得者が悪意でないといけないということで，取引の安全の保護が図られております。

この主張立証責任なのですが，こちらも取消債権者が全ての転得者の悪意を主張立証しないといけないと考えられております。1号同様，二重の悪意は要件とされておりません。また，これらについても，破産法170条2号に相当する転得者が内部者である場合の悪意の推定規定はありませんが，事実上の推定まで妨げるような趣旨ではないと考えられております。

6　詐害行為取消権の行使方法

(1)　現物返還の原則

条文は424条の6です。ここは現行法の規律が維持されておりますので，ご紹介させていただきます。一点だけ，転得者が取得した金銭の支払は価額償還のカテゴリーで把握されておりますので，ご注意ください。

(2)　例外としての価額償還

やはり価額償還は例外の場合になります。要件は現物返還が困難な場合です。これも受益者と転得者の場合で分けて規定されております。価額償還の場合の算定基準時なのですが，詐害行為取消しの効果が生じた時点（事実審口頭弁論終結時結時）になります。詐害行為取消判決の確定

時に効果が生ずるためです。否認権の場合と異なりますので，ご注意ください。

(3) 裁判上の行使

424条1項で，「裁判所に請求することができる」と明示されております。必ず裁判上の行使が必要です。

抗弁による詐害行為取消請求権の行使の可否なのですが，立法化が見送られ，なお解釈に委ねられています。現行法の判例は抗弁による行使を否定しております。また，破産法173条1項では，否認権の場合は明示的に抗弁による行使を認めております。したがって，この辺りを含めたところで解釈がまた進んでいくものと思われます。

(4) 詐害行為取消請求の被告・訴訟告知制度

改正法424条の7第1項で，被告は受益者又は転得者とされました。債務者は含まれておりません。理由としては，①円滑な訴訟進行への配慮，②債務者を被告とすることを強制する必要性の乏しさ，③和解等による柔軟な紛争解決の妨げなどといわれております。同時に，債務者を全く絡めないというわけにもいかないので，2項で訴訟告知制度が採用されております。

(5) 詐害行為取消しの範囲

行為の目的が可分である場合は被保全債権額が上限とされております。424条の8では，現物返還の場合と価額償還の場合で分かれて規定されておりますので，ご注意ください。

(6) 取消債権者に対する直接請求

金銭その他の動産である場合は，取消債権者は自己に対する直接請求ができます。424条の9では，やはり現物返還と価額償還の場合で分かれて規定されておりますので，ご注意ください。

条文上の字句について，一点確認しておきます。相手方は取消債権者に返還した場合には，424条の9では，債務者に対する支払又は引渡しを要しないとされております。これに対し，債権者代位権の被代位権利の場合は「消滅する」と書かれている（改正法424条の3後段）のですが，

詐害行為取消権では「要しない」と書き分けているそうです（中田ほか・前掲書138頁〔沖野眞己〕）。おそらく実体法上の理解の相違があるのだと思いますが，そのように書き分けられているというところだけ指摘させていただきます。

7　訴訟行為取消権の効果

(1)　訴訟の形態

形成訴訟（詐害行為の取消し）と給付訴訟（逸出した財産の給付又は価額償還）の併合になります。

(2)　認容判決の効力の及ぶ主観的範囲

改正法の425条に規定されております。被告とされた受益者・転得者，全ての債権者，債務者です。ここで全ての債権者には，詐害行為の時又は判決確定の時より後に債権者となった者も含まれます。要は，自分で詐害行為取消請求をできない債権者であっても効果は及ぶと理解されています。

認容判決の効果が及ばない者として，受益者を被告とする場合は転得者，転得者を被告とする場合は受益者・被告とされた転得者の前者には効力は及びません。

425条に書かれた確定判決の効力とは何かという話なのですが，法務省の担当者は法制審議会の説明で，形成力と既判力だといっておりますが，既に既判力については民事訴訟法上の問題があるのではないかという指摘がなされております（中田ほか・前掲書141頁〔沖野眞己〕）。

請求認容判決の主文例を次頁に記載しましたが，詳しくは高須先生の論文（「債権法改正後の代位訴訟・取消訴訟における参加のあり方」名城法学66巻3号78頁以下）をご参照ください。

(3)　回復された財産に対する権利行使

債務者に回復された場合ですが，民事執行法の手続によります。取消債権者が直接請求により取り立てた場合は事実上の優先弁済が可能となっております。すなわち相殺による回収です。ここについては，債権者代位権と同じように事実上の優先弁済に対する批判があり，後ほど述

第5　詐害行為取消権

〈他の債権者の参加形態と請求認容判決の主文例〉

（例）取消債権者をX，受益者をY，Xの債務者をA，他の債権者をZとする。

　　　AからYに逸出した金銭の取戻しを想定する。

① Zが判決効の拡張を受ける債権者として参加申出をする場合

　共同訴訟参加によることが想定される

　1　Xは，AとYとの間の［金額］の［行為］を取り消す。

　2　Yは，Xに対し，［金額］を支払え。

② Zが詐害行為取消権を自ら行使して，Zへの支払を求める場合

　独立当事者参加によることが想定される

　1　Xは，AとYとの間の［金額］の［行為］を取り消す。

　2　Yは，Xに対し，［金額］を支払え。

　3　Zは，AとYとの間の［金額］の［行為］を取り消す。

　4　Yは，Zに対し，［金額］を支払え。

べるように，認められる範囲が狭くなったといわれております。

⑷　被告が受益者とされた場合の受益者と債務者の関係

　債務者がした財産の処分に関する行為（債務の消滅に関する行為を除く。）が取り消された場合なのですが，反対給付の返還を求めることができます（改正法425条の2前段）。反対給付の返還が困難なときは価額償還になります（425条の2後段）。受益者の負う現物・価額返還義務が，この反対給付と同時履行か先履行かという問題が，既に解釈論としてあります。これについては明文の規定はなく，解釈に委ねられております。

　その関係で，差額償還の可否というものがあります。

　例として，受益者の負う現物・価額返還義務が300万円，反対給付の返還・価額償還義務が100万円のとき，差額の200万円の償還で足りるかという話になります。これもなお解釈に委ねられております。中間試案の段階では先履行であることを示す字句があったのですが，その後削除されております。差額償還の可否を将来の解釈に委ねるためだと説明されております。

　債務の消滅に関する行為が取り消された場合，過大な代物弁済等以外

145

Chap.Ⅳ

は，債権が原状に回復します。その結果として約定利息・遅延利息・保証債務・物的担保も復活します。受益者の負う義務は先履行になります。改正法の425条の3では，先ほどと異なり，「給付を返還し，又はその価額を償還したとき」との字句で，先履行が明示されております。また，過大な代物弁済等について過大な部分が取り消された場合は，受益者の債務者に対する債権は回復しません。

(5) 被告が転得者とされた場合の転得者と債務者の関係

まず大前提です。認容判決の効果は前者には及びませんので，転得者には反対給付の返還や債権の回復を前者に求めることができません。ではどうするかということですが，債務者との関係をつくっております。

条文は425条の4です。債務の消滅に関する行為以外の行為が取り消された場合は，受益者が債務者から取り戻すことができる反対給付を行使することができます。この場合，条文で明示されているわけではないのですが，転得者の返還義務・価額償還義務は先履行だと解釈されております（中田ほか・前掲書141頁〔沖野眞己〕）。

続いて，債務の消滅に関する行為が取り消された場合ですが，過大な代物弁済等以外の場合は，受益者が詐害行為の取消しの相手方であった場合に回復する受益者の債務者に対する債権を行使できるとされております。

上記いずれの場合も，転得者の前者に対する反対給付又は消滅した債権の額が上限となります。425条の4柱書のただし書です。

(6) 詐害行為取消権の行使期間（出訴期間）

ここは大きな変更点になりますので，ご注意ください。現行法では消滅時効でしたが，改正法は出訴期間の制限に変更されております。ですから，時効の完成猶予や更新は適用されませんのでご注意ください。

また，出訴期間の長さなのですが，二つの時点が設けられており，債務者が債権者を害することを知って詐害行為をした事実を債権者が知った時から2年（改正法426条前段）と詐害行為の時から10年（改正法426条後段）です。現行法では詐害行為の時から20年であったところが

10年に短縮されました。今回の改正に合わせて，否認権の行使期間も，否認しようとする行為の日から10年に期間短縮されています（破産法176条後段）。改正前は20年でした。ご注意ください。

8　改正法の適用開始時期

詐害行為がなされた時期が施行日前か後かで，分かれております。前の場合は従前の例によります（経過措置に関する附則19条）。

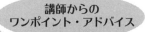
講師からの
ワンポイント・アドバイス

　消費貸借，債権者代位権及び詐害行為取消権は，現行法の判例・通説を条文化した箇所と，これを修正・否定した箇所に分けられます。前者に通じる法曹関係者の方は，後者に注意して勉強を進めていただくのがよいと思います。改正法を勉強するときですが，修正・新設された条文・字句は改正点に気づきやすいですが，削除された条文・字句は気づきにくいので，条文対照表を用いて確認していただくことをお勧めします。
　法定利率は，固定金利から緩やかな変動金利へ制度そのものが変更されましたので，かえって勉強はしやすいのではないかと思います。
　今回の講演では，自分の能力が許す範囲で，解釈に争いがある点についても触れました。改正法によって，現行法で解釈に争いのある点がすべて整理されたわけではない，ということを理解していただければ幸いです。

V

債権譲渡・債務引受, 請負

弁護士　角田　智美

V 債権譲渡・債務引受，請負

64期の弁護士・角田と申します。よろしくお願いいたします。

今日お話しする「債権譲渡・債務引受，請負」なのですが，ボリューム感について最初にお話をさせていただければと思います。債権譲渡の件は，民法改正でだいぶ変わった点がありますので，本日は，ここに重点を置いてお話をさせていただきたいと思っております。債権譲渡については，基本的なところから注意すべき点までを，結構時間をかけてお話をさせていただくということです。債務引受に関しましては，今まで民法上に明文がありませんでしたが，今回，明文規定になったということで，特段，実務に影響するような著しい変更があったという箇所ではありませんが，条文ができましたので，条文を一つずつ確認していきたいと思っております。また，請負に関しても，特に担保責任の関係については，条文がかなり変わりました。特にその関係を中心にお話をさせていただくという予定としております。よろしくお願いいたします。

第1 債権譲渡

基本的なところからで恐縮ですが，皆さんまず条文を見ていただけますでしょうか。466条1項に関しては，現行法と改正法は同じです。すなわち，「債権は譲り渡すことができる」というのが原則です。債権譲渡できるのが原則というのは，今も改正後も変わりません。

1 譲渡制限特約

何が一番変わったかというと466条2項です。今まで「譲渡禁止特約」といわれていたところが変わりました。

⑴ 効 力

現行法の466条2項では，「前項の規定は，当事者が反対の意思を表示した場合には，適用しない」とありました。つまり，譲渡禁止特約を当事者間で付した場合には譲渡することができない，すなわち，その譲渡禁止特約に違反する債権譲渡は無効であるという解釈です。無効とは書いてないのですが，判例通説において無効であるとされていました。これは，ただし書で記載されている「善意の第三者に対抗することがで

きない」との解釈によるものです。

　要は，善意の第三者に対抗することができない結果，善意の第三者との関係では，譲渡禁止特約に違反する債権譲渡も有効となります。判例は，この善意の中に重過失者を含めていませんので，善意無重過失者に対する債権譲渡だけ有効であり，譲渡禁止特約について悪意重過失ある譲受人に対する債権譲渡は無効ということで，「物権的効力説」というものを現行法では採っておりました。

　しかしながら，今回の改正においてこの効力自体が変わりました。改正法466条2項では，「当事者が債権の譲渡を禁止し，又は制限する旨の意思表示をしたときであっても，債権の譲渡は，その効力を妨げられない」と規定されました。つまり，この譲渡禁止特約に違反する債権譲渡も有効であるということが，2項によって新たに規定されたということです。ここが現行法と大きく変わったところです。

　また，現行法では「譲渡禁止特約」といわれていましたが，改正法の条文が「譲渡の禁止をし，又は制限する旨の意思表示」とあり，括弧書で「以下「譲渡制限の意思表示」という」となっていますので，改正法では「譲渡制限特約」と呼ぶことになります。ですから，現行法では「譲渡禁止特約について，悪意重過失の譲受人に対する債権譲渡は無効」になるのですが，改正法によると「譲渡禁止特約について，悪意重過失の譲受人に対する債権譲渡も有効である」となります。

　そうすると，債権譲渡について譲渡制限特約を付した意味がなくなってしまうのではないかという疑問が生ずるかと思います。これについて改正法では，3項で債務者に対して抗弁を認めています。「前項に規定する場合には，譲渡制限の意思表示がなされたことを知り，又は重大な過失によって知らなかった譲受人その他の第三者に対しては，債務者は，その債務の履行を拒むことができ，かつ，譲渡人に対する弁済その他の債務を消滅させる事由をもって，その第三者に対抗することができる」と規定されました。

　つまり，債権譲渡自体は有効なのですが，悪意重過失の譲受人に対し

ては，債務者に特約の抗弁を認めたということになります。その抗弁の内容として，「悪意重過失の譲受人からの請求については，その履行を拒絶することができる」というものが一つ，もう一つは「譲渡人に対する弁済によって，債務を消滅させて，その債務が消滅したという抗弁を主張することができる」ということになりました。

　この譲渡制限特約なのですが，今回の改正の趣旨は，譲渡人の資金調達に関して妨げとなるようなところについては考え直そう，資金調達，債権譲渡をしやすくするという趣旨で議論がなされました。そのため，譲渡制限特約についての債権譲渡も有効であるとされました。

　ここで，具体例で一つずつ確認をしていきたいと思います。

　AC間の債権については，譲渡制限特約が付いていました。この債権をAがBに譲り渡したという設定で具体例を見ていきたいと思います。この点，Bは譲渡制限特約について，悪意重過失であったと仮定いたします。まずそもそも，①AB間の債権譲渡は有効になるのかというところです。現行法では，Bは悪意重過失なので無効になります。物権的効力説なので無効になりますが，改正法では，先ほど条文を確認させていただいたとおり，466条2項によって有効ということになります。

　では，②BはCに対して，売買代金の支払を請求することができるかという点なのですが，これも先ほど来お話ししてきたとおり，現行法では，AB間の債権譲渡が無効なのでBはCに対して売買代金の支払を請求することはできないということになりますが，改正法では，AB間の債権譲渡は有効ですから，Bが悪意重過失であっても，債権者はBであるのでBはCに対して売買代金の支払を請求することはできるという結論になり，ここが異なります。

　ただ，先ほど，債務者に対して特約の抗弁を付与したということになりますので，③CはBからの請求を拒むことができるかについては，現行法ではAB間の債権譲渡が無効なのでできるという結論になりますが，改正法でも，AB間の債権譲渡は有効だが，466条3項によって債務者に抗弁が付与されているので，CはBからの請求を拒むことができ

るという結論になります。

譲渡制限特約が付されているAのCに対する売買代金支払請求権について，AB間で債権譲渡が行われたが，Bが譲渡制限特約について悪意重過失であった。

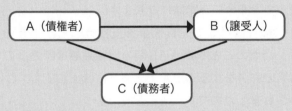

① AB間の債権譲渡は有効か。
   現行法　無効
   改正法　有効（466条2項）
② BはCに対して，売買代金の支払を請求することができるか。
   現行法　できない　∵AB間の債権譲渡が無効だから
   改正法　できる　　∵AB間の債権譲渡は有効（466条2項）だから
③ CはBからの請求を拒むことができるか。
   現行法　できる　　∵AB間の債権譲渡が無効だから
   改正法　できる　　∵466条3項
④ CはBに売買代金を支払うことができるか。
   現行法　できる　　∵Cは債権譲渡を承諾できる→譲渡時に遡って有効となる
   改正法　できる　　∵特約の抗弁を放棄できる
⑤ CはAに対して売買代金を支払うことができるか。
   現行法　できる　　∵AB間の債権譲渡が無効だから
   改正法　できる　　∵466条3項
⑥ AはCに請求できるか。
   現行法　できない　∵最判H21.3.27参照
   改正法　できない　∵債権者はB

　④CはBに売買代金を支払うことができるかについては，現行法では，AB間の債権譲渡が無効なのでできないとも思えるのですが，CがAB間の債権譲渡を承諾すれば譲渡時に遡って有効となるという判例があり

ますので，それに基づくと，CはBに対して売買代金を支払うことができるという結論になります。改正法では，AB間の債権譲渡は有効であり，Bは債権者です。債務者であるCに付与されているのが466条3項の抗弁だけですので，Cは特約の抗弁を放棄してBに対して売買代金を支払うことができるという結論になります。

次に，⑤CはAに対して売買代金を支払うことができるかですが，現行法では，当然のことながらAB間の債権譲渡は無効なので，CはAに対して債務の弁済をすることができます。改正法でも，Cに対して抗弁権が付与されましたので，466条3項に基づいて，CはAに対して売買代金を支払うことができます。

⑥AはCに請求できるのかについては，現行法からすると，AB間の債権譲渡が無効なのでAはCに請求できそうだとも思えるのですが，最判平成21年3月27日民集63巻6号449頁では，「譲渡禁止特約は，債務者の利益保護のために付されたものであって，譲渡した債権者は，特約の存在を理由に，譲渡の無効を主張する独自の利益を有しない」といった判断がされ，特段の事情のない限り，無効主張は許されないという判例があります。ですから，Aは債権譲渡の無効を主張して，Cに対して自分が債権者だと主張して，売買代金を請求することはできないという結論が現行法でも導かれます。改正法では，AB間の債権譲渡は有効ですので，AがCに対して請求することはできないという結論になります。

注意すべき点は，Cは，Aに対して支払うこともできるし，Bに対して支払うこともできるのですが，CはAに対して支払を拒絶することもできるし，Bに対して支払を拒絶することもできるというのが改正法の現状になります。これが「デッドロック状態」といわれるものです。

⑵ デッドロック状態の解消

CはAB両名に対して弁済を拒むことができてしまうという，いわゆるデッドロックの状態になってしまいます。そこを解消するための条項として，466条4項が規定されました。

「前項の規定は，債務者が債務を履行しない場合において，同項に規定する第三者が相当の期間を定めて譲渡人への履行の催告をし，その期間内に履行がないときは，その債務者については，適用しない」とされました。つまり，譲受人から債務者に対して，相当期間を定めて履行の請求，催告をして，その期間が経過することによって，CはBに対し，譲渡制限特約を主張できなくなるということになります。ですから，CはBに対して支払わなくてはいけない，Bに対しての請求を拒めないということになります。

これがデッドロック状態の解消の条文であり，悪意重過失の者に対する債権譲渡が有効だとしても，2項から4項を規定することによって対応しているというのが，改正法の条文構造になります。

ここで，注意をしておきたい点があります。例えば，AのCに対する債権が確定期限付きの債権だとすると，期限が到来するので，期限到来日を過ぎれば，債務者であるCは，遅滞の責任を負うことになります。そうすると，このデッドロック状態解消の466条4項の催告もできる状態になり，一定の期間が経過すればデッドロック状態を解消できるため，特に問題は生じません。

これが不確定期限付き債権であっても，債務者が期限の到来を知れば遅滞状態に陥るので，ここについてもこの4項で対応できますので問題ありません。しかしながら，期限の定めのない債務である場合には注意が必要です。これはどういうことがというと，AのCに対する債権，CのAに対する債務が，期限の定めのないものであったとすると，どういったときに債務者が遅滞に陥るかといえば，これは現行法も改正法も変わらないのですが，412条3項で規定されていて，債務者が請求を受けたときに遅滞になります。裏を返せば，債務者は，請求されない限り遅滞には陥らないという結果になります。

この債権譲渡がなされたときに，債務者を遅滞に陥らせることができるのかという観点から考えると，まず，譲渡人自体は請求することができませんね。債権譲渡してしまっており債権者ではないので，履行請求

する権限がありません。ですから，譲渡人から債務者に対して債権譲渡
後に請求をし，債務者を履行遅滞に陥らせることはできません。

では，譲受人である（今回の事例でいうと）Bはどうかというと，債務
者であるCは，譲受人が悪意重過失であれば特約の抗弁を主張すること
ができ，Bに対して債務の弁済を拒むことができます。正当な理由でC
は弁済を拒むことができるので，譲受人からの請求によっても遅滞に陥
らないのではないか，そうすると，Bが遅滞に陥っていない債務者に対
してデッドロック状態を解消するための催告をすることができるのかと
いう疑問が生じ，この点については議論がなされているところです。

もう一回466条4項を見ていただくと，「前項の規定は，債務者が債
務を履行しない場合」となっているので，「遅滞に陥っていない債務者
が債務を履行しない場合」とはいえないのではないかというような議論
がなされています。そうすると，466条4項ではデッドロックが解消さ
れないのではないかというような話が，実はあります。

これについては，「債務者が債務を履行しない場合」という先ほどの
条文の解釈によって結論付けるべきではないかといわれている見解もあ
ります。一つは，先ほど来申し上げているとおり，遅滞責任を負う必要
があるのかどうなのかということです。この「債務者が債務を履行しな
い場合」というのが，「債務者が遅滞責任を負っている」ことを指すと
すると，466条4項だけではカバーができない，デッドロックを解消す
ることができないという結論にならざるを得ません。

そうなると，例えば，譲受人が譲渡人に対して取立権のようなものを
与え，譲渡人が債務者に請求した上で遅滞に陥らせて466条4項の催告
を行うといったようなところがいわれております。ただその場合，譲渡
人に請求権や取立権を与えるのであれば特に466条4項を考える必要は
ないのではないか，譲渡人だけが請求すればよいのであってこの意味は
ないのではないかという疑問も呈されています。

もう一つの考え方としては，特に遅滞責任を負っている必要はなく，
事実として履行期が到来している，あるいは債務者を拒む権限がないの

に単に履行しない状態をいい，この債務者が債務の履行をしない場合というのは単に債務者が履行しないという事実上のことをいうと捉えるべきだという見解もあります。

この見解の理由としては，466条4項のデッドロックの解消規定というのが，誰も請求できないような状態を作出していることに対して対応するような条文であるということ，期限の定めのない債務というのは，そもそも期限の利益はないので，債務者が履行を拒絶する理由はなく，債務者の保護は催告後の相当期間経過というところで図ることができるといったことで，「債務者が債務を履行しない場合」というのが，遅滞に陥っている場合ではなく，事実上債務を履行しない場合だとしています。

そうすると，466条4項だけでデッドロック状態というのが解消されるので，この見解がよいのではないかと思うのですが，どちらが正しいということは，この改正の中では特に決まっていないので，期限の定めのない債務についての債権譲渡の場合には，注意する必要があると思います。

ですから，先ほど申し上げたとおり，我々が期限の定めのない債務の債権譲渡について譲渡を受ける側だとすると，譲渡を受ける前に債権者から債務者に対して請求をしておいてもらい，遅滞に陥らせてから譲渡を受けるだとか，あるいは債権者に対して取立権を与えたりして，遅滞に陥らせるような状況を作るようにして，債権譲渡を受けるというのが必要になってくるのではないかと思います。

その点が，Ｃは催告を実施することができない場合があり，Ａの協力が必要な場合があることには，注意が必要だと思います。

もう1点，デッドロック状態の解消については，追ってお話をさせていただきますが，債務者の抗弁や相殺の基準時点について条文で調整がなされています。

(3) その他の制度

① 債務者の供託

先ほどの具定例において，Ｃは供託することができます。466条の2

が新設されました。

　なぜこのような供託することができるという条項が設けられたかというと，現行法では，譲渡禁止特約に悪意重過失の譲受人に対する債権譲渡は無効であるので，この場合，債務者から見れば，債権者はAになります。しかしながら，Bが善意無重過失であれば債権譲渡は有効になるので，Cから見ると債権者はBになります。そうすると，CにおいてBが善意なのか悪意重過失なのか判然としない場合は，Aが債権者なのかBが債権者なのか分からないという状態になって，債権者不確知の状態に陥ることになります。そのため，特段，債権譲渡のところで債務者に供託規定を設けなくても債務者は供託することができることになります。ですから，現行法上は供託についての特別の条文はありません。

　しかしながら，今回の改正で，譲渡制限特約について，悪意重過失の譲受人に対する関係でも債権譲渡が有効になりましたので，譲受人が悪意重過失であっても債権者は譲受人ということには変わらないということになり，債務者において債権者不確知の状態に陥ることはないということになってしまいます。ですから，そのような債務者であっても供託ができるために，供託の規定をあえて設けたというのが今回の改正です。

　466条の2を見ていきたいと思います。「債務者は，譲渡制限の意思表示がされた金銭の給付を目的とする債権が譲渡されたときは，その債権の全額に相当する金銭を債務の履行地の供託所に供託することができる」と，供託の条項が定められました。

　この「債務の履行地」というのは，「債権者の現在の住所により定まる場合にあっては，譲渡人の現在の住所を含む」ということなので，債務者に対して譲渡人に支払うことができるところを考慮して，括弧書も規定されました。これで，債務者は供託することができます。

　では，供託したときにどのようなことになるのかというと，2項・3項で具体的に書かれていますが，債務者は供託したときに，2項で「遅滞なく，譲渡人及び譲受人に供託の通知をしなければならない」，どち

らか一方ではなく両方に通知をしなければいけないということになりました。供託をした結果，還付請求というのがありますが，この還付を請求することができるのは債権者である譲受人だけだということも，466条の2第3項で明記されました。

② 譲渡人破産時の供託請求

供託についてなのですが，466条の3で，破産手続開始決定を受けたときにも供託請求ができるという条項が今回新設されました。

どういうことかというと，Aが破産する場合，要は破産手続の開始決定がなされた場合，「B（譲受人）からC（債務者）に対して，供託するように請求することができる」という条項になります。債務者からすると，譲渡人に弁済して債務を消滅することもできますし，譲受人に対して弁済をすることもできるのですが，譲受人からすると，自分が債権者なので破産手続開始になってしまうような債権者に支払われてしまっては困るというところから，譲受人に対してこのような請求権を与えたというのが466条の3になります。

条文を確認しておくと，「前条第1項に規定する場合において，譲渡人について破産手続開始の決定があったときは，譲受人は，譲渡制限の意思表示がされたことを知り，又は重大な過失によって知らなかったときであっても，債務者にその債権の全額に相当する金銭を債務の履行地の供託所に供託させることができる」となりました。ポイントとしては，譲受人が悪意重過失の場合であっても，C（債務者）に対して供託をさせることができるという点です。

もう一つは，「全額に相当する金銭」というところで，「全額を供託しなさい」といえるということです。供託をめぐる権利関係について複雑になってしまうことを避けるために，全額ということになりました。悪意重過失の譲受人であっても，全額に相当する金銭を供託させることができることになります。

このときに，供託した債務者Cは譲渡人であるAとB両方に通知をしなくてはいけないことと，還付請求は譲受人であるBのみが請求するこ

とができるというのは先ほどの466条の2と同じ条文になります。このとき、供託の請求を受けたC（債務者）は、供託する義務を負うことになります。ですから、供託の請求を受けた後は、譲受人に対して弁済するか、供託をするかのどちらかを選択しなければならないということになり、供託請求された後、例えば、Aの破産管財人に対して反対債権を取得したとしても、これをもって相殺することなどはできません。Cの債務者は供託義務を負いますので、供託しないときは、譲受人であるBは「供託をしなさい」という民事執行法157条4項に基づく訴訟提起をすることができることになります。

(4) **実務への影響**

先ほど具体例を確認させていただいたのですが、譲受人が1人のときは、法的構成、有効なのか無効なのか、抗弁を主張できるのかできないのかという構成が異なっていても、それほど現行法の考え方とは変わらない結論になり得たと思います。ただ、二重譲渡をされた場合については、現行法と結論が異なるので、この点については気を付けていただきたいと思い、具体例を挙げました。

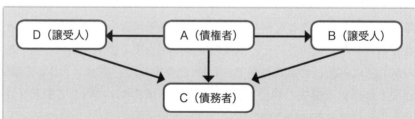

① 悪意重過失のBに債権譲渡がなされた後に、善意のDに債権譲渡がなされた場合
　現行法　CはDに弁済する（Bに対して承諾した場合も同じ（最判H9.6.5参照））
　改正法　Cは、A又はBに弁済する
② 悪意重過失のBに債権譲渡がなされた後に、悪意重過失のDに債権譲渡がなされた場合
　現行法　CはAに弁済する。ただし、B又はDのどちらかの債権譲渡を承諾し弁済も可能

第1 債権譲渡

> 改正法　CはA又はBに弁済する。ただし，AはCに対し弁済を請求できない
> ③　悪意重過失のBに債権譲渡がなされた後に，Aの破産手続が開始され，C
> 　が破産管財人に弁済をした場合
> 　現行法　Bは破産債権者の1人として，損害賠償請求ないし譲渡対価の返還
> 　　　　　を求めるのみ
> 　改正法　Bは破産管財人に弁済金を不当利得として返還請求できる

　先ほどと同じように，債権者がAで，債務者がCになります。AC間の債権については，譲渡制限特約が付されています。最初にBに譲渡され，次にDに譲渡されという前提で，一つずつ確認をしたいと思います。
　まず，①譲渡制限特約について悪意重過失のBに債権譲渡した後に，善意のDに債権譲渡がなされた場合は，どのような処理になるかということなのですが，現行法では，CはDに対して弁済するということになります。これはどういうことかというと，AB間の債権譲渡は無効であって，善意であるDに債権譲渡されたときに初めて有効になりますので，Dが債権者になるので，CはDに対して弁済しなければいけないということになります。債権者がDになっていますので，CはAに弁済することはできません。現行法ではAに弁済することはできないという結果になります。ここで，「Bに承諾した場合も同じ」とあります。先ほど，譲受人がBだけであった場合には，悪意重過失者に対する債権譲渡について承諾した上で，債権譲渡時に遡って債権譲渡を有効とすることができるので，CはBに対して支払をすることができるといいましたが，二重譲渡の場合には，最判平成9年6月5日民集51巻5号2053頁があり，承諾をして遡って有効としたとしても，民法116条の法意に照らして，第三者の権利を害することはできないとされていますので，Bに弁済をしてもDに対して対抗することができないという結果，CがBに対して弁済してもその弁済は無効だということになります。これは現行法ですので，確認ができているところだと思います。
　ここで，改正法ではどう変わるかというと，Cは，A又はBに弁済す

るということになります。AB間の債権譲渡は，Bが悪意重過失であっても有効ですので，債権者はBです。ただし，Bは譲渡制限特約につき悪意重過失ですので，Cは，先ほど申し上げたとおり466条3項の抗弁を主張することができるので，Aに対して債務を弁済して消滅させ，それをBに対抗することもできますし，抗弁権を放棄してBに弁済することもできます。A又はBに弁済することができるということになります。

　ここで違うのは，CはDに対して支払うことができないということです。現行法ではDに弁済しなければいけないのですが，改正法では，Dに支払うことができないという結果になるので，ここが大きく変わります。

　ここも何度も繰り返しになりますが，AB間の債権譲渡が有効でBが債権者である以上，Dに対して債権譲渡することはできないので，Dは債権者になり得ないということになって，ここは変わってきます。

　次に，②悪意重過失のBに債権譲渡がなされた後に，悪意重過失のDに債権譲渡がなされた場合はどうかという点です。現行法の場合，Aは特段の事情のない限り無効主張することができないので，AはCに弁済を請求できません。ただ，CはAに対して弁済することはできます。ただし，Cは，B又はDのどちらかにも弁済をすることができることになります。つまり，これも先ほどの判例のとおり，どちらかの債権譲渡を承諾して，どちらかの債権を譲渡時に遡って有効にして支払うことができるということになります。この場合，BもDも悪意重過失ですので，116条の法意ということは特に考えずに，どちらかの債権譲渡を承諾して弁済することができるという結果になります。ですから，これを見ると現行法では，Cは，AでもBでもDでも，誰でも弁済することができるという結果になります。

　これに対して，改正法ではどうかということなのですが，先ほどの①の結果と同じように，Cは，A又はBに対して弁済をするというだけになります。Dに対して弁済しても，これはBに対抗することはできないことになります。再三申し上げて恐縮ですが，AB間の債権譲渡

が有効なので，AがBに債権を譲渡した時点で債権者はBであることが確定されます。ですから，その後Aは誰にも債権譲渡をすることはできず，Dが債権者になり得ないので，改正法の下では，Cは，A又はBに弁済するということになります。Aに弁済できるのは，466条3項の抗弁になります。ですから，①②の具体例で，改正法では同じ結果になります。

では，③悪意重過失のBに債権譲渡がなされた後，Aの破産手続が開始されて，Cが破産管財人に対して弁済をしてしまった場合はどうかということです。破産手続の開始決定がなされれば，Bは供託を請求することができるのですが，供託を請求する前に，Cが破産管財人の方に弁済してしまった場合の取扱いはどうなるかというところです。

現行法では，Bは，譲渡禁止特約について悪意重過失ですので，Bに対する債権譲渡は無効になります。ですから，破産管財人というのは，Aが債権者のままですので，弁済金をそのまま保持しておくことができるという結果になります。

Bは破産債権者の1人なので，その債権譲渡を受けたときに，何らかの対価などをAに支払っている場合には，その返還請求などをできる立場にあるのみであり，他の破産債権者と同じ立場になるということになります。これに対して，改正法ではどうかということなのですが，AB間の債権譲渡は有効であって，Bが債権者であるということは変わりがないので，破産管財人がCから弁済を受けた場合に，それを所持しておく権限がないということになります。

そうすると，Bはどうすべきかというと，Bは破産管財人に対して弁済金を，財団債権として引渡請求をすることができるということになります。「不当利得として返還請求できる」とありますが，財団債権になるということになります。ですから，Bはそのまま返してもらえます。Cが破産管財人に弁済したものを，Bはそのまま破産管財人に請求できるのですが，ただし，管財人が返すものがないというような状態になってしまったときには，全額Bに対して弁済されたり，引き渡されたりす

るとは限らないということになるので，先ほどの供託の条文が生きてくるということになります。供託請求した場合には，供託をするか，Bに払わなくてはならず，管財人には払ってはいけないということになるので，先ほどの供託請求の条文が生きてくるということになります。

ここで，Cが破産管財人に弁済をした場合ではなく，Cが供託をした場合の還付請求についてはどうなるかということを，一言だけ触れさせていただくと，現行法では，Bの主観（悪意重過失なのか，善意の重過失なのか）をCが知らないときは供託ができますので，供託すること自体は問題ありません。では，これについて破産管財人は還付請求できるのかという点ですが，Aの立場と同じだと考えれば還付請求はできません。先ほど申し上げたとおり平成21年の判例があり，Aは，無効を主張してCに対して債権の弁済を請求することはできない立場にあるので，それと同じだということになれば，破産管財人が還付請求することができるというのはおかしいだろうということで，破産管財人は還付請求できないという見解もあります。反対に，破産管財人は第三者だということを重視して，できるという見解もあるようです。ですから，現行法では，供託した場合どうなるかというのは，双方の立場があります。

しかしながら，改正法では，先ほど466条の3を見ていただいたとおり，還付請求は譲受人のBだけができるということになるので，条文上解決されたということになります。この辺りが変わってくるところかなと思います。

(5) 譲渡制限特約付き債権の差押え

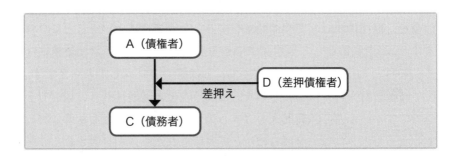

第1 債権譲渡

> AC間の債権が譲渡禁止特約付であり，Dが譲渡禁止特約につき悪意重過失
> の場合
> 現行法　Dの善意悪意を問わず，差押え，かつ転付命令によってDに移転する
> 　　　　（最判S45.4.10参照））
> 改正法　差押えは有効。CはDからの請求を拒むことはできない（466条の4）

　これについても条文上解決されました。AC間の債権が譲渡禁止特約付の債権で，Aの債権者Dが譲渡禁止特約について悪意重過失であったが，DがAC間の債権を差し押さえた場合です。これは，現行法でも，私人間の合意で差押禁止財産を作ることはできないということがあるので，判例（最判昭和45年4月10日民集24巻4号240頁）上も，Dが善意であろうが悪意であろうが，差押えをして転付命令を受ければ，その債権はDに移転するということで，現行法でも解決がなされているところですが，改正法ではこれを明文化しました。466条の4です。

　1項は，「第466条第3項の規定は，譲渡制限の意思表示がされた債権に対する強制執行をした差押債権者に対しては，適用しない」とあります。つまり，466条3項の規定は譲渡制限特約付の債権譲受人が悪意重過失であった場合には，債務者は抗弁権を主張できるというものです。466条の4は，債務者に抗弁権をしたという466条3項の規定を差押えには適用しないというものであり，その結果，Dが悪意重過失であっても善意であっても，差押えは有効という結果になります。ですから，CはDからの請求を拒むことはできないという結論になります。

　466条の4の第2項説明につき以下に図がありますが，AC間の債権について譲渡制限特約が付いており，これをAがBに対して譲渡しました。Bが譲渡制限特約について悪意重過失者であった場合に，Bの債権者のDが差押えをする場合はどうかという処理です。

165

Chap. V

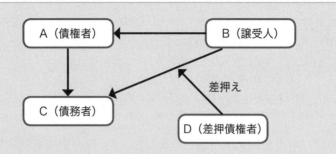

Bが譲渡制限特約付について悪意重過失であった場合に，DがBのCに対する債権を差し押さえた場合の効果
現行法　AB間の債権譲渡は無効である以上，Dの差押えは無効
改正法　AB間の債権譲渡も有効。しかし，CはDに特約の抗弁を対抗できる
　　　∵Bが有する権利以上の権利がDに認められるべきではない

　この点，現行法ではAB間の債権譲渡が無効になります。Bが悪意重過失ですので債権譲渡は無効になります。Bは債権者にならないので，Dの差押えは無効，Dは差押えができないという結果になります。

　しかしながら，改正法では，AB間の債権譲渡は有効なので，Dの差押えも（Bが債権者ですので）有効になるのですが，CはDからの請求に対して，466条の3の特約の抗弁を対抗することができます。Bが有する権利がDに認められるべきではないからです。つまり，Cが悪意重過失のBに対して，466条の3の抗弁を主張できます。それをBの債権者であるDにも主張することができるというのが，466条の4の第2項になります。

　「前項の規定にかかわらず，譲受人その他の第三者が譲渡制限の意思表示がされたことを知り，又は重大な過失によって知らなかった場合において，その債権者が同項の債権に対する強制執行をしたときは，債務者は，その債務の履行を拒むことができ，かつ，譲渡人に対する弁済その他の債務を消滅させる事由をもって差押債権者に対抗することができる」とされました。ですから，債権譲渡と差押えの関係についてはこの

466条の4で解決されたということになります。
(6) 預金債権について
預金債権については466条の5で規定がなされ，例外的に物権的効力説を維持したということになります。

預金債権には，譲渡禁止特約が付いているのが通常なので，そうすると預金債権の債権譲渡というのは常に無効となります。理由としては，預金債権については，債権が日々刻々と増減することによって特殊性があるので，預金債権の譲渡が有効になるとすると，事実上管理が不可能になってしまうからです。

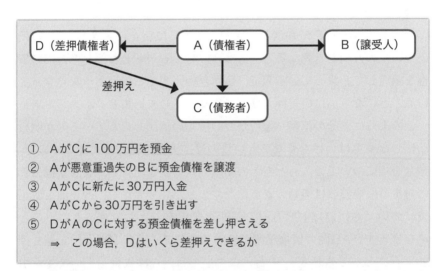

① AがCに100万円を預金
② Aが悪意重過失のBに預金債権を譲渡
③ AがCに新たに30万円入金
④ AがCから30万円を引き出す
⑤ DがAのCに対する預金債権を差し押さえる
　⇒　この場合，Dはいくら差押えできるか

なぜ預貯金についてだけ無効になるのかということですが，上記の図を見てください。Aが預金者で，Cが債務者とありますが銀行だとします。このAのCに対する債権を，Bに対して譲渡したとします。Bは悪意重過失であるということが前提です。この債権をDが差し押さえたという図です。①から⑤の事情が発生したとします。

最初に①AがCに100万円を預金します。そして，②Aが悪意重過失のBに，この100万円の預金債権を譲渡します。その後，③AがCに対して，新しく30万円を入金しました。その後，④AがCから30万

円を引き出しました。最後に，⑤Ｄが，ＡのＣに対する預金債権を差し押さえたということを前提に，改正法に照らして考えてみます。Ｄはいくら差押えができるかというと，まず，改正法466条の3のとおり「譲渡制限特約について悪意重過失の譲受人に対する債権譲渡も有効」だとすると，ＣはＡに対して弁済をして債務消滅させることができます。そうすると，④でＡがＣから30万円を引き出した行為を，ＣがＡに対して30万円を弁済したと捉えることもできます。つまり，Ｂに譲渡した100万円の債権（②）についての弁済だとすると，③でＡがＣに対して新たに入金した30万円は，Ａの預金として存在することになるので，Ｄは30万円を差し押さえることができることになります。

しかしながら，Ｃが弁済した④が，ＡがＣに新たに入金した30万円についての弁済だと考えると，ＡはＢに対して，もともと100万円の債権を譲渡してしまっているので，Ｄが差押えするものはもうなくなっていることになり，Ｄの差押えはゼロになってしまいます。

このように，その都度，銀行がどの債権の払戻しをしているのか明らかにしなくてはいけなくなるというのは，実務上甚だ不可能ですので，預金債権については，もともとの物権的効力説を維持し，悪意重過失者に対する債権譲渡は無効のままになりました。ですから，改正前も改正後においても，Ｄは100万円の差押えをすることができるということになります。AB間の債権譲渡が無効ですので，その100万円を差し押さえることができます。30万円については，Ａは入金していますが引き出しており，その後にＤが差し押さえているので，Ｄが差押えできるのは100万円という結論になります。これは現行法も改正法も変わらないということになります。

2　債権譲渡の対抗要件

467条に関しては実は様々な議論がなされ，登記に一元化する，債務者の承諾を廃止するというような提案がなされていたのですが，結果的に現行法のままということになりました。つまり，通知か承諾ということです。確定日付ある通知又は承諾と債権譲渡登記制度という枠組みを

維持したということなので，現行法と全く変わりがなく実務に対する影響はありません。

3　異議なき承諾による抗弁権切断制度の廃止

⑴　異議をとどめない承諾

現行法468条1項は，「債務者が異議をとどめないで前条の承諾をしたときは，譲渡人に対抗することができた事由があっても，これをもって譲受人に対抗することができない」とされていました。つまり，債務者が債権譲渡について異議なき承諾をすれば，債権者に対して抵抗できた事由も譲受人に対しては対抗できないとされていました。

「異議なき承諾」というのは積極的な意思表示ということではなく，単に債権譲渡を承諾するだけです。にもかかわらず現行法では，抗弁権切断というような強力な効力が生じてしまうということになっており債務者保護の観点から妥当ではないのではないかという指摘があり，それを受けて，今回の改正法では異議をとどめない承諾による抗弁権を切断するという制度は廃止したということになります。

⑵　債務者が主張できる抗弁

異議をとどめない承諾というものではなく，主張可能な抗弁について債務者が個別にこれを放棄するなら抗弁権を失うということになりました。改正法468条は，異議をとどめない承諾を廃止し，「債務者は，対抗要件具備時までに譲渡人に対して生じた事由をもって譲受人に対抗することができる」と規定されました。ですから，債務者が主張できる抗弁としては，条文そのままに対抗要件具備時までに譲渡人に生じた事由の全てを対抗することができるのです。

ここで，2項が少し長い条文になっているのですが，これが先ほど「デッドロック状態解消」のところで，基準時が変わっているといったものです。読み替えの条文です。すなわち，先ほどの466条4項なのですが，デッドロック状態を解消する（債務者に対して催告をして相当期間経過する）までの間は，債務者は譲渡人に対して支払うこともできるし，譲受人からの請求を拒むことができるという特約の抗弁がありました。

この場合における468条1項の適用については，466条4項の「相当期間を経過したとき」までに生じた事由を譲受人に対抗することができることになります。つまり，466条4項の相当期間を経過する前までに，債権の一部であろうが全部であろうが債務者が譲渡人に弁済した場合には，この弁済の抗弁を譲受人に主張することができますが，相当期間経過後であると，債務者が債権者に対して弁済しても，それを譲受人に対抗することができないという条文構造になります。

　これは，破産開始決定手続があった場合の供託の請求についても同じです。譲受人が債務者に対して，供託の請求をすることができますが，債務者は供託の請求を受けた後は，供託義務を負うので，供託するかあるいは譲受人に対して弁済しなくてはいけないのですが，供託の請求を受けるまでは譲渡人に対して支払もできるので，供託の請求を受けるときまでの抗弁を譲受人に対抗することができるということになります。これは，分かりやすく条文上規定されたということです。

(3) 実務への影響

　この「異議なき承諾」がなくなったことにより実務への影響はどうなるのかというところなのですが，様々な議論がなされており，もしかすると実務上の影響は大きいかもしれないともいわれています。というのは，今後，異議なき承諾の抗弁の放棄ではなく，個別事案で意思表示の一般規定の規律になるため，その解釈に議論が集約されるということになります。

　例えば，意思表示の放棄する内容というのはどうなのか，放棄する相手方というのがどうなのか，強い者が弱い者に対して放棄をさせるのか対等なものなのか，具体的に判断していくことになります。また，包括的な抗弁権の放棄についても，果たしてそれが許されるのかというのは，今後議論がなされていくところなのかと思います。

　また，放棄の対応として単独行為でよいのか，譲受人と債務者との間で合意をする必要があるのかといったところは今後議論がなされるのかと思います。議論の中でも，放棄について，抗弁権の放棄なので書面を

要求すべきだとか，包括的な放棄は無効にすべきだというような意見もあったのですが，それは採用されず，個別の本当の意思表示の一般の規律に委ねられることになりました。そうすると，事前の抗弁権放棄について，もしかすると現行法よりも債務者保護が図れないのではないかというようなこともいわれています。

　例えば，現行法下において，請負契約がなされた場合に，仕事の完成前の報酬債権について注文者が第三者に債権譲渡し，第三者は異議をとどめないで承諾をし，その後，工事中断のため注文者が請負契約を解除したという事例で，判例では，「譲受人が，未完成分に関する報酬債権であることを知っている場合には，契約解除をもって対抗することができる」とされているので，債務者は譲受人に対して支払わなくてよいということにはなっています。おそらく改正法でもこの判例は生きてきて同様の結論になると思うのですが，債務者の抗弁権放棄の対応によっては，今後どうなってくるのかというのは個別具体的な事案で考える必要があると思います。どのようなシチュエーションで，誰と誰との間で，どのような抗弁について放棄するのか，やはり契約に重きを置くという点からすると，特定しなくてはいけないのだろうということになります。

　例えば，BB間の取引であったりするならば，事前の放棄というのもよさそうかと思いますが，BC間取引であればどうなるのであろうかとか，やはりこれは今後の判例などで課題になる点だといわれていますので，注意が必要なところかと思います。

4　将来債権譲渡

(1)　将来債権譲渡の明文化

　将来債権譲渡についても今までは明文がありませんでしたが，改正法では466条の6で明文化されました。「債権の譲渡は，その意思表示の時に債権が現に発生していることを要しない」として，将来債権譲渡も認められ，有効であるということが明文化されました。ただ，将来債権譲渡の限界等については議論がありましたが明文化されていないので，今後，公序良俗などの解釈に委ねられるのではないかといわれています。

ここで，466条の6第2項では，「債権が譲渡された場合において，その意思表示の時に債権が現に発生していないときは，譲受人は，発生した債権を当然に取得する」と記載がされているのですが，発生した債権を譲渡人から譲受人が取得するのか，それとも譲受人の下で債権が発生するのかというのは今後の解釈に委ねられるので，その辺りはまだ確定はされていないということになります。

(2) 譲渡人の地位の承継

例えば，不動産の賃料債権を将来債権として譲渡した後に，賃貸人が不動産を第三者に譲渡した場合に，その賃料債権の帰属などについては特段規定されませんでした。賃料債権が譲渡されてしまった後に，不動産の譲渡を受けた者としては，賃料債権があると思っていたのであれば，錯誤取消しなどで対応することになるかと思いますが，そのような者に支払ってしまった代金が全額回収できるのかはやはり疑問があるというところですが，結果的に明文化は見送られたので，今後の実務の中で対応していくしかないということになります。

(3) 将来債権譲渡と譲渡制限特約

条文上では，将来債権譲渡について譲渡制限特約を付す場合に，債務者の対抗要件具備前に譲渡制限特約を設定する場合，譲受人は悪意であると擬制されることになります。その結果，譲受人の主観を問わず，債務者は特約の抗弁を譲受人に対抗することができます。466条の6第3項は，「前項に規定する場合において，譲渡人が次条の規定による通知をし，又は債務者が同条の規定による承諾をした時（以下「対抗要件具備時」という。）までに譲渡制限の意思表示がされたときは，譲受人その他の第三者がそのことを知っていたものとみなして，第466条第3項の規定を適用する」ということで，譲受人が善意無重過失であっても悪意とみなされてしまうので，債務者は466条3項の抗弁を主張することができることになります。

この条文の裏返しとして，債務者対抗要件を具備した後に譲渡制限特約が付されたとしても，それは譲渡された後のことなので，譲受人の主

観を問わず，債務者は特約の抗弁も主張することができないということになります。これも条文を見ていただければそのとおりかと思います。

　また，将来債権譲渡に関し今後気を付けた方がよいというところが1点あります。将来債権譲渡については，多くが中小企業と大企業との間の継続的な取引についてなされることが多いかと思います。例えば，中小企業が大企業に対して売掛金債権などを継続的に有している場合です。Aの債権者を中小企業，Cの債務者を大企業，AC間の債権を譲り受ける者をB，AC間の債権に譲渡制限特約が付いていたとします。

　今回の債権譲渡の改正は，債権者であるAの資金調達の環境を改善しようと，資金調達しやすくしようというところから法案が検討されたところです。ただ，一方でいろいろ議論がなされた結果，譲渡制限特約自体は否定されませんでした。つまり，AB間の債権譲渡自体は有効だとしても，AC間においては契約違反ということが発生します。この場合，大企業からすれば資金繰りがうまくいっていないAとは，将来的に取引をやめたり解除を考えたりということもあり得ると思いますし，契約違反の譲渡について，損害賠償や違約金を主張したいと思うかもしれません。

　まず損害賠償について考えてみると，債権譲渡がなされただけであって，大企業に損害の発生は想定し難いだろうと思われるので，債務不履行に基づく損害賠償請求は，一般的には考えにくいと思われます。そうすると，Cとしては，AC間の契約に際し，譲渡制限特約違反の場合には，違約金を定めるといった問題が発生してきます。もう一つは，譲渡制限特約違反をした場合には，契約を解除するといった特約を付すこともあるかと思います。

　売買や債務不履行解除の論点は，次回の研修で詳細が話されますが，今回の改正で，催告解除について軽微なものは解除できないということになりました。AB間の債権譲渡は，AC間においては契約違反なのですが，Bが悪意重過失であれば，CはAに対して弁済して債務を消滅させることができるので，Cの弁済先固定の効力というのは特段害されて

いません。そうすると，AC間においてのAの債務不履行，契約違反というのは軽微なものと捉えることもできます。そうすると，解除は認められないという結論になるかもしれません。Cからすると，解除したい場合には，解除の条項をAC間の契約において付けておかなくてはいけないのではないかという問題が発生します。

ただ，今回の改正について参議院の付帯決議があり，「譲渡禁止特約付債権の譲渡を認めることについては，資金調達の拡充につながらないのではないかという懸念や，想定外の結果が生じ得る可能性があることを踏まえ，更に幅広い議論を行い，懸念等を解消するように努めること」とされており，今回の債権譲渡についての改正が資金調達の環境を改善するというところからすると，この解除が本当に認められるのかどうなのかというのは，やはり，今後の検討を待たないといけないのかと思います。

もしかすると，明文規定として，AC間の契約上に解除の条項や違約金条項を入れておいたとしても，解除権の濫用などとして無効となってしまう可能性は，将来的には否定できないかもしれません。とはいえ，Cの立場からすると，いずれにしてもこういった場合に備えて，違約金の規定や解除の規定を定めておくべきでしょう。

また，Bの立場からしてもここは少し注意が必要になってくるかと思います。

例えば，資金調達をしたいと考えたAが金融機関Bに相談した結果，譲渡制限付債権をBに譲渡したとします。AがCとの取引中止など全く考えなかったにもかかわらず債権譲渡をしたために，Cとの取引が中止になってしまった場合，BがAに「リスクはないですよ」などと言って誤信させ，債権を譲り受けた場合などは，BはAから何らかの損害賠償請求される可能性も否定できないかもしれません。このようなところに対応するために，B側としては，債権譲渡の契約の中で表明保証条項といったものを規定し，Aに譲渡制限特約付債権を譲渡するとリスクがあるということを認識させ，Aからの積極的な自発的な譲渡だということ

を明らかにしておくという手当ても必要になってくるのではないかといわれています。

5 債権譲渡と相殺

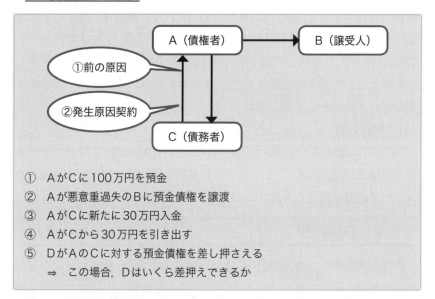

① AがCに100万円を預金
② AがCが悪意重過失のBに預金債権を譲渡
③ AがCに新たに30万円入金
④ AがCから30万円を引き出す
⑤ DがAのCに対する預金債権を差し押さえる
　⇒　この場合，Dはいくら差押えできるか

(1) 無制限説の明文化

ここも債権譲渡と相殺で条文が規定され，「無制限説」が明文化されました。469条1項で，Cは，Bが債務者対抗要件を具備する前にAに対して自働債権を取得すれば，Cからの相殺をすることができるということになっています。

(2) CがBの債務者対抗要件具備後に取得した債権について

これも469条2項の1号・2号において記載がなされました。1号は，「対抗要件具備時より前の原因に基づいて生じた債権」であれば，相殺の期待権を保護して相殺することができるということで，差押えと相殺についての511条2項と同じ規律になっています。2号は，債権譲渡だけの特別な規定ということで，「譲受人の取得した債権を生ずる原因である契約に基づいて生じた債権」についても相殺することができると規定されています。

この２号でどこまで相殺ができるのかというのは，やはり今後の議論になってくると思います。

例えば，ＡがＣに対して物品を販売しＣ宅に納品するという売買契約があった場合，Ａが依頼した運送業者（Ａの履行補助者）が，Ｃ宅にある物を壊してＣに損害を与えた場合，このＣの損害賠償請求権についても，「譲受人の取得した債権を生ずる原因である契約に基づいて生じた債権」として，Ｃは売買代金と相殺できるのかについては，将来的に議論がなされるところかと思います。

6　経過措置

「施行日前に債権の譲渡の原因である法律行為がされた場合におけるその債権の譲渡については，……なお従前の例による」（附則22条）というのが経過措置になります。

第2　債務引受

債務引受に関しては，冒頭申し上げましたとおり，今まで明文になかったものを明文化したということなので，条文を確認していただければそれで分かるかと思います。470条と471条が「併存的債務引受」の条文であり，472条が「免責的債務引受」の条文になっています。

1　併存的債務引受

(1)　併存的債務引受の効果

470条1項で効果が規定されています。今までの一般的な理解を明文化したものなのですが，①引受人が債務者の負担する債務と同一の内容の債務を負担すること，②両者の負担する債務の関係が連帯債務になることです。連帯債務の絶対効という点が今回の改正で変わりましたので，そこに注意をしておいていただきたいと思います。

具体的にどこが変わったかというと，連帯債務者の1人に対する免除や時効完成について，今までは連帯債務者の負担部分の限度において絶対効だったものが相対効になりましたので，ここは連帯債務関係について注意が必要ということになります。また，連帯債務者の1人に対する

請求というのも今まで絶対効でしたが，相対効に変わりましたので，そこも注意が必要です。改正法の438条～441条，445条を後で確認していただければ分かるかと思います。

⑵　併存的債務引受の要件

470条2項・3項で，併存的債務引受の要件が規定されました。併存的債務引受というのは，2項において「債権者と引受人との契約で成立し得る」とされています。この点は保証に類似するということになり，注意が必要です。保証人保護との関係で議論がなされ，保証人保護は前回の研修でもあったとおり，今回，改正法で規定されました。併存的債務引受についても保証と同じ規定を置くべきではないか，についても議論がありました。ただ，それらの規定は見送りされたので，引受人の保護が図られる可能性は明文上ないのですが，今後は保証人保護規定を類推するといったことによって，解釈上としてあり得るかと思います。

また，3項は，債務者と引受人との契約でも併存的債務引受は成立するということです。この場合，債権者の承諾が必要となり，債権者が承諾をしたときに効力を生ずるということになります。債務者と引受人との関係で成立するということは第三者のためにする契約になるので，第三者のためにする契約の規律に従うということになります。これについては4項に明文で規定されていますので，債務者と引受人との契約で併存的債務引受がなされた場合には，第三者のためにする契約の規律が適用されることになります。

⑶　引受人の抗弁

471条1項・2項で規定されました。1項は，「債務者に主張することができた抗弁をもって債権者に対抗することができる」ということです。例えば，相殺権などを考えた場合，引受人が債務者の相殺権を行使するということはもちろんできないのですが，債務者が相殺することができるので，引受人はその限度で債務の履行を拒絶することができるということになります。

これは，併存的債務引受の条文の中で規定されているわけではないの

ですが，439条2項の連帯債務者の1人による相殺のところで書かれていますので，相殺については，引受人は債務の履行を拒絶することができるということになります。

471条2項は，「債務者が取消権，解除権を有するときには，その行使によって債務の履行を免れる限度において，引受人に拒絶権が認められる」ということになります。債務者に取消権，解除権がある場合に，引受人はそれらの権限を行使することはできないのですが，その限度で債務を免れるということ，拒絶権が認められるということが規定されていました。

2　免責的債務引受

(1)　免責的債務引受の効果

免責的債務引受は472条の中の枝番で規定されています。審議の中では，併存的債務引受を原則的な形態とした上で，これに免除という意思表示が付いたものを免責的債務引受として整理するかというようなところも検討されたようなのですが，それは採用されず，免責的債務引受は別途条文を置くということになりました。

免責的債務引受については，472条の1項で効果が規定されています。「債務者が債権者に対して負担する債務と同一の内容の債務を引受人が負担する」ことによって，「債務者が自己の債務を免れる」という効果です。今までの考え方と大きく変わるところではありません。

(2)　免責的債務引受の要件

「債権者と引受人の契約で成立」するのですが，その場合は「債権者が債務者に通知することで効力が発生する」というのが472条2項です。債務者が知らないところで債権者が契約関係から離脱するということ防止するため，債権者が債務者に通知するということが必要になっています。

ここでは，「債務者の意思に反しないこと」は，今回要件とされなかったので，ここは注意をしておいていただければと思います。例えば，債務者の意思に反しないことを要件としてしまうと，債務者の意思を知り

得ない場合に，免責的債務引受が成立しないのか，するのかというところが分からず，取引の障害になってしまうのではないかという点，また，免除については，債務者の意思に反しても免除することが可能なので，そういったところからすると債務者の意思に反しないことという要件は不要であるとして，規定されませんでした。

次に472条3項は，「債務者と引受人との契約で成立する」ということになります。この場合，債権者の承諾が必要になります。債務者が契約関係から抜けてしまいますので，資力不十分な引受人などによって，債権者が不測の損害が発生することを防止するために債権者の承諾が必要だということになります。

(3)　引受人の抗弁

472条の2で，「債務者が債権者に主張することができた抗弁をもって債権者に対抗できる」となっています。ただ，相殺権については，併存的債務引受とは違って債務の履行を拒絶することはできないので注意しておいてください。というのは，債務者が契約関係から離脱しますので，引受人が債務者の相殺権を主張して履行を拒むということは観念できないということ，債務者は完全に免責されているというところから，相殺については併存的債務引受の扱いと違うということです。

取消権，解除権については同じです。免責的債務引受がなされなかったとすれば，その限度において債務を免れるというのは同じなので，その点について引受人には拒絶権が認められているということになります。これも条文を確認していただければお分かりになるかと思います。

(4)　引受人の求償権の否定

472条の3ですが，引受人というのは，自己の債務を履行するということであり，債務者との間で求償関係を発生させるものではないということなので，それを確認する意味で条項が設けられました。ただ，求償関係を否定しただけであって，債務者と引受人との間で，引受をする対価を支払うというような合意は否定されていないので，確認をして頭の中に入れておいていただければと思います。例えば，委任契約に基づい

て引き受けるというような場合，取立委任というような場合には免責的債務引受ですが，そういったときには，債務相当額を引受人に対して債務者が支払うというような合意をしても，特段問題はないという考え方になります。

(5)　**担保の移転**

472条の4に規定されましたが，原則としては，担保の移転は，債権者が単独の意思表示で引受人に対しても「担保を移転します」とすれば足りるということになっています。引受人以外の者が担保設定権者である場合には，その人の承諾が必要になります。担保設定者にとっては債務者が変わりますので，重大な影響が及ぶということで承諾が必要になります。これは，担保設定権者が債務者であっても承諾が必要とする点については変わりがないということです。また，保証契約についても同じように承諾が必要なのですが，これは新たな保証契約という側面がありますので，書面によることが必要だということも記載されています。

2項では，担保の移転の承諾というのは，免責的債務引受に先立つか，又は同時になされることが必要であるとされました。担保の付従性との整合など担保移転について不確定な状態を避けるために，このような条文が規定されました。保証契約についても同様です（3項）。

3　経過措置

こういった債務引受については，経過措置として，「施行目前に締結された債務引受契約については適用しない」とありますが，特段，大幅に変わっているところはなく，明文上明らかになったというところですので，先生方において条文を確認していただければ足りるかと思います。

第3　請　負

請負については，先ほどお話しさせていただいたとおり，請負人の担保責任が一番重要で変わっているところですが，その他にも条項が少しずつ変わっているので一つずつ見ていきたいと思います。

1　仕事完成前の報酬請求権

「請負人が既にした仕事の結果のうち可分な部分の給付によって注文者が利益を受けるとき」については，利益の割合に応じて，請負人は報酬を請求することができるという条文が生まれました（634条）。これも従来の判例法理を明確にして整理したものということなので，大幅に変わるようなところではないのですが，仕事完成前の報酬請求権ということで整理がなされました。

(1)　注文者の責めに帰することができない事由によって仕事を完成することができなくなったとき

「請負人の責めに帰するべき事由」のとき，又は「当事者双方の責めに帰することができない事由」による場合の，どちらかの場合ですね。このどちらかの場合によって仕事の完成をすることができなくなったときは，その可分な部分の給付によって，注文者が利益を受ける範囲において，請負人は報酬を請求することができるということになります。

では，「注文者の責めに帰すべき事由」による場合はどうかというと，536条2項の解釈，危険負担で対応するということになります。「注文者の責めに帰すべき事由」のときには，注文者において基本的には負担すべきであり，請負人は全額の報酬請求権を有するという規定も議論されましたが，見送りになりました。

注文者の責めに帰すべき事由としてもいろいろな側面があり，契約直後であったり，双方に帰責事由などがあったりする場合に，全額請求が妥当ではない場合もあるだろうということで，536条2項の解釈に委ねることになりました。ですから，あらかじめ個々の事案や契約書の中で報酬については定めておいた方がよいです。

また，「利益の割合に応じて請負人に報酬請求ができる」という利益割合の考え方については，仕事全体に占める出来高の割合を認定して，それに報酬額を比例させる方法というのが妥当ではないかといわれていますが，契約上明らかにしておいた方がよいので，契約締結時にきちんと定めておく方がよいと思います。

(2) 請負が仕事完成前に解除されたとき

このときも報酬請求権が認められるということになります。この場合，解除は「注文者，請負人，いずれが解除した場合も問わない」とされています。このとき，請負人が一方的に解除した場合だったりすると，債務不履行による損害賠償の話というのは別途問題になります。

上記(1)のとおり，請負人の責めに帰すべき事由による場合であっても，報酬請求権は発生するものの，債務不履行による損害賠償請求という問題はやはり発生しますので，そこについては別途考えるということになりますが，報酬請求権について634条で規定され，整理されたということになります。

2　請負人の担保責任

(1) 売買の規定を包括準用

請負人の担保責任については，一言で申し上げると見出しにあるとおり，「売買の規定を包括準用」するということになります。559条なのですが，有償契約については売買と同じ規律ということです。今までは，請負の担保責任というのが規定されていたのですが，請負も有償契約だということで売買の規定に従うことになったので，請負の特殊性のある条項のみ規定がなされ，あとは全て削除されたという形になっています。ですから，条文だけ見ると，請負の条文というのはかなり少なくなってしまったように見えますが，全て559条で準用され，売買と同じような規律になるということになります。

売買に関しては，次回の研修で売買の担保責任について詳細になされるので，今の段階ではなかなか押さえていないという先生方もいらっしゃるかもしれません。詳細は次回の研修にお任せするとして，売買の担保責任というのは具体的にどんな規定になったのかというところだけ，お伝えさせていただきたいと思います。

まず，「瑕疵」という概念がなくなったというのは皆さんもご承知かもしれませんが，「瑕疵担保」という概念がなくなり，契約の内容に適合しないときにどういった救済方法があるかということで条文が整理さ

れました。売買については，562条，563条，564条で救済方法が規定されています。詳細は次回なのですが，「買主は履行の追完を請求することができる」という追完請求の条文が562条です。563条では，「代金減額請求が認められる」ということになっており，1項では562条の追完請求をし，追完を催告しても売主が追完をしないときには，買主は代金減額請求ができると規定されています。2項では，履行の追完が不能な場合には直ちに代金減額請求ができるという規定になっています。

564条の規定は，債務不履行に基づく解除，損害賠償の請求を妨げないという条文になっているのですが，これが請負の担保責任の場合にも適用されることになります。つまり，「契約の内容に適合しない」場合に，履行の追完請求権，代金減額請求権，債務不履行に基づく解除権及び損害賠償請求権が認められるのですが，ここで売買の条文が準用されることになり，履行の追完請求権が559条で準用されるところの562条，代金減額請求権が559条で準用されるところの563条，債務不履行に基づく解除，損害賠償請求権が559条で準用されるところの564条，415条，541条ということになります。

請負については，今まで，634条1項で「修補請求」が認められていたのですが，先ほど申し上げた買主の追完請求を準用することによって削除されました。請負に関しては，代金減額請求の条文はなかったのですが，売買の条文が準用されるということになるので，減額請求が認められるということになります。

改正前は，請負人独自の担保責任として，635条や634条2項で，解除，損害賠償の規定があったのですが，これが削除され，債務不履行一般の解除，損害賠償請求の条文に整理されたということになります。

ここで今までと異なる点について注意するポイントだけ少しお話をさせていただきたいと思うのですが，現行法634条に「請負の担保責任」の条文があり，1項は，「仕事の目的物に瑕疵があるときは，注文者は，請負人に対し，相当の期間を定めて，その瑕疵の修補を請求することができる」とされていました。これは先ほど申し上げた修補請求権で削除

され，売買の562条の追完請求の方が適用されるということになるのですが，現行法ではただし書として，「ただし，瑕疵が重要でない場合において，その修補に過分の費用を要するときは，この限りでない」という条文がありました。

この条文のとおり，瑕疵が重要でなく修補に過分の費用を要するときは，修補請求は認められなかったのですが，今回の改正によってこの条文も削除されたということになると，こういう場合にも修補請求できてしまうのではないかという疑問が生ずると思います。この点については，次回の研修で債務不履行のところを重点的にやられると思いますが，412条の2に履行不能の条文があります。この場合には，瑕疵が重要でなく修補に過分の費用を要するときは，社会通念に照らして履行が不能なのではないかと解釈することができるので，この412条の2第1項で対応することになり，結果的には634条1項ただし書の条文が削除されたとしても，今までの修補請求できないという結論とは大きく異ならないといわれています。ですから，この点に注意が必要かと思います。

ただ，先ほど申し上げたとおり，これは私見ではあるのですが，代金減額請求権が認められるということの関係上，この辺りがどうなるのかというのはやはり今後考えなければいけないところなのではないかというところがあり，少しだけ疑問を呈して終わりにしたいと思います。

次に，現行法634条2項前段を見ていただきたいのですが，「注文者は，瑕疵の修補に代えて，又はその修補とともに，損害賠償の請求をすることができる」，後段は，「この場合においては，第533条の規定を準用する」とあります。この規定も削除されました。この規定は，修補したいのか，修補ではなくて損害賠償請求をしたいのかという選択権を注文者に与えているという条文でしたが，削除されてしまいました。不適切な工事をした業者に修補を任せたくないという注文者の方は多くいらっしゃると思うんですね。その場合，お金で払ってもらって別の業者に頼みたいと思っても条文が削除されてしまったのです。

先ほど来申し上げた562条の追完請求で対応するとなると，修補請

求をまずしなければならないということになるかもしれません。ですから，契約書の中でその辺りの手当てをしておく必要性が出てきます。

　後段の「533条の規定を準用する」という箇所も削除はされているのですが，これは改正法533条にきちんと明文化されていますので，この辺りは特に変わるところがなく，改正法で対応ができるということになります。

　もう一つ，解除に関してなのですが，契約不適合なところがあって，注文者が請負人に修補を請求しても請負人が修補をしない場合に，注文者としては催告，解除することができるのかというところがあるかと思います。これは635条とも関連するのですが，先ほど来申し上げているとおり，541条の構造については，軽微な瑕疵については催告したとしても解除することができないとなっています。そうすると，修補する箇所が軽微なのかどうなのかということで，軽微の判断に注意が必要になってきます。

　一度引渡しが済んでいるので，修補しないからといって全部解除が認められるのかというと，全部解除は認められないだろうという見解の方が多いのですが，その点については，やはり今後「軽微」をどう判断するかということで決まってくるのではないかといわれています。この辺りが担保責任について気を付けなければならない点です。

⑵　改正法636条

　636条は，「請負人が種類又は品質に関して契約の内容に適合しない仕事の目的物を注文者に引き渡したときは，注文者は，注文者の供した材料の性質又は注文者の与えた指図によって生じた不適合を理由として」履行の追完の請求などをすることができないという条文になっています。

　改正法562条2項で，売買の追完請求も買主の責めに帰すべき事由によるときは追完請求できないという条文があり，基本的には請負もこちらに従うのですが，請負の特殊性として，注文者が材料を供する場合や注文者が指図を与える場合もあるので，その点に留意して規定されてい

るということになります。

(3) 改正法637条

担保責任の期間制限については，「目的物を引き渡した時から1年以内」というのが今までの条文でしたが，改正法637条では，「不適合の事実を知った時から1年以内にその旨を請負人に通知」しなければいけないとされました。引渡し時なのか，知った時なのかということで変更がなされています。この「知った時」というのは，瑕疵担保責任における判例の判断が参考になるといわれており，契約解除できる程度の重大な瑕疵を知った時といった判例の認識が参考とされるのだと思いますが，したがって，この時期というのが問題になります。

また，知った時から何をすればよいかといえば，その旨を請負人に通知するということになります。この通知なのですが，不適合の事実を提示すれば足ります。すなわち，不適合の責任を問うというような意思を明確に告げれば足ります。損害額の根拠などを示す必要があるのかというと，そこまでではなくて不適合の事実を提示すればよく（⇔「売主の担保責任を問う意思を明確に告げる必要」（最判平成4年10月20日民集46巻7号1129頁）），その後は消滅時効の一般原則になるという条文構造になっています。

その関係から，現行法では638条が規定されていたのですが，これが削除されました。工作物等について5年，10年という期間が異なる点があったのですが，「不適合の事実を知った時から1年」ということなので，わざわざ638条を設ける必要性もないだろうということで削除されたということになります。

3 現行法635条の削除

要は，注文者からの解除権についての条文が削除されました。一般的な債務不履行の場面として解除が認められたことになりますので，あえて請負のところだけ解除の条文を残しておく必要はないということで削除されたものです。

この635条については，ただし書で「建物その他の土地の工作物に

ついては，この限りでない」ということで，建物その他の土地の工作物については解除できないという条文になっていましたが，これも削除されています。ただ，これについても一般原則に従うということになるので削除されたのですが，今までも判例で，重大な瑕疵があって建て替えるほかないという場合には，工作物についても解除が認められてきていたので，削除されたからといって実務上大きな影響を与えるというところではないと思います。

ただ，判例（最判平成14年9月24日判時1801号77頁）では，「重大な瑕疵があって，建て替えるほかない場合」などと限られていたので，そのような要件がないという意味では，もしかすると解除できる状態の方が増えてくる可能性もあるのではないかといわれていますので，その辺りは注意が必要なところです。

4 注文者に破産手続が開始された場合の請負契約の解除

改正法642条は，もともとの条文の趣旨そのままをきれいに直したということです。すなわち，注文者に破産手続開始決定がなされた場合に請負契約を解除できるかどうかというところなのですが，請負人としては，注文者に破産手続開始決定がなされたら，報酬の支払見込みがないにもかかわらず仕事を継続しなくてはいけないのは酷だということで，仕事完成前の請負人について解除権を付与したということになります。

現行法では，仕事完成前なのか後なのかがはっきりしなかったのですが，改正法では仕事完成前の請負についてだけ解除権を認めたというところで整理がされました。仕事完成後はどうなのかというと，これはその他の双務契約と同じく，破産法53条1項で破産管財人だけに解除権が認められているということになるので，これとの均衡を考えると，「仕事完成後」は破産管財人だけなので，「仕事完成前」が642条で規定されたということになります。

5 経過措置

附則34条により，施行日前に締結された契約（特約を含む。）については，なお従前の例によるという規定がなされております。

V 債権譲渡・債務引受, 請負

**講師からの
ワンポイント・アドバイス**

　本テーマの中では, 債権譲渡の改正に注意が必要になります。債権譲渡については, 債権譲渡制限特約, 将来債権譲渡, 債務者の抗弁, 相殺などの改正がなされました。債権譲渡を促進するための改正ですが, 解決できていない問題点も散見されますので, 今後の実務の動向が着目されます。

　債務引受については, 今まで明文化されていなかったものが明文化されました。従来の一般的な理解を明文化した点が主ですが, 明文化されたことにより, 債務引受の利用が促進される可能性があります。

　請負については, 条文が整理されました。特に担保責任の点は, 売買の担保責任の規定が準用されることになりますので, 注意が必要となります。

VI 債務不履行・解除，売買

弁護士　大橋　美香

VI 債務不履行・解除，売買

　ただ今ご紹介にあずかりました大橋と申します。本日はどうぞよろしくお願いいたします。債権法改正の研修の講座も第6回シリーズで今回が最後になります。6回目の最後に債務不履行等の重要な項目を扱わせていただくということで，皆さんにとって一つでもお役に立てるようなことがあれば思っております。

　新しい改正民法の施行が近づいている中で，今年（平成30年）の4月に日弁連の『自由と正義』と東京弁護士会の『LIBRA』でそれぞれ特集を組むという話もあるようです。ですから，今日の研修が終わった後，それに関する簡単な書評等はそちらでチェックいただくことも可能かと存じますので，ご参考までにお伝えいたします。

　今日ご説明します項目としては，「第1　はじめに」，そして「第2　債務不履行」において，債務不履行の中でも履行遅滞，損害賠償，損害賠償の中でも履行に代わる損害賠償，それから損害賠償の範囲を分けてお伝えしたいと思っております。追完請求は売買のところに規定されておりますが，有償契約に準用するという条文を介して，広く有償契約一般に適用されるという扱いがされておりますので，こちらの方に項目を立てることといたしました。

　「第3　解除」，解除は催告解除，それから無催告解除の条文が新しい民法では設けられるということになります。このうち無催告解除については，新しく設けられるという面もありますので，少し丁寧にお話しできればと思っています。代金減額請求については，こちらも売買契約のところに条項としては設けられることになります。ただ，代金減額請求も有償契約には準用するという形で広く準用がされていくことになりますので，代金減額請求も一部解除という位置付けで解除のところに持ってきています。参考ということで，売買における目的物の契約不適合の場合の整理をここでしています。目的物の契約不適合といいますのは，今回，債務不履行等瑕疵担保を含めて契約責任説がベースに引かれたということから，目的物の契約不適合という言葉が出てくることになります。第3の補足として危険負担を設けました。危険負担は今回の講義の

題目には入っていませんが，解除と連動して重要な条文になってくることと思いますので，補足的にこちらで説明したいと思います。

「第4　売買」につきましては，非常に重要な代金減額請求や追完請求を前の方に持ってきましたので，ここで残る売買は簡単に改正条文をさらっていくということを予定しております。

第1　はじめに

今ご説明しました項目を流れに沿って一度見ていきたいと思っております。実際に私どもがこの条文を使うときというのは，依頼者，相談に見えた方が何らかの問題に直面したときということで，その流れに沿って整理をしたらどうなるのかということです。

初めに契約の締結がありました。その後に債務の不履行が生じました。債務の不履行が生じたとき，改正民法の下では①債務の処理と②契約の処理の大きく二つに分けて考えていくことになるとご理解いただくのがよいかなと思っております。

①債務の処理については，債務不履行が起きたところで，債権者は履行に代わる損害賠償請求と追完請求の二つができることになります。このうち履行に代わる損害賠償請求は，債務者の帰責性を含む一定の要件が必要で，これは現行の民法と大きく変わるものではないともいえます。次の追完請求は今回売買のところに新しい請求権として明文の規定が設けられます。債権者は履行に代わる損害賠償請求をした場合であっても，損害賠償が現実にされるまでは履行請求（追完請求）をすることができるというのは当然とも思えますが，履行に代わる損害賠償請求と追完請求は同時に二つ立つことが明確にされました。もちろん，追完請求をしながら損害賠償請求をすることもできます。そして，債務者の側は，履行に代わる損害賠償請求を受けた場合には，追完により履行に代わる損害賠償請求を免れることができないのか，これは追完請求の建て付けとも関係しています。

②契約の処理です。債権者は債務不履行が発生したときに，解除権を

得ることになります。現行で必要とされている債務者の帰責性というものは不要になりますので，債務不履行があったということで，債権者は契約を解除して，契約の処理としてはその段階で契約を終了させることができるということになります。もっとも解除した場合には，当然のことながら契約がなくなりますので，その後の追完請求等をすることはできません。ただ，履行に代わる損害賠償請求はすることができます。

これが今日追いかけていく大きな筋立てとなります。

第2　債務不履行

1　履行遅滞

⑴　条　文

412条1項は，「債務の履行について確定期限があるときは，債務者は，その期限の到来した時から遅滞の責任を負う」とされ，これは現行と変わりません。2項は，「債務の履行について不確定期限があるときは，債務者は，その期限の到来した後に履行の請求を受けた時又はその期限の到来したことを知った時のいずれか早い時から遅滞の責任を負う」。これも現行法と実質は変わらないのですが，期限の到来した後に履行の請求を受けた時という部分が明文化されています。ですから，不確定期限債務の場合には，期限が到来した後早い段階で請求をする必要があるというのが今後はっきりしてきたということになります。

3項の「債務の履行について期限を定めなかったときは，債権者は，履行の請求を受けた時から遅滞の責任を負う」は今と変わりありません。

債務不履行に関連して，受領遅滞の条文にもここで簡単に触れていきたいと思います。

413条の1項は，「債権者が債務の履行を受けることを拒み，又は受けることができない場合において，その<u>債務の目的が特定物の引渡し</u>であるときは，債務者は，履行の提供をした時からその引渡しをするまで，<u>自己の財産に対するのと同一の注意</u>をもって，その物を保存すれば足りる」。下線部が新しく明確に文言として入りました，

2項は，「債権者が債務の履行を受けることを拒み，又は受けること
ができないことによって，その<u>履行の費用が増加したときは，その増加
額は，債権者の負担とする</u>」。ここも明文としてはっきり規定されるこ
とになりました。これまでの実務と変更の点はありませんが，明確化さ
れたということになります。

　履行遅滞中又は受領遅滞中の履行不能の危険をどのように負担するか
が明確化されたとご理解ください。413条の2第1項は，「<u>債務者がそ
の債務について遅滞の責任を負っている間に当事者双方の責めに帰する
ことができない事由によってその債務の履行が不能となったときは，そ
の履行の不能は，債務者の責めに帰すべき事由</u>によるものとみなす」。

　2項は，「<u>債権者が債務の履行を受けることを拒み，又は受けること
ができない場合</u>において，履行の提供があった時以後に当事者双方の責
めに帰することができない事由によってその債務の履行が不能となった
ときは，その履行の不能は，<u>債権者の責めに帰すべき事由によるものと
みなす</u>」。これも今の実務あるいは判例等の解釈によって確立されてい
るものが明文化されたものです。

　414条の履行の強制も文言としては変わっていますので，確認のため
読み上げたいと思います。「債務者が任意に債務の履行をしないときは，
債権者は，民事執行法その他強制執行の手続に関する法令の規定に従い，
直接強制，代替執行，間接強制その他の方法による履行の強制を裁判所
に請求することができる。ただし，債務の性質がこれを許さないときは，
この限りでない」。

　2項は，「前項の規定は，損害賠償の請求を妨げない」。条文が変わっ
たということを押さえていただければと思います。

(2) 効　果

　債務者に帰責事由がある場合には，損害賠償，そして履行請求又は追
完請求をすることができます。債務者に帰責事由がない場合であっても，
解除をすることはできます。解除については，改正法541条，542条（催
告解除と無催告解除の条文）で債務者の帰責性は不要とされています。

⑶ 遅滞に陥る時期

確定期限付き債務については，期限が到来した時です。

不確定期限付き債務については，期限が到来した後に履行の請求を受けた時又はその期限の到来したことを知った時のいずれか早い時ですので，期限が到来したら速やかに請求する必要があります。

次に，期限の定めのない債務については，債務者が履行の請求を受けた時であり，現状と変わりません。そして債務が発生すると同時に履行期となり，債権者はいつでも履行の請求ができます。他方，債務者はいつでも，仮に期限があるとしても，期限の利益を放棄して履行することができるということが136条によって可能となるとされています。

期限の定めのない債務等に関連して，消費貸借における期限前弁済の問題について，今回の範囲とは多少ずれますが，念のため触れておきたいと思います。消費貸借において期限前弁済というものは，期限が債務者の側，借主の側の利益として設定されているとして，136条に基づいて期限前弁済ができるというような位置付けになっていたかと思いますが，今回新しく正式に条文ができました。

591条2項で，「借主は，返還の時期の定めの有無にかかわらず，いつでも返還をすることができる」となりました。消費貸借では，特に利息付きの消費貸借において，貸主の側も貸付をしている期間の利息収入があると考えられることから，期限前弁済によって貸主の側が損害を受けるのではないかという議論もあるかと思います。その点については，貸主が請求できる期限前弁済により生じた損害の有無が問題になります。この点についても，591条3項で，「当事者が返還の時期を定めた場合において，貸主は，借主がその時期の前に返還をしたことによって損害を受けたときは，借主に対し，その賠償を請求することができる」という形で明文化されました。

では，この損害はどのように考えられるのかというとき，貸主が特に金融業者などの場合，期限前弁済によって返済を受けた金員を他の貸付先に振り分けができるときには，損害の発生自体が否定される可能性が

あるのではないかという検討がされているところです。また、期限前弁済の後に実際に損害した発生という議論と同時に、消費貸借の場合には期限前弁済に関する違約金条項というものが設けられていることも多いかと思われ、違約金条項との関係でも問題が生じます。

期限前弁済に関する違約金条項について、まず問題になる条文は420条となります。420条は、「当事者は、債務の不履行について損害賠償の額を予定することができる。~~この場合において、裁判所は、その額を増減することができない~~」というものですが、このうち二重線を引いた部分は、今回の改正で削除されることになります。削除されることによって、違約金の金額が大きい場合には裁判所が減額するだろうということは容易に想像できるわけなのですが、では違約金よりも多い損害があるというようなときに、この違約金の金額を増額することができるのかという論点の指摘もされているところではあります。したがって、訴訟手続に入ったときに、増額の請求がされる可能性もゼロではないかと思います。

なお、期限前弁済については、違約金だけではなく、その他の損害賠償の金額のところで争われる可能性は十分にあり得ると思いますので、実質的にどういう意味を持つのかというところまでは分からない面もありますが、違約金条項については、特に消費者金融等の場合を含めて交渉力の格差がある場合には、民法420条、90条、消費者契約法9条、10条に照らした検討が必要ということは現行と変わりがないところです。

2　損害賠償

⑴　条　文

415条は、「債務者がその<u>債務の本旨</u>に従った履行をしないとき又は債務の履行が不能であるときは、債権者は、これによって生じた損害の賠償を請求することができる。ただし、その<u>債務の不履行が契約その他の債務の発生原因及び取引上の社会通念に照らして債務者の責めに帰することができない事由</u>によるものであるときは、この限りでない」という条文に変わります。

2項は,「前項の規定により損害賠償の請求をすることができる場合において,債権者は,次に掲げるときは,債務の履行に代わる損害賠償の請求をすることができる。　一　債務の履行が不能であるとき。　二　債務者がその債務の履行を拒絶する意思を明確に表示したとき。　三　債務が契約によって生じたものである場合において,その契約が解除され,又は債務の不履行による契約の解除権が発生したとき」。この1～3号については後ほど詳しくご説明したいと思います。

(2) 要　件

まず1項の損害賠償の要件です。損害賠償請求においては,これまでとは変わり,「債務不履行に関するルールと,債務者の免責に関するルールが実体法において,異なる次元に属するものであるとの位置づけ」が今回の改正法でされたという説明があります。これは潮見先生の本（潮見佳男著『新債権総論Ⅰ』（信山社出版,2017年）379頁）からほぼそのまま文章を採っています。

確認のため申し上げますと,これまで損害賠償責任というものは,債務不履行と不法行為に対する共通のファンクションという位置付けにされており,行為者,債務者の側に故意又は過失がなければ行為者,債務者の側は損害賠償責任を負わないという建て付けになっていたかと思います。この考え方が今回の改正で変更されるということになります。ではどういう考え方に基づいた条文になっているのかと申しますと,債務者が契約によって債務を負担したという点に着目し,ここにスタートラインが置かれます。債務者が契約によって債務を負担したということは,債務者は債務の内容の実現を自ら引き受けている,ということは債務として負担したことを実現しなかったという点をもって,債務不履行責任を負うということになります。

そうはいいましても,契約の内容に照らしてみたとき,当事者が想定できなかったような事情,あるいは契約の拘束力として正当化できない事情によって債務不履行が生じた場合には,債務者に対して免責を認めるという作りになっています。ですから,それを踏まえて415条1項の

「その債務の不履行が契約その他の債務の発生原因及び取引上の社会通念に照らして債務者の責めに帰することができない事由」は免責事由であって，ここに債務者の主観や故意，過失というものは関わってこないということになります。

　ですから，損害賠償の要件として債務不履行というのは，①債務の本旨に従った履行をしないとき，契約により引き受けた債務の内容の実現を債務者が行わないとき，それから②債務の履行が不能であるときということになります。なお，契約その他の債務の発生原因及び取引上の社会通念に照らして債務者の責めに帰することができない事由によって免責される余地はあります。ただ，ここにも債務者の故意，過失というものは関係してきませんので，ここで過失責任の原則との切断ということがいわれています。

2－1　履行に代わる損害賠償の請求

(1)　要　件

　415条2項の1号により，債務者は，債務の履行が不能であるときには債務の履行に代わる損害賠償の請求をすることができます。このときの履行の不能というのは，契約締結時の履行不能が含まれます。現在は，契約締結時に債務の履行が不能であった場合には，契約そのものが成立しないというような建て付けになっているかと思いますが，412条の2で，「債務の履行が契約その他の債務の発生原因及び取引上の社会通念に照らして不能であるときは，債権者は，その債務の履行を請求することができない。　2　契約に基づく債務の履行がその契約の成立の時に不能であったことは，415条の規定によりその履行の不能によって生じた損害の賠償を請求することを妨げない」という条文が新しく入ります。ですから，契約締結時に履行不能であった場合であっても，その履行に代わる損害賠償をすることができるということになっていきます。これは，現在の考え方とは大きく異なるところですので，契約締結時に履行不能であっても損害賠償をすることができるというところは注意が必要かと思います。

VI 債務不履行・解除，売買

　次に2号として，債務の履行を拒絶する意思の明確な表示というもの
があります。ここでは，当然，この債務の履行を拒絶する意思の明確な
表示があったことというのは，履行に代わる損害賠償を請求する債権者
の側が主張立証責任を負うことになります。では，この債務の履行を拒
絶する意思の明確な表示として，どの程度のものが必要なのかというこ
とが，私ども弁護士には重要になってくるわけですが，この点について
は部会資料で次のような言及がありました。

　「債務者が債権者との交渉の過程で債務の履行を拒絶する趣旨の発言
をしただけでは直ちに要件を満たさず」とありますので，おそらく，交
渉の過程で何か発言しただけでは足りないということなのでしょう。「他
方，債務者が長期間行方不明になった場合などにはその他の事情も考慮
して要件を満たすことがあり得ることを想定している」ということがあ
りますので，実際に行方不明になってしまった場合に，履行に代わる損
害賠償請求をしてどれだけの意味があるのかということは分からないと
ころではありますが，少なくとも損害賠償請求の訴訟なりは起こすこと
ができ，損害賠償請求権の債権としての保全はすることはできるという
ことになるかと思います。

　拒絶の発言だけでは軽く，長期間の不在は場合によっては認められる
という外枠が固まったところで，ではどの程度なのかというところはな
かなかはっきりと書かれているものは少ないかと思いますので，今後の
蓄積によっていくことになるかと思います。

　次に3号ですが，契約による債務について，①解除されたとき，②債
務不履行による解除権の発生が起きたときにも，履行に代わる損害賠償
請求をすることができます。この場合，債務不履行が生じれば債務者の
帰責性は関係なく解除権は発生するわけですので，解除されたときとい
うのはどういうことを想定しているのかといいますと，債務不履行があ
る状況での合意解除が挙げられます。これにより，当事者の合意で解除
をした場合でも415条2項に基づいて履行に代わる損害賠償請求をする
ことができます。あるいは双務契約で当事者双方に債務不履行があると

きに，債権者ではなく債務者による契約の解除がされた場合も例として挙げられています。債務不履行による解除権の発生というのは，法定解除（542条，543条）のことになるかと思います。

⑵　検討過程

以上を踏まえまして，債務不履行が起きて履行に代わる損害賠償を請求しようというとき，考え方の大きな変更があったとしても，具体的な検討過程としては，今とあまり変わらないことになる面の方が大きいかもしれません。

まず，①契約の解釈を経て確定される債務の内容が何か，これは現在でも当然のこととして行われていることになるだろうと思います。ただ，注意が必要になる点があるとすれば，今回の改正で先ほど見たとおり，債務不履行は債務者が契約によって引き受けた債務を実現しないということによって債務不履行になるという位置付けになります。ということは，当然のことながら，契約を締結するときに，これも債務に入れる，これも債務に入れる，これも債務に入れる……ということが起きて，債務者が引き受ける債務の内容が膨大になる可能性がゼロではないという面があります。

この点については，債権法改正の審議なり検討なりがされているときに，繰り返しいろいろな立場の方から指摘がされていたかと思います。特に立場に情報力や拘束力の格差がある場合，強い側が弱い側に対して，「これも入れろ，あれも入れろ」という形で全部債務に入れてしまうということが起きたとき，そのうちの一つでも債務が実現されなかったらすぐ債務不履行になるのかという指摘はされてきました。その場合，どのような行為を債務の不履行として位置付けるのか，あるいは，①契約の解釈を経て確定される債務の内容は何かという段階である程度ふるいにかけるといいますか，今回の条文に入っている「契約その他の債務の発生原因及び取引上の社会通念」という文言を手掛かりに具体的な債務の内容を確定していくという私どもの検討が必要になることがあるかもしれません。

②債務の本旨に従った履行がされているか，これは債務の内容が確定されてしまえば，わりと簡単に検討も終えられるかと思います。

ここで債務不履行の有無が確定された後，③債務の不履行が認められるとして，当該債務の不履行が「契約及び取引上の社会通念に照らして債務者の責めに帰することができない事由」により生じたことを理由として，債務者の免責が認められるか，という免責事由の検討に移ります。先ほどの債務の内容を確定するときは，当然債権者の側から取引上の社会通念というものを見るわけですが，債務者の側に立って免責事由を検討するときにも，取引上の社会通念というものを見ることになります。

以上，①〜③の三つの要件が揃いますと，損害賠償請求ができるということになります。損害賠償請求ができるとして，次に損害賠償の範囲に移りたいと思います。

2-2 損害賠償の範囲

⑴ 条　文

416条1項は，「債務の不履行に対する損害賠償の請求は，これによって通常生ずべき損害の賠償をさせることをその目的とする」であり，これは今と変わりがありません。2項は，「特別の事情によって生じた損害であっても，当事者がその事情を予見すべきであったときは，債権者は，その賠償を請求することができる」ですが，現在の判例なり実務を明文化したものと位置付けられています。

⑵ 「予見することができた」を「予見すべき」に改めた

ただ，「予見することができた」という文言を「予見すべき」に改めたことによって，予見可能性の判断について事実的なものではなく規範的なものであることを明らかにしたといえます。「契約の締結後に債権者が債務者に対してある特別の事情が存在することを告げさえすれば，その特別な事情によって生じた損害が全て賠償の範囲に含まれるというのではなく，債務者が予見すべきであったと規範的に評価される特別の事情によって通常生ずべき損害のみが賠償の範囲に含まれると解釈することが可能となる。同様の帰結を導く他の解釈を否定する趣旨ではない」

第2　債務不履行

（部会資料79-3　12頁）ということが言及されています。規範的な評価ということになりますと，当然特別これは予見すべきであったというところまでの立証が必要になってくるということになり，請求する側は特別損害を請求するときの立証の対象が増えるということが暗に描かれているようになりますので，その点ご留意ください。

3　追完請求

(1)　条　文

損害賠償請求は債務の不履行が起きたときにその金銭賠償を求めることになりますが，追完請求はその名のとおり追完の請求を求めるということになります。追完請求権には一般規定はありませんが，売買の箇所で，契約の内容に適合しない履行した売主に対する買主の追完請求権を定めた規定を設けました。これについては，潮見佳男教授より「売買の箇所に定められた追完請求権の規律は，契約の有償性に注目して定められたものではなく，むしろ，契約の内容に適合しない給付を受けた債権者に対して不適合を追完するための手段として定められたものである。」「そうであれば，売買の箇所で定められた買主の追完請求権の規律は，債務者のした履行が債務の内容に適合していなかったすべての場合に債権者に与えられる救済手段としての追完請求権にも等しく妥当するものであり，かつ，民法の制度，規律の体系的一貫性を維持するうえでも，売買における追完請求権の規律の基礎に据えられた規範の枠組みは，追完請求権一般に関しても等しく妥当すべきものである」（潮見・前掲書331頁）との指摘がされています。ここまでのことが条文から読み取れるかというと，なかなか微妙なところもあるのですが，今後追完請求権というのはこの辺りを手掛かりに広く使われていく可能性があるということが指摘できるかと思います。

条文としては562条になり，この条文は，ご存じのとおり売買のところで瑕疵担保責任を規定していたものです。瑕疵担保責任についても今回大きく考え方が変わり，その結果，条文が次のように改正されることになりました。1項は，「引き渡された目的物が種類，<u>品質又は数量</u>

VI 債務不履行・解除，売買

に関して契約の内容に適合しないものであるときは，買主は，売主に対し，<u>目的物の修補，代替物の引渡し又は不足分の引渡しによる履行の追完を請求することができる</u>。ただし，売主は，買主に不相当な負担を課するものでないときは，買主が請求した方法と異なる方法による履行の追完をすることができる」。このただし書については後ほど触れますが，売主の追完権を認めたものなのかという疑問が示されています。

2項は，「前項の不適合が買主の責めに帰すべき事由によるものであるときは，買主は，同項の規定による履行の追完の請求をすることができない」。これは現在の条文と変わりなく，買主に帰責事由がある場合，追完請求はできないということを定めたものです。

564条は，買主の損害賠償請求及び解除権の行使です。「前2条の規定は，第415条の規定による損害賠償の請求並びに第541条及び第542条の規定による解除権の行使を妨げない」とあります。これも大きな変更はないかと思われます。

566条は，「売主が種類又は品質に関して契約の内容に適合しない目的物を買主に引き渡した場合において，買主がその不適合を知った時から1年以内にその旨を売主に通知しないときは，買主は，その不適合を理由として，履行の追完の請求，代金の減額の請求，損害賠償の請求及び契約の解除をすることができない。ただし，売主が引渡しの時にその不適合を知り，又は重大な過失により知らなかったときは，この限りでない」。これは内容としては変化していますが，追完請求権の期間制限ということで，現行の条文にあるものと大きな差はない規律となっています。

559条の有償契約への準用も変わりはありません。「この節の規定は，売買以外の有償契約について準用する。ただし，その有償契約の性質がこれを許さないときは，この限りでない」とあります。この点を踏まえて，先ほどの潮見先生の書籍の引用を見ますと，売買の箇所に定められた追完請求権の規律は契約の有償性に注目して定められたものではないとされていますので，有償契約ではないことについての相談を受けたと

き，どのように使っていかれるのか，あるいはどのような事例が作られていくのか，そういった事例を作ることが可能なほどに強い指摘なのかということは今後も注意が必要かなと思います。

⑵　民法562条の意義

ア　追完請求権に関する特則

具体的な追完内容の明示，第一次的な指定は買主が行います。目的物が種類，品質，数量に関して契約の内容に適合しないとき，買主は売主に対して三つの種類の追完を請求することができます。①目的物の修補，②代替物の引渡し，③不足分の引渡しによる履行の追完であり，当然といえば当然なのですが，このように三つが具体的に明示されることになりましたので，今後は追完請求をするときには，請求しようとしている追完がこの三つのうちのどれに該当するのかということははっきり分かるように指定する必要があります。ですから逆にいうと，売主の側は，この三つのいずれかに該当するということの明示がないまま追完を求められたときにどのような対応をすることができるのかというのは，もしかしたら問題になるかもしれません。今，具体的にそれがどういう場面なのかということがあるわけではないのですが，そういう相談がされる可能性はあるかと思っております。

これについては，売主は，買主に不相当な負担を課するものではないときは，買主が請求した方法と異なる方法による履行の追完をすることができます。これがどの程度の権利を定めたものであるのかという点については，下記⑶でご説明するとおりです。

イ　請負における修補請求

今回，売買のところで瑕疵担保責任が大きく変わったことと同時に，請負における修補請求が削除されることになっています。したがって，これまで請負における修補請求は634条が適用されていたところ，売買の今の条文でカバーされることになっていきます。634条が削除されることによって562条が請負にまで広がっていくということです。請負の目的物の契約の不適合を理由とする注文者の追完請求権にも，①目

的物の修補，②代替物の引渡し，③不足分の引渡しのいずれかが適用されます。現行法634条では，「仕事の目的物に瑕疵があるときは，注文者は，請負人に対し，相当の期間を定めて，その瑕疵の修補を請求することができる。……2　注文者は，瑕疵の修補に代えて，又はその修補とともに，損害賠償の請求をすることができる」とありますが，改正後の民法636条を踏まえて，債務の内容が何なのかということも，請負においてもはっきり確定される必要が出てくるということになります。

⑶　**参　考**

　ここは今後予想される論点の指摘と申しましょうか，今日この段階ではこれという特定の答えはないと認識しておりますが，こういった点が今後問題になっていくかもしれないということの指摘です。

ア　買主は指定した方法以外による売主の追完を拒否することができるか

　例えば，買主が目的物の修補を求めたが，売主が代替物の引渡しによる追完を申し出たとき。これはよくありそうなパターンだと思います。パソコンにしても何にしても，代替品があるので不具合を修理するよりは代替品を引き渡したいという場合，買主に大きな負担をかけるものではないということで売主がその方法を申し出たときに，買主はこれを拒否することができるかどうかというのは，この条文からだけでははっきりしない点も残っているかと思います。これが仮に売主の追完権という権利として認められたものであるのかどうかというところに関係してくるかと思います。

イ　売主の追完権

　これが562条1項ただし書の部分です。これについて，買主からの追完請求の有り無しを問わず，売主の追完権と考える方が分かりやすいという指摘が学者の先生からされてもいます。他方，買主が追完請求していない場面，あるいは買主が追完の方法を指示していない場面において，売主の追完権を定めたにとどまるか，という趣旨の指摘もあります。売主が追完をすれば，そこに不具合，契約の不適合というものはなかった

ということになりますので，買主の側は，その不適合を理由とする損害賠償請求なり代金減額請求なりをすることができなくなるという結論につながっていきます。仮に契約の不適合があって，買主が損害賠償請求なり代金の減額請求なりをしたいと考え，その前提で追完請求をしない，あるいは追完方法を指示しないという場面において，売主が自由に追完することができるとすれば，買主の側は自分が予定していた請求ができなくなるということにもつながっていきます。この場面において，売主の権利として認められたものか，ということは今後検討がされていくことになるかと思います。

第3 解 除

1 解 除

以上が，損害賠償の範囲，それから追完請求を定めたことによって債務の不履行が生じたときには，債務の処理が改正民法下ではこのようにされていくということの整理です。同時に，債務の不履行が生ずると，債権者の側は解除権を持つことになります。解除権は債務者の帰責性が不要ですので，債務の不履行により解除権が発生して契約の処理はそちらに委ねられます。

(1) 条 文

540条の解除権の行使，544条の解除権の不可分性については，従前と変わりありません。

545条3項は，「第1項本文の場合において，金銭以外の物を返還するときは，その受領の時以後に生じた果実をも返還しなければならない」。この3項が新しく明文として設けられたものとなります。ただし，これは金銭以外の物，当然何らか動産だったり不動産だったりということになりますが，その受領後に生じた果実，使用利益等を返還しなければならないということについては，これまでの判例実務を明文化したものということで，大きな変更はありません。4項についても大きな変更はありません。

205
Chap. Ⅵ

VI 債務不履行・解除，売買

⑵ 解除の位置付け

ア 改正前の民法下における伝統的な立場

解除は，債務不履行をした債務者に対する責任追及の手段として位置付けられていました。そのため，帰責事由，債務者の帰責性が必要とされていました。そのことはもうご存じだと思いますが，念のため確認として543条です。

「履行の全部又は一部が不能となったときは，債権者は，契約の解除をすることができる。ただし，その債務の不履行が債務者の責めに帰することができない事由によるものであるときは，この限りでない」ということで，債務者の帰責性が必要とされていたわけです。

イ 改正民法下における立場（潮見・前掲書556頁）

解除というものは債権者を契約の拘束力から解放するための制度として位置付けられています。そのため，債務者に帰責事由があったかどうかということは問題とされません。契約の拘束力から解放する制度，強力な手段として債権者に与えられることになりますので，契約の拘束力から離脱させる必要性がこの制度を正当化するための要件として必要になり，重大な契約違反，重大な不履行が必要になるとされています。債務不履行が重大な場合には，契約を解除して，契約から離脱することができます。反対に，そこまで重大な債務の不履行ではない，契約違反ではない場合には解除権は発生せず，損害賠償その他の救済手段で満足すべきという建て付けになります。ですから，債務者の帰責性は不要となるのですが，債務の不履行そのものがこの契約において重大なものであったかどうかという点は大きなウェイトを占めていくことになります。

1－1 催告解除（潮見・前掲書558頁）

⑴ 条 文

解除についても，大きく催告解除と無催告解除というものが設けられています。まず，催告解除の条文を確認したいと思います。541条は，「当事者の一方がその債務を履行しない場合において，相手方が相当の期間

を定めてその履行の催告をし，その期間内に履行がないときは，相手方は，契約の解除をすることができる。ただし，その期間を経過した時における債務の不履行がその契約及び取引上の社会通念に照らして軽微であるときは，この限りでない」。

543条の債権者の責めに帰すべき事由による場合は，「債務の不履行が債権者の責めに帰すべき事由によるものであるときは，債権者は，前2条の規定による契約を解除することができない」。541条の催告による解除は，債務の履行がされないときに，相当の期間を定めて履行の催告をしてそれでも履行がない場合には原則として解除することができるというのが本文ですが，ただし書があります。これをどのように解釈すべきかという点については，以下になります。

(2) 原 則

債務者が債務を履行しない場合，債権者が債務者に対して催告をしたにもかかわらず履行がされないときは，債務不履行によって債権者が契約を維持する利益ないし期待を失っているという前提で，契約の目的の達成が依然として可能であるか否かに関係なく債権者をその当該契約の下に拘束しておくことが，当該債務不履行を受けた債権者にとってもはや合理的な期待をすることができないということで契約を解除することができます。

(3) 例 外

ただし，契約を維持することについて，債権者の利益が失われたとまではいえない場合は，解除は認められません。

①違反された義務自体が契約全体から見て軽微な場合です。これは判例等で契約解除が認められなかった事例です。改正民法下での解除は要件が変わりますが，付随義務の不履行だったり引渡しに際しての不注意だったり，そういった付随的な義務の違反から見ての不履行だけでは本体の契約を解除することができないという判例の立場を明文化したものといえます（部会資料79-3　13頁，大判昭和14年12月13日判決全集7輯4号10頁，最判昭和36年11月21日民集15巻10号2507頁）。

②義務違反の態様が軽微な場合にも契約の解除は認められません。これについても判例を明文化したものといわれています。そうすると，義務違反が軽微な場合，義務全体が軽微な場合，義務違反の態様が軽微な場合は，現在でも解除は認められないということになるのですが，その場合には履行の遅延についての損害賠償請求をすることになります。

契約の解除が認められなくて損害賠償の請求をするということになりますと，当然遅延賠償，遅延損害についての損害賠償請求をするということになります。その一歩先に進んで，特別損害について請求できるかという論点が出てきた場合には，先ほどの規範的要件に変わったという点が関係してくるということになります。

1－2　無催告解除（潮見・前掲書558頁）

⑴　条　文

条文が少し長いのですが，あまりじっくりお読みになる機会も少ないかと思いますので，一度確認したいと思います。

542条は，「次に掲げる場合には，債権者は，前条の催告をすることなく，直ちに契約の解除をすることができる。　一　債務の全部の履行が不能であるとき。　二　債務者がその債務の全部の履行を拒絶する意思を明確に表示したとき。　三　債務の一部の履行が不能である場合又は債務者がその債務の一部の履行を拒絶する意思を明確に表示した場合において，残存する部分のみでは契約をした目的を達することができないとき。　四　契約の性質又は当事者の意思表示により，特定の日時又は一定の期間内に履行をしなければ契約をした目的を達成することができない場合において，債務者が履行しないでその時期を経過したとき。

五　前各号に掲げる場合のほか，債務者がその債務の履行をせず，債権者が前条の催告をしても契約をした目的を達するのに足りる履行がされる見込みがないことが明らかであるとき」ということが設けられています。このうち4号は，現在の条文と同じです。

1号の「債務の全部の履行が不能であるとき」は，非常に分かりやす

いかと思います。

2号の「債務者がその債務の全部の履行を拒絶する意思を明確に表示したとき」は，先ほどの履行に代わる損害賠償請求のところでも，「債務者がその債務の履行を拒絶する意思を明確に表示したとき」には，「債務の履行に代わる損害賠償の請求をすることができる」として出てきた文言と同じということになります。ですから，履行に代わる損害賠償請求の部会資料の部分でありますが，話し合いの中，交渉の過程で履行しないということを言っただけでは足りないが，もう長期間行方不明だったということや，その他関連する事情を踏まえて履行を拒絶する意思が明確に表示されているといえる場合には，解除権が発生すると考えられるかと思います。もちろんここで，拒絶する意思を明確に表示というのは，解除する側が当然主張立証することになりますので，解除したい側としては，こまめに連絡をしたが返事が来ない，あるいは内容証明郵便等を使って配達がされない等の事実を細かく積み上げていく必要がある場面が出てくるかもしれません。

3号は，「債務の一部の履行が不能である場合又は債務者がその債務の一部の履行を拒絶する意思を明確に表示した場合において，残存する部分のみでは契約をした目的を達することができない」，すなわち一部の履行不能，一部の履行拒絶の場合です。この場合にも無催告解除が認められるということになります。一部の履行不能，一部の履行拒絶であっても，契約全体の無催告解除が認められる場合があるということです。ただ，当然主張立証責任は解除する側にありますので，その前提として契約の解釈のところにまた戻っていくということになります。

4号は今と変わりません。

5号は，「債権者が前条の催告をしても契約をした目的を達するのに足りる履行がされる見込みがないことが明らかであるとき」です。今読んでいて非常にややこしいとお感じになられた先生方も多いかと思いますが，明文上の要件としては，契約をした目的を達するに足りる履行がまず何なのかということを確定させ，それがされる見込みがないことが

明らかということです。2号なり3号なり，契約の債務の一部履行をしない，拒絶する意思を明確に表示したときとは別の項目建てとなっていますので，債務者の側の意思表示が主張立証できるときには，2号，3号でいくことができます。意思表示はないけれども履行される見込みがないときが5号に入ってくると整理いただければよろしいかと思います。

2項柱書は，「次に掲げる場合には，債権者は，前条の催告をすることなく，直ちに契約の一部の解除をすることができる」。これは1項の契約の解除と似ているところがあります。以下各号は，「一　債務の一部の履行が不能であるとき。　二　債務者がその債務の一部の履行を拒絶する意思を明確に表示したとき」。重複するので説明は省きますが，一部履行の場合には，契約の一部であっても解除することができるということになります。

543条は特に変更はありません。

今読み上げましたとおり，542条の催告によらない解除というのは，1号から5号まであることで，これらのうち4号は今まであったものと同じなわけですが，その他については今後いろいろな事例が入っていくことになるかと思います。

(2) 原　則

そのときの基本的な考え方としては，債務不履行の結果として契約目的の達成が不可能となったため，当該債務不履行により債権者が契約を維持する利益，期待を失っているといえる場合には，無催告解除として契約債権者を当該契約の下に拘束しておくことが当該債務不履行を受けた債権者にとっても，もはや合理的に見て期待することができないという事態であるとして無催告解除が認められます。

(3) 例　外

例外として，543条により，債務の不履行が債権者の責めに帰すべき事由によるものであるときには契約の解除をすることができないということになります。

1－3　代金減額請求権

⑴　条　文

売買のところに設けられているという点は変わりありません。まず条文を読み上げたいと思います。

563条1項は、「前条第1項本文に規定する場合において〔＝引き渡された目的物が契約の内容に適合しないものであるとき〕、買主が相当の期間を定めて履行の追完の催告をし、その期間内に履行の追完がないときは、買主は、その不適合の程度に応じて代金の減額を請求することができる」。

2項柱書は、「前項の規定にかかわらず、次に掲げる場合には、買主は、同項の催告をすることなく、直ちに代金の減額を請求することができる」。代金減額請求権は、先ほど確認した催告解除と無催告解除と同様の構成になっているということがお分かりいただけるかと思います。1項では契約の内容に適合しない目的物が引き渡された場合には、相当の期間を定めて履行の追完を催告して、その期間内に追完履行がない場合には、不適合の程度に応じて代金の減額を請求することができます。ただし2項で、次の場合には催告することなく直ちに代金の減額を請求することができます。この2項の1号から4号までというのは、先ほど確認した内容と非常に似ています。

「一　履行の追完が不能であるとき。　二　売主が履行の追完を拒絶する意思を明確に表示したとき。　三　契約の性質又は当事者の意思表示により、特定の日時又は一定の期間内に履行をしなければ契約をした目的を達することができない場合において、売主が履行の追完をしないでその時期を経過したとき。　四　前3号に掲げる場合のほか、買主が前項の催告をしても履行の追完を受ける見込みがないことが明らかであるとき」。

なお、3項は買主に帰責事由があるときは請求できないということが書いてあります。

⑵　効　果

効果としては当然代金の一部減額ということになって、改めて説明す

るまでもありませんが，代金という売買契約で見れば，その要素の一部解除ということになっていくかと思います。この代金減額請求権は559条を介して有償契約に準用されています。ですから，今後も代金減額請求権は有償契約に使われていくという前提で見たときに，1項に該当する場合には履行の追完の催告をして，相当期間に履行の追完がない場合には，不適合の程度に応じて代金の減額を請求することができます。2項に該当する場合には，履行の追完不能等の事情によるものですので，直ちに減額の請求をすることができます。

先ほどの催告解除・無催告解除との大きな違いとしては，軽微性の抗弁がないという点を指摘できます。催告解除の場合には，債務の不履行が契約及び取引上の社会通念に照らして軽微であるときは解除することができないとありましたし，無催告解除についても，履行の全部不能や，履行の不能を拒絶する意思を明確に表示したとき等，やはり債務の不履行についての重大性が入っていました。代金減額請求権は，こういった債務不履行の程度が軽微であることによる抗弁のようなものがありませんので，契約に不適合なものがあって，追完の請求をしたが追完されないような場合には減額の請求をすることができます。ここが催告解除・無催告解除との違いになってくるかと思われます。

1－4　参考　売買における目的物の契約不適合の場合

以上を踏まえて，売買契約において目的物の契約不適合があった場合，どのような対応ができるかということを整理してみます。

①債務不履行によって契約の目的を達成することができないという場合には，542条1項5号によって，無催告解除をすることができるということになります。

次に，②債務不履行によって契約目的を達成することができないわけでもないという場合には，541条により催告解除をすることになります。ただし，債権者の側が相当期間を定めて催告をしている間に債務者が履行をすれば，解除はなしということになります。また，それ以外にも，債務者が遅延賠償を含めて賠償した場合は，解除権は消滅します。反対

に，債務者が債務の履行を確定的に拒絶した場合には，催告期間の経過を待たずに無催告解除をすることが可能になるという整理になってきます。

次に，③（債務の不履行とまではいえないが）目的物が契約の内容に適合しないものであるときには，563条により代金の減額請求をしていくということになるかと思われます。

1−5 その他

⑴ 解除権の発生障害事由　同時履行の抗弁権

ここは簡単に見ていただければよろしいかと思います。同時履行の抗弁権は今と変わりません。存在効果説の解釈にも大きな変更はありませんでした。したがって，現在の通説どおり履行の提供が必要となります。

⑵ 債権者に帰責事由があるとき

債務者は反対債務の履行を請求することができるということになりますが，債務者は自己の債務を免れたことにより利益を得たときは，債権者に償還するということになります。

2　補足　危険負担

危険負担は，今回の「債務不履行・解除，売買」の中には入っていませんが，今日で講座が最後となりますので，ここで言及することといたします。

2−1　債務者の危険負担

双務契約において，債務者に帰責事由なく全部が履行不能となった場合，債権者は，契約を解除することができます（542条1項1号）。先ほど確認した無催告解除の条文です。では，債権者が解除できない等の事情により契約が存続する場合，債権者は反対債務の履行を拒絶することができるのかという問題が出てきます。

債権者が契約を解除することができない場合というのは，例えば債権者の側が複数いる場合，544条で解除権の不可分性から1人だけでは解除することができないということがあり得ます。自分に解除権が発生しているので，「私は解除したい」と言っても他の人がしないという場合

213

Chap.**Ⅵ**

には契約を解除することができないというケースがまず想定される一つです。

　二つ目としては，解除は意思表示が到達した時に効果が発生するという整理については変更されていません。ただ，東日本大震災のような大災害のときに，意思表示の到達というものが機能しなくなってしまう場合，解除が成立しないので，その場合に危険負担で処理をするということになっていきます。

⑴　条　文

　536条1項は，「当事者双方の責めに帰することができない事由によって債務を履行することができなくなったときは，債権者は，反対給付の履行を拒むことができる」。2項は，「債権者の責めに帰すべき事由によって債務を履行することができなくなったときは，債権者は，反対給付の履行を拒むことができない。この場合において，債務者は，自己の債務を免れたことによって利益を得たときは，これを債権者に償還しなければならない」。危険負担の条文は大きく変わりますが，債権者の側の履行拒絶権としての位置付けだということでご理解いただければよいかと思います。536条1項が重要だと思います。

⑵　原　則

　債権者は反対給付の履行を拒絶することができます。債権者は，①債務者の負担する債務が履行不能であること，②反対債務の履行を拒絶するとの主張（権利主張）が必要になります。これは明確な主張が必要という点は注意が必要かもしれません。債務者が反対給付の履行を求める訴訟を提起した場合，債権者が危険負担に基づいて反対給付の拒絶を主張する場合，債務者の請求棄却の判決となります。この場合には，536条に基づいて，債務が履行不能であることの主張立証とともに，反対債務の履行を拒絶するという主張をすることになります。

　債権者の側が同時履行の抗弁権を主張する場合は，今までどおり引換給付の判決となります。結論において異なってきますのでご留意ください。

第3 解除

⑶ 例 外

　債権者の反対給付の履行を拒絶することができないのは，①債権者の責めに帰すべき事由によって履行不能が生じた場合（536条2項），②受領遅滞が生じた後に債務者の責めに帰することができない事由による履行不能（413条の2第2項）です。

2－2　目的物の滅失等についての危険の移転

　これが今までのいわゆる危険負担の条文だったかもしれません。目的物の滅失等についての危険の移転は567条で，売買の箇所に規定されています。

⑴ 条 文

　1項は，「売主が買主に目的物（売買の目的として特定したものに限る。以下この条において同じ。）を引き渡した場合において，その引渡しがあった時以後にその目的物が当事者双方の責めに帰することができない事由によって滅失し，又は損傷したときは，買主は，その滅失又は損傷を理由として，履行の追完の請求，代金の減額の請求，損害賠償の請求及び契約の解除をすることができない。この場合において，買主は，代金の支払を拒むことができない」。これが目的物の引渡しによって危険が移転するという従前からの危険負担を定めたことになるかと思われます。

　2項は，「売主が契約の内容に適合する目的物をもって，その引渡しの債務の履行を提供したにもかかわらず，買主がその履行を受けることを拒み，又は受けることができない場合において，その履行の提供があった時以後に当事者双方の責めに帰することができない事由によってその目的物が滅失し，又は損傷したときも，前項と同様とする」。

⑵ 効 果

　目的物の引渡し後における当事者双方の責めに帰することができない事由による滅失等については，買主の負担となります。債務者の履行提供後についても買主の負担となります。これは今と変わらない規律となりますが，規定する条文が変わってきますので，ここはご注意いただければと思います。

215

Chap.Ⅵ

VI 債務不履行・解除，売買

　以上で，債務不履行，履行遅滞，損害賠償，解除，危険負担の整理は終わります。

　損害賠償については，債務の不履行があったときに損害賠償することができ，また，履行に代わる損害賠償をすることができるということになり，契約の解除については，債務の不履行があれば，債務者の帰責性なく契約の解除をすることができるという建て付けになりました。ただし，契約の解除については，契約の目的を達成することができないほど重大なのかどうかという点が大きく影響してくるという面が契約責任説からの帰結ということになってくるかと思います。契約責任説はもうご存じのとおり，債務の内容を実現しないことを理由として債務者の損害賠償責任が求められるということになります。

　瑕疵担保責任においても同様の議論が当てはまるところがあり，従前は法定責任説として瑕疵という概念がありましたが，今後は瑕疵という概念は少なくとも言葉からはなくなり，契約不適合という言葉で判断されていくことになります。これも契約責任説からの帰結ということになりますので，目的物のどこが契約に不適合なのか，契約で決めたことはどこからどこまでなのか，契約で決めた目的物の品質あるいは種類というものは何なのかということは，今まで以上に合意が重要になってくる面があります。

　合意となれば契約書を作成するということになります。当然，契約書を作成する場合には，債権者の側は，債務者の側に実現してほしい債務の内容を書き込んでいくということになります。そこで細かいことまで書き込めば書き込むほど，当然債権者の側には有利になっていくだろうと思われます。ただ一方で，その契約というものが当事者の合意だけでどこまで確定されるのかというところは，社会通念なり取引上の社会通念という言葉だったり，その契約に至るやり取りだったり経緯だったりというものが，合意の内容の確定に影響してくるということはあり得るかと思われます。契約の内容で，細かいところを書き込んで，例えば交渉力が弱い側が多くの債務を負担することになった場合，その全部の履

行が求められるかどうかということについては，まだ分からない点があるだろうと思います。

瑕疵担保についても，法定責任説からということで，抽象的にこの程度は目的物の性能として求められるべきというような判断がされていたところから，契約の内容，契約の目的物としての不適合という言葉に変わりましたので，いってみれば今までいわれていた中古自動車の販売といったことを含めて対象が変わっていくということはあり得ます。

契約の際に，この物でよいということで合意されていれば，それはそれでよいとなってしまう可能性もあり得ます。契約の際，車を一目見て問題なくそれでよいと思ったものの，買ってみたら細かい不具合があったというとき，契約の目的物としてこれと合意をしたから一切請求できないのかといった点が問題になる場合があると思います。その場合には，取引上の社会通念といった辺りで請求していくことはあり得るのかなということはあります。ですから，契約責任説というものがベースになり債務者が引き受けたものの実現ということに寄ってはきていますが，その外枠というものがかかってきていますので，そこは今後注意していくことになるかなと思います。

また，損害賠償の特別損害のところについても，事実ではなくて予見可能性まで主張立証が必要になるというような要件の規範化というものがされましたので，例えば今後数年の間に裁判実務が大きく変わるということがあるのかどうか分かりませんが，長い目で見ていけば，文言が変わったことによる影響は出てくる可能性があるかもしれません。規範的要件になったということは，当然，評価根拠事実なり何なりで争っていくことになるわけであり，その意味では立証の対象が広がったということになるかもしれません。

解除については，無催告解除が明文で設けられましたので，重大な違反がある場合には，契約の中に無催告解除の条項がなかったとしても無催告解除ができるということになります。無催告解除が認められる場合にはそれはそれでよいのですが，契約自体の解除はしたくないので代金

VI 債務不履行・解除，売買

減額請求でというときには，先ほど申し上げましたとおり，軽微性の抗弁というものがありませんので軽微性を気にせずに請求することはできます。では減額の幅がいくらなのかということは，それ以上のことは明確に決められていませんので，軽微性の抗弁がないという点はメリットとして手続を進めていくことになるのかと思います。

危険負担については，今申し上げましたとおり，役割がまるで変わるということになりました。危険負担については，ご存じの先生方もいらっしゃるかと思いますが，債務不履行に一元化してもう危険負担はなくそうというものなどいろいろな議論がされた結果，最終的には解除と危険負担の両方が残るということになりました。解除は債務者の帰責性に関係なく債務不履行があったという事実で認められ，その場合に危険負担が残るというときに，どのような棲み分けをするのかという議論がされた結果，先ほどご説明したような危険負担の位置付けになりました。危険負担は，債権者の側に解除権は発生しているが解除できないというときの履行拒絶権となっていますので，繰り返しとなって恐縮ですがご留意ください。

従前からの危険負担，いわゆる目的物の滅失などの負担については，誰が負うのかということの規律は売買契約のところに移動しましたので，条文の位置をご注意ください。売買に移ったということは，契約の各論の方に条文としては移動したわけなのですが，売買については有償契約に準用されていますので，賃貸借などにも準用されていきます。強いていえば，有償契約ではない契約に危険負担の問題が生ずる場合があるとすれば，そのときにはまた別途検討が必要になってくる可能性もあるかと思います。

追完請求権というものが今回明確に決められたわけなのですが，これについては履行不能があった場合の請求方法が3種類に決められたという点が大きいです。この3種類というものが実務上どこまで重要になってくるのかということはありますが，買主の側からすれば，この指定をしなければいけないということがあります。また，追完請求を買主の側

がした場合に，売主の側がそれとは異なる形での追完を申し出たとき買主がこれを拒否できるのかなど，先ほどの繰り返しになりますが，買主の側が追完請求をしない，あるいは追完の方法を指定しないときに，売主の側が積極的に追完をできるのか，これが売主の側の追完権として定めたものなのかということは今後検討が続けられる可能性はあるかと思います。

　私どもというのは，当然，買主の側にも売主の側にも立つことがあるわけで，それぞれの立場に立って訴訟になる場合には相当な対立があるだろうと思いますが，その時々の事情によっていろいろな事例が積み重ねられていくこともある領域かと思います。

第4　売　買

1　手　付

　557条1項は，「買主が売主に手付を交付したときは，買主はその手付を放棄し，売主はその倍額を現実に提供して，契約の解除をすることができる。ただし，その相手方が契約の履行に着手した後は，この限りでない」。2項は，「第545条第4項の規定は，前項の場合には，適用しない」。これは読んだままで，現行とそれほど変わりはないと思います。

2　他人物売買

　560条は，権利移転の対抗要件に係る売主の義務ということで，「売主は，買主に対し，登記，登録その他の売買の目的である権利の移転についての対抗要件を備えさせる義務を負う」。これは今回明文で新たに規定されたものとなります。

　561条は，他人の権利の売買における売主の義務で，「他人の権利（権利の一部が他人に属する場合におけるその権利の一部を含む。）を売買の目的としたときは，売主は，その権利を取得して買主に移転する義務を負う」。

　565条は，「前3条の規定は，売主が買主に移転した権利が契約の内容に適合しないものである場合（権利の一部が他人に属する場合において

その権利の一部を移転しないときを含む。）について準用する」。

572条は，担保責任を負わない旨の特約ですが，「売主は，第562条第1項本文又は第565条に規定する場合における担保の責任を負わない旨の特約をしたときであっても，知りながら告げなかった事実及び自ら第三者のために設定し又は第三者に譲り渡した権利については，その責任を免れることができない」。この点も現行と大きく変わるところはありません。

3 競売における担保責任

568条1項は，「民事執行法その他の法律の規定に基づく競売（以下この条において単に「競売」という。）における買受人は，第541条及び第542条の規定並びに第563条（第565条において準用する場合を含む。）の規定により，債務者に対し，契約の解除をし，又は代金の減額を請求することができる」。2項は，「前項の場合において，債務者が無資力であるときは，買受人は，代金の配当を受けた債権者に対し，その代金の全部又は一部の返還を請求することができる」。3項は，「前2項の場合において，債務者が物若しくは権利の不存在を知りながら申し出なかったとき，又は債権者がこれを知りながら競売を請求したときは，買受人は，これらの者に対し，損害賠償の請求をすることができる」。4項は少し変わっています。「前3項の規定は，競売の目的物の種類又は品質に関する不適合については，適用しない」。

4 抵当権がある場合の買主による費用償還請求

570条は，「買い受けた不動産について契約の内容に適合しない先取特権，質権又は抵当権が存していた場合において，買主が費用を支出してその不動産の所有権を保存したときは，買主は，売主に対し，その費用の償還を請求することができる」。

5 買主による代金の支払の拒絶

576条は下線部が加わっています。「売買の目的について権利を主張する者があることその他の事由により，買主がその買い受けた権利の全部若しくは一部を取得することができず，又は失うおそれがあるときは，

買主は，その危険の程度に応じて，代金の全部又は一部の支払を拒むことができる。ただし，売主が相当の担保を供したときは，この限りでない」。

577条1項は一部文言の変更がされます。「買い受けた不動産について契約の内容に適合しない抵当権の登記があるときは，買主は，抵当権消滅請求の手続が終わるまで，その代金の支払を拒むことができる」。2項は，「前項の規定は，買い受けた不動産について契約の内容に適合しない先取特権又は質権の登記がある場合について準用する」。

6 買戻し

581条は買戻しの特約の対抗力です。1項は，「売買契約と同時に買戻しの特約を登記したときは，買戻しは，第三者に対抗することができる」。2項は，「前項の登記がされた後に第605条の2第1項に規定する対抗要件を備えた賃借人の権利は，その残存期間中1年を超えない期間に限り，売主に対抗することができる。ただし，売主を害する目的で賃貸借をしたときは，この限りでない」。

売買で重要なのは，先ほどの代金減額請求権や目的物の危険，滅失についての危険の移転，追完請求権の条文ですので，前に取り出してご説明しました。

第5 附 則

以上が今回の主となる内容なのですが，改正の附則についても念のためお伝えしたいと思います。改正附則でいつから何が適用になるかということが定められているわけですが，17条で債務不履行責任に関する経過措置というものが定められており，「施行日前に債務が生じた場合（施行日以降に債務が生じた場合であって，その原因である法律行為が施行日前にされたときを含む。……）……については，……なお従前の例による」とされています。

ですから，施行日前に生じた債務や，施行日以降に債務が生じた場合であっても原因である法律行為が施行日前になされたものであるとき

は，損害賠償はなお今の規律によるということになります。細かいことをいえば，特別事情の規範的要件等は関係してきません。

次に，解除が債務者の帰責性が不要になりますので，これがいつからなのかということがあります。これは改正附則32条に規定されています。「施行日前に契約が締結された場合におけるその契約の解除については，……なお従前の例による」とありますので，施行日前に締結された契約についての解除については，依然として債権者の帰責性が必要になるということになりますのでご注意ください。施行日を過ぎたからといって，全てが今の新しい債務不履行あるいは解除に関する規律になるということではないということです。ですから，債務の発生時期あるいは契約締結時期に注意をして検討いただければと思います。

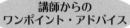
**講師からの
ワンポイント・アドバイス**

債務不履行，解除，危険負担は，重要な改正項目にあたります。新たな裁判例の蓄積により更なる発展が期待される領域だと思われますので，基本的な考え方のおさらいを行い，1つひとつの事件においてどのような解釈がされるべきなのかを丁寧に検討することが，その事案の解決にも将来における判例法理の形成に向けても必要となるでしょう。

○民法の一部を改正する法律新旧対照条文（抄）

資　料

○民法の一部を改正する法律新旧対照条文（抄）

（傍線部分は改正部分）

改　正　法	現　行　法
（心裡留保） **第93条**　意思表示は、表意者がその真意ではないことを知ってしたときであっても、そのためにその効力を妨げられない。ただし、相手方が<u>その意思表示が表意者の真意ではないことを知り、又は知ること</u>ができたときは、その意思表示は、無効とする。 <u>2　前項ただし書の規定による意思表示の無効は、善意の第三者に対抗することができない。</u>	（心裡留保） **第93条**　意思表示は、表意者がその真意ではないことを知ってしたときであっても、そのためにその効力を妨げられない。ただし、相手方が<u>表意者の真意</u>を知り、又は知ることができたときは、その意思表示は、無効とする。 （新設）
（錯誤） **第95条**　意思表示は、<u>次に掲げる錯誤に基づくものであって、その錯誤が法律行為の目的及び取引上の社会通念に照らして重要なものであるときは、取り消すことができる。</u> 　<u>一　意思表示に対応する意思を欠く錯誤</u> 　<u>二　表意者が法律行為の基礎とした事情についてのその認識が真実に反する錯誤</u> <u>2　前項第2号の規定による意思表示の取消しは、その事情が法律行為の基礎とされていることが表示されていたときに限り、することができる。</u> <u>3　錯誤が表意者の重大な過失によるものであった場合には、次に掲げる場合を除き、第1項の規定による意思表示の取消しをすることができない。</u> 　<u>一　相手方が表意者に錯誤があることを知り、又は重大な過失によって知らなかったとき。</u> 　<u>二　相手方が表意者と同一の錯誤に陥っていたとき。</u> <u>4　第1項の規定による意思表示の取消しは、善意でかつ過失がない第三者に対抗することができない。</u>	（錯誤） **第95条**　意思表示は、<u>法律行為の要素に錯誤があったときは、無効とする。ただし、表意者に重大な過失があったときは、表意者は、自らその無効を主張することができない。</u>
（詐欺又は強迫） **第96条**　（略） 2　相手方に対する意思表示について第三者が詐欺を行った場合においては、相手方がその事実を<u>知り、又は知ることができたときに限り</u>、その意思表示を取り消すことができる。 3　前2項の規定による詐欺による意思表示の取消しは、<u>善意でかつ過失がない</u>第三者に対抗することができない。	（詐欺又は強迫） **第96条**　（同左） 2　相手方に対する意思表示について第三者が詐欺を行った場合においては、相手方がその事実を<u>知っていたときに限り</u>、その意思表示を取り消すことができる。 3　前2項の規定による詐欺による意思表示の取消しは、<u>善意の</u>第三者に対抗することができない。
（意思表示の効力発生時期<u>等</u>） **第97条**　<u>意思表示</u>は、その通知が相手方に到達した時からその効力を生ずる。 <u>2　相手方が正当な理由なく意思表示の通知が到達す</u>	（<u>隔地者に対する</u>意思表示） **第97条**　<u>隔地者に対する</u>意思表示は、その通知が相手方に到達した時からその効力を生ずる。 （新設）

223
Appendix

資 料

改 正 法	現 行 法
ることを妨げたときは、その通知は、通常到達すべきであった時に到達したものとみなす。	
3 意思表示は、表意者が通知を発した後に死亡し、意思能力を喪失し、又は行為能力の制限を受けたときであっても、そのためにその効力を妨げられない。	2 隔地者に対する意思表示は、表意者が通知を発した後に死亡し、又は行為能力を喪失したときであっても、そのためにその効力を妨げられない。
（意思表示の受領能力）	（意思表示の受領能力）
第98条の2 意思表示の相手方がその意思表示を受けた時に意思能力を有しなかったとき又は未成年者若しくは成年被後見人であったときは、その意思表示をもってその相手方に対抗することができない。ただし、次に掲げる者がその意思表示を知った後は、この限りでない。	第98条の2 意思表示の相手方がその意思表示を受けた時に未成年者又は成年被後見人であったときは、その意思表示をもってその相手方に対抗することができない。ただし、その法定代理人がその意思表示を知った後は、この限りでない。
一 相手方の法定代理人	（新設）
二 意思能力を回復し、又は行為能力者となった相手方	（新設）
（取消権者）	（取消権者）
第120条 行為能力の制限によって取り消すことができる行為は、制限行為能力者（他の制限行為能力者の法定代理人としてした行為にあっては、当該他の制限行為能力者を含む。）又はその代理人、承継人若しくは同意をすることができる者に限り、取り消すことができる。	第120条 行為能力の制限によって取り消すことができる行為は、制限行為能力者又はその代理人、承継人若しくは同意をすることができる者に限り、取り消すことができる。
2 錯誤、詐欺又は強迫によって取り消すことができる行為は、瑕疵ある意思表示をした者又はその代理人若しくは承継人に限り、取り消すことができる。	2 詐欺又は強迫によって取り消すことができる行為は、瑕疵ある意思表示をした者又はその代理人若しくは承継人に限り、取り消すことができる。
（時効の援用）	（時効の援用）
第145条 時効は、当事者（消滅時効にあっては、保証人、物上保証人、第三取得者その他権利の消滅について正当な利益を有する者を含む。）が援用しなければ、裁判所がこれによって裁判をすることができない。	第145条 時効は、当事者が援用しなければ、裁判所がこれによって裁判をすることができない。
（裁判上の請求等による時効の完成猶予及び更新）	（時効の中断事由）
第147条 次に掲げる事由がある場合には、その事由が終了する（確定判決又は確定判決と同一の効力を有するものによって権利が確定することなくその事由が終了した場合にあっては、その終了の時から6箇月を経過する）までの間は、時効は、完成しない。	第147条 時効は、次に掲げる事由によって中断する。
一 裁判上の請求	一 請求
二 支払督促	二 差押え、仮差押え又は仮処分
三 民事訴訟法第275条第1項の和解又は民事調停法（昭和26年法律第222号）若しくは家事事件手続法（平成23年法律第52号）による調停	三 承認
四 破産手続参加、再生手続参加又は更生手続参加	
2 前項の場合において、確定判決又は確定判決と同一の効力を有するものによって権利が確定したときは、時効は、同項各号に掲げる事由が終了した時から新たにその進行を始める。	

○民法の一部を改正する法律新旧対照条文（抄）

改　正　法	現　行　法
（強制執行等による時効の完成猶予及び更新） **第148条**　次に掲げる事由がある場合には、その事由が終了する（申立ての取下げ又は法律の規定に従わないことによる取消しによってその事由が終了した場合にあっては、その終了の時から6箇月を経過する）までの間は、時効は、完成しない。 　一　強制執行 　二　担保権の実行 　三　民事執行法（昭和54年法律第4号）第195条に規定する担保権の実行としての競売の例による競売 　四　民事執行法第196条に規定する財産開示手続 2　前項の場合には、時効は、同項各号に掲げる事由が終了した時から新たにその進行を始める。ただし、申立ての取下げ又は法律の規定に従わないことによる取消しによってその事由が終了した場合は、この限りでない。	（時効の中断の効力が及ぶ者の範囲） **第148条**　前条の規定による時効の中断は、その中断の事由が生じた当事者及びその承継人の間においてのみ、その効力を有する。
（仮差押え等による時効の完成猶予） **第149条**　次に掲げる事由がある場合には、その事由が終了した時から6箇月を経過するまでの間は、時効は、完成しない。 　一　仮差押え 　二　仮処分	（裁判上の請求） **第149条**　裁判上の請求は、訴えの却下又は取下げの場合には、時効の中断の効力を生じない。
（催告による時効の完成猶予） **第150条**　催告があったときは、その時から6箇月を経過するまでの間は、時効は、完成しない。 2　催告によって時効の完成が猶予されている間にされた再度の催告は、前項の規定による時効の完成猶予の効力を有しない。	（支払督促） **第150条**　支払督促は、債権者が民事訴訟法第392条に規定する期間内に仮執行の宣言の申立てをしないことによりその効力を失うときは、時効の中断の効力を生じない。
（協議を行う旨の合意による時効の完成猶予） **第151条**　権利についての協議を行う旨の合意が書面でされたときは、次に掲げる時のいずれか早い時までの間は、時効は、完成しない。 　一　その合意があった時から1年を経過した時 　二　その合意において当事者が協議を行う期間（1年に満たないものに限る。）を定めたときは、その期間を経過した時 　三　当事者の一方から相手方に対して協議の続行を拒絶する旨の通知が書面でされたときは、その通知の時から6箇月を経過した時 2　前項の規定により時効の完成が猶予されている間にされた再度の同項の合意は、同項の規定による時効の完成猶予の効力を有する。ただし、その効力は、時効の完成が猶予されなかったとすれば時効が完成すべき時から通じて5年を超えることができない。 3　催告によって時効の完成が猶予されている間にされた第1項の合意は、同項の規定による時効の完成	（和解及び調停の申立て） **第151条**　和解の申立て又は民事調停法（昭和26年法律第222号）若しくは家事事件手続法（平成23年法律第52号）による調停の申立ては、相手方が出頭せず、又は和解若しくは調停が調わないときは、1箇月以内に訴えを提起しなければ、時効の中断の効力を生じない。

225
Appendix

改　正　法	現　行　法
猶予の効力を有しない。同項の規定により時効の完成が猶予されている間にされた催告についても、同様とする。 4　第1項の合意がその内容を記録した電磁的記録（電子的方式、磁気的方式その他人の知覚によっては認識することができない方式で作られる記録であって、電子計算機による情報処理の用に供されるものをいう。以下同じ。）によってされたときは、その合意は、書面によってされたものとみなして、前3項の規定を適用する。 5　前項の規定は、第1項第3号の通知について準用する。	
（承認による時効の更新） **第152条**　時効は、権利の承認があったときは、その時から新たにその進行を始める。 2　前項の承認をするには、相手方の権利についての処分につき行為能力の制限を受けていないこと又は権限があることを要しない。	（破産手続参加等） **第152条**　破産手続参加、再生手続参加又は更生手続参加は、債権者がその届出を取り下げ、又はその届出が却下されたときは、時効の中断の効力を生じない。
（時効の完成猶予又は更新の効力が及ぶ者の範囲） **第153条**　第147条又は第148条の規定による時効の完成猶予又は更新は、完成猶予又は更新の事由が生じた当事者及びその承継人の間においてのみ、その効力を有する。 2　第149条から第151条までの規定による時効の完成猶予は、完成猶予の事由が生じた当事者及びその承継人の間においてのみ、その効力を有する。 3　前条の規定による時効の更新は、更新の事由が生じた当事者及びその承継人の間においてのみ、その効力を有する。	（催告） **第153条**　催告は、6箇月以内に、裁判上の請求、支払督促の申立て、和解の申立て、民事調停法若しくは家事事件手続法による調停の申立て、破産手続参加、再生手続参加、更生手続参加、差押え、仮差押え又は仮処分をしなければ、時効の中断の効力を生じない。
第154条　第148条第1項各号又は第149条各号に掲げる事由に係る手続は、時効の利益を受ける者に対してしないときは、その者に通知をした後でなければ、第148条又は第149条の規定による時効の完成猶予又は更新の効力を生じない。	（差押え、仮差押え及び仮処分） **第154条**　差押え、仮差押え及び仮処分は、権利者の請求により又は法律の規定に従わないことにより取り消されたときは、時効の中断の効力を生じない。
第155条から**第157条**まで　削除	**第155条**　差押え、仮差押え及び仮処分は、時効の利益を受ける者に対してしないときは、その者に通知をした後でなければ、時効の中断の効力を生じない。 （承認） **第156条**　時効の中断の効力を生ずべき承認をするには、相手方の権利についての処分につき行為能力又は権限があることを要しない。 （中断後の時効の進行） **第157条**　中断した時効は、その中断の事由が終了した時から、新たにその進行を始める。 2　裁判上の請求によって中断した時効は、裁判が確定した時から、新たにその進行を始める。

○民法の一部を改正する法律新旧対照条文（抄）

改 正 法	現 行 法
（天災等による時効の<u>完成猶予</u>） **第161条**　時効の期間の満了の時に当たり、天災その他避けることのできない事変のため<u>第147条第1項各号又は第148条第1項各号に掲げる事由に係る手続を行う</u>ことができないときは、その障害が消滅した時から<u>3箇月</u>を経過するまでの間は、時効は、完成しない。	（天災等による時効の<u>停止</u>） **第161条**　時効の期間の満了の時に当たり、天災その他避けることのできない事変のため時効を中断することができないときは、その障害が消滅した時から<u>2週間</u>を経過するまでの間は、時効は、完成しない。
（債権等の消滅時効） **第166条**　<u>債権は、次に掲げる場合には、時効によって消滅する。</u> 　<u>一　債権者が権利を行使することができることを知った時から5年間行使しないとき。</u> 　<u>二　権利を行使することができる時から10年間行使しないとき。</u> 2　<u>債権又は所有権以外の財産権は、権利を行使することができる時から20年間行使しないときは、時効によって消滅する。</u> 3　<u>前2項</u>の規定は、始期付権利又は停止条件付権利の目的物を占有する第三者のために、その占有の開始の時から取得時効が進行することを妨げない。ただし、権利者は、その時効を<u>更新する</u>ため、いつでも占有者の承認を求めることができる。	（消滅時効の進行等） **第166条**　消滅時効は、権利を行使することができる時から進行する。 （新設） 2　<u>前項</u>の規定は、始期付権利又は停止条件付権利の目的物を占有する第三者のために、その占有の開始の時から取得時効が進行することを妨げない。ただし、権利者は、その時効を<u>中断する</u>ため、いつでも占有者の承認を求めることができる。
（<u>人の生命又は身体の侵害による損害賠償請求権の消滅時効</u>） **第167条**　<u>人の生命又は身体の侵害による損害賠償請求権の消滅時効についての前条第1項第2号の規定の適用については、同号中「10年間」とあるのは、「20年間」とする。</u>	（債権等の消滅時効） **第167条**　債権は、10年間行使しないときは、消滅する。 2　債権又は所有権以外の財産権は、20年間行使しないときは、消滅する。
（定期金債権の消滅時効） **第168条**　<u>定期金の債権は、次に掲げる場合には、時効によって消滅する。</u> 　<u>一　債権者が定期金の債権から生ずる金銭その他の物の給付を目的とする各債権を行使することができることを知った時から10年間行使しないとき。</u> 　<u>二　前号に規定する各債権を行使することができる時から20年間行使しないとき。</u> 2　定期金の債権者は、時効の<u>更新</u>の証拠を得るため、いつでも、その債務者に対して承認書の交付を求めることができる。	（定期金債権の消滅時効） **第168条**　定期金の債権は、第1回の弁済期から20年間行使しないときは、消滅する。最後の弁済期から10年間行使しないときも、同様とする。 2　定期金の債権者は、時効の<u>中断</u>の証拠を得るため、いつでも、その債務者に対して承認書の交付を求めることができる。
（<u>判決で確定した権利の消滅時効</u>） **第169条**　<u>確定判決又は確定判決と同一の効力を有するものによって確定した権利については、10年より短い時効期間の定めがあるものであっても、その時効期間は、10年とする。</u> 2　<u>前項の規定は、確定の時に弁済期の到来していない債権については、適用しない。</u>	（定期給付債権の短期消滅時効） **第169条**　年又はこれより短い時期によって定めた金銭その他の物の給付を目的とする債権は、5年間行使しないときは、消滅する。

資　料

改　正　法	現　行　法
	（3年の短期消滅時効）
第170条から**第174条**まで　削除	**第170条**　次に掲げる債権は、3年間行使しないときは、消滅する。ただし、第2号に掲げる債権の時効は、同号の工事が終了した時から起算する。
	一　医師、助産師又は薬剤師の診療、助産又は調剤に関する債権
	二　工事の設計、施工又は監理を業とする者の工事に関する債権
	第171条　弁護士又は弁護士法人は事件が終了した時から、公証人はその職務を執行した時から3年を経過したときは、その職務に関して受け取った書類について、その責任を免れる。
	（2年の短期消滅時効）
	第172条　弁護士、弁護士法人又は公証人の職務に関する債権は、その原因となった事件が終了した時から2年間行使しないときは、消滅する。
	2　前項の規定にかかわらず、同項の事件中の各事項が終了した時から5年を経過したときは、同項の期間内であっても、その事項に関する債権は、消滅する。
	第173条　次に掲げる債権は、2年間行使しないときは、消滅する。
	一　生産者、卸売商人又は小売商人が売却した産物又は商品の代価に係る債権
	二　自己の技能を用い、注文を受けて、物を製作し又は自己の仕事場で他人のために仕事をすることを業とする者の仕事に関する債権
	三　学芸又は技能の教育を行う者が生徒の教育、衣食又は寄宿の代価について有する債権
	（1年の短期消滅時効）
	第174条　次に掲げる債権は、1年間行使しないときは、消滅する。
	一　月又はこれより短い時期によって定めた使用人の給料に係る債権
	二　自己の労力の提供又は演芸を業とする者の報酬又はその供給した物の代価に係る債権
	三　運送賃に係る債権
	四　旅館、料理店、飲食店、貸席又は娯楽場の宿泊料、飲食料、席料、入場料、消費物の代価又は立替金に係る債権
	五　動産の損料に係る債権
	（判決で確定した権利の消滅時効）
（削る）	**第174条の2**　確定判決によって確定した権利については、10年より短い時効期間の定めがあるものであっても、その時効期間は、10年とする。裁判上の和解、調停その他確定判決と同一の効力を有するものによって確定した権利についても、同様とする。
	2　前項の規定は、確定の時に弁済期の到来していない債権については、適用しない。

○民法の一部を改正する法律新旧対照条文（抄）

改　正　法	現　行　法
（法定利率） **第404条**　利息を生ずべき債権について別段の意思表示がないときは、その利率は、その利息が生じた最初の時点における法定利率による。	（法定利率） **第404条**　利息を生ずべき債権について別段の意思表示がないときは、その利率は、<u>年5分とする</u>。
<u>2　法定利率は、年3パーセントとする。</u>	（新設）
<u>3　前項の規定にかかわらず、法定利率は、法務省令で定めるところにより、3年を1期とし、1期ごとに、次項の規定により変動するものとする。</u>	（新設）
<u>4　各期における法定利率は、この項の規定により法定利率に変動があった期のうち直近のもの（以下この項において「直近変動期」という。）における基準割合と当期における基準割合との差に相当する割合（その割合に1パーセント未満の端数があるときは、これを切り捨てる。）を直近変動期における法定利率に加算し、又は減算した割合とする。</u>	（新設）
<u>5　前項に規定する「基準割合」とは、法務省令で定めるところにより、各期の初日の属する年の6年前の年の1月から前々年の12月までの各月における短期貸付けの平均利率（当該各月において銀行が新たに行った貸付け（貸付期間が1年未満のものに限る。）に係る利率の平均をいう。）の合計を60で除して計算した割合（その割合に0.1パーセント未満の端数があるときは、これを切り捨てる。）として法務大臣が告示するものをいう。</u>	（新設）
（履行期と履行遅滞） **第412条**　（略）	（履行期と履行遅滞） **第412条**　（同左）
2　債務の履行について不確定期限があるときは、債務者は、<u>その期限の到来した後に履行の請求を受けた時又はその期限の到来したことを知った時のいずれか早い時</u>から遅滞の責任を負う。	2　債務の履行について不確定期限があるときは、債務者は、その期限の到来したことを知った時から遅滞の責任を負う。
3　（略）	3　（同左）
<u>（履行不能）</u> **<u>第412条の2</u>**　<u>債務の履行が契約その他の債務の発生原因及び取引上の社会通念に照らして不能であるときは、債権者は、その債務の履行を請求することができない。</u>	（新設）
<u>2　契約に基づく債務の履行がその契約の成立の時に不能であったことは、第415条の規定によりその履行の不能によって生じた損害の賠償を請求することを妨げない。</u>	
（受領遅滞） **第413条**　<u>債権者が債務の履行を受けることを拒み、又は受けることができない場合において、その債務の目的が特定物の引渡しであるときは、債務者は、履行の提供をした時からその引渡しをするまで、自己の財産に対するのと同一の注意をもって、その物を保存すれば足りる。</u>	（受領遅滞） **第413条**　債権者が債務の履行を受けることを拒み、又は受けることができないときは、その債権者は、履行の提供があった時から遅滞の責任を負う。

資　料

改　正　法	現　行　法
<u>2　債権者が債務の履行を受けることを拒み、又は受けることができないことによって、その履行の費用が増加したときは、その増加額は、債権者の負担とする。</u>	
<u>（履行遅滞中又は受領遅滞中の履行不能と帰責事由）</u> **第413条の2**　<u>債務者がその債務について遅滞の責任を負っている間に当事者双方の責めに帰することができない事由によってその債務の履行が不能となったときは、その履行の不能は、債務者の責めに帰すべき事由によるものとみなす。</u> <u>2　債権者が債務の履行を受けることを拒み、又は受けることができない場合において、履行の提供があった時以後に当事者双方の責めに帰することができない事由によってその債務の履行が不能となったときは、その履行の不能は、債権者の責めに帰すべき事由によるものとみなす。</u>	（新設）
（履行の強制） **第414条**　債務者が任意に債務の履行をしないときは、債権者は、<u>民事執行法その他強制執行の手続に関する法令の規定に従い、直接強制、代替執行、間接強制</u>その他の方法による履行の強制を裁判所に請求することができる。ただし、債務の性質がこれを許さないときは、この限りでない。	（履行の強制） **第414条**　債務者が任意に債務の履行をしないときは、債権者は、その強制履行を裁判所に請求することができる。ただし、債務の性質がこれを許さないときは、この限りでない。
（削る）	<u>2　債務の性質が強制履行を許さない場合において、その債務が作為を目的とするときは、債権者は、債務者の費用で第三者にこれをさせることを裁判所に請求することができる。ただし、法律行為を目的とする債務については、裁判をもって債務者の意思表示に代えることができる。</u>
（削る）	<u>3　不作為を目的とする債務については、債務者の費用で、債務者がした行為の結果を除去し、又は将来のため適当な処分をすることを裁判所に請求することができる。</u>
2　前項の規定は、損害賠償の請求を妨げない。	<u>4　前3項の規定は、損害賠償の請求を妨げない。</u>
（債務不履行による損害賠償） **第415条**　債務者がその債務の本旨に従った履行をしないとき<u>又は債務の履行が不能であるとき</u>は、債権者は、これによって生じた損害の賠償を請求することができる。<u>ただし、その債務の不履行が契約その他の債務の発生原因及び取引上の社会通念に照らして債務者の責めに帰することができない事由によるものであるときは、この限りでない。</u> <u>2　前項の規定により損害賠償の請求をすることができる場合において、債権者は、次に掲げるときは、債務の履行に代わる損害賠償の請求をすることができる。</u> <u>一　債務の履行が不能であるとき。</u>	（債務不履行による損害賠償） **第415条**　債務者がその債務の本旨に従った履行をしないときは、債権者は、これによって生じた損害の賠償を請求することができる。債務者の責めに帰すべき事由によって履行をすることができなくなったときも、同様とする。

○民法の一部を改正する法律新旧対照条文（抄）

改　正　法	現　行　法
二　債務者がその債務の履行を拒絶する意思を明確に表示したとき。 三　債務が契約によって生じたものである場合において、その契約が解除され、又は債務の不履行による契約の解除権が発生したとき。	
（損害賠償の範囲） **第416条**　（略） 2　特別の事情によって生じた損害であっても、当事者がその事情を予見すべきであったときは、債権者は、その賠償を請求することができる。	（損害賠償の範囲） **第416条**　（同左） 2　特別の事情によって生じた損害であっても、当事者がその事情を予見し、又は予見することができたときは、債権者は、その賠償を請求することができる。
（中間利息の控除） **第417条の2**　将来において取得すべき利益についての損害賠償の額を定める場合において、その利益を取得すべき時までの利息相当額を控除するときは、その損害賠償の請求権が生じた時点における法定利率により、これをする。 2　将来において負担すべき費用についての損害賠償の額を定める場合において、その費用を負担すべき時までの利息相当額を控除するときも、前項と同様とする。	（新設）
（金銭債務の特則） **第419条**　金銭の給付を目的とする債務の不履行については、その損害賠償の額は、債務者が遅滞の責任を負った最初の時点における法定利率によって定める。ただし、約定利率が法定利率を超えるときは、約定利率による。 2・3　（略）	（金銭債務の特則） **第419条**　金銭の給付を目的とする債務の不履行については、その損害賠償の額は、法定利率によって定める。ただし、約定利率が法定利率を超えるときは、約定利率による。 2・3　（同左）
（賠償額の予定） **第420条**　当事者は、債務の不履行について損害賠償の額を予定することができる。 2・3　（略）	（賠償額の予定） **第420条**　当事者は、債務の不履行について損害賠償の額を予定することができる。この場合において、裁判所は、その額を増減することができない。 2・3　（同左）
第2款　債権者代位権	第2款　債権者代位権及び詐害行為取消権
（債権者代位権の要件） **第423条**　債権者は、自己の債権を保全するため必要があるときは、債務者に属する権利（以下「被代位権利」という。）を行使することができる。ただし、債務者の一身に専属する権利及び差押えを禁じられた権利は、この限りでない。 2　債権者は、その債権の期限が到来しない間は、被代位権利を行使することができない。ただし、保存行為は、この限りでない。 3　債権者は、その債権が強制執行により実現することのできないものであるときは、被代位権利を行使することができない。	（債権者代位権） **第423条**　債権者は、自己の債権を保全するため、債務者に属する権利を行使することができる。ただし、債務者の一身に専属する権利は、この限りでない。 2　債権者は、その債権の期限が到来しない間は、裁判上の代位によらなければ、前項の権利を行使することができない。ただし、保存行為は、この限りでない。 （新設）

231
Appendix

改 正 法	現 行 法
(代位行使の範囲)	(新設)
第423条の2 債権者は、被代位権利を行使する場合において、被代位権利の目的が可分であるときは、自己の債権の額の限度においてのみ、被代位権利を行使することができる。	
(債権者への支払又は引渡し)	(新設)
第423条の3 債権者は、被代位権利を行使する場合において、被代位権利が金銭の支払又は動産の引渡しを目的とするものであるときは、相手方に対し、その支払又は引渡しを自己に対してすることを求めることができる。この場合において、相手方が債権者に対してその支払又は引渡しをしたときは、被代位権利は、これによって消滅する。	
(相手方の抗弁)	(新設)
第423条の4 債権者が被代位権利を行使したときは、相手方は、債務者に対して主張することができる抗弁をもって、債権者に対抗することができる。	
(債務者の取立てその他の処分の権限等)	(新設)
第423条の5 債権者が被代位権利を行使した場合であっても、債務者は、被代位権利について、自ら取立てその他の処分をすることを妨げられない。この場合においては、相手方も、被代位権利について、債務者に対して履行をすることを妨げられない。	
(被代位権利の行使に係る訴えを提起した場合の訴訟告知)	(新設)
第423条の6 債権者は、被代位権利の行使に係る訴えを提起したときは、遅滞なく、債務者に対し、訴訟告知をしなければならない。	
(登記又は登録の請求権を保全するための債権者代位権)	(新設)
第423条の7 登記又は登録をしなければ権利の得喪及び変更を第三者に対抗することができない財産を譲り受けた者は、その譲渡人が第三者に対して有する登記手続又は登録手続をすべきことを請求する権利を行使しないときは、その権利を行使することができる。この場合においては、前3条の規定を準用する。	
第3款 詐害行為取消権	(新設)
第1目 詐害行為取消権の要件	(新設)
(詐害行為取消請求)	(詐害行為取消権)
第424条 債権者は、債務者が債権者を害することを知ってした行為の取消しを裁判所に請求することができる。ただし、その行為によって利益を受けた者(以下この款において「受益者」という。)がその行為の時において債権者を害することを知らなかったとき	**第424条** 債権者は、債務者が債権者を害することを知ってした法律行為の取消しを裁判所に請求することができる。ただし、その行為によって利益を受けた者又は転得者がその行為又は転得の時において債権者を害すべき事実を知らなかったときは、この限

○民法の一部を改正する法律新旧対照条文（抄）

改　正　法	現　行　法
は、この限りでない。	りでない。
２　前項の規定は、財産権を目的としない行為については、適用しない。	２　前項の規定は、財産権を目的としない法律行為については、適用しない。
３　債権者は、その債権が第１項に規定する行為の前の原因に基づいて生じたものである場合に限り、同項の規定による請求（以下「詐害行為取消請求」という。）をすることができる。	（新設）
４　債権者は、その債権が強制執行により実現することのできないものであるときは、詐害行為取消請求をすることができない。	（新設）
（相当の対価を得てした財産の処分行為の特則）	
第424条の２　債務者が、その有する財産を処分する行為をした場合において、受益者から相当の対価を取得しているときは、債権者は、次に掲げる要件のいずれにも該当する場合に限り、その行為について、詐害行為取消請求をすることができる。	（新設）
一　その行為が、不動産の金銭への換価その他の当該処分による財産の種類の変更により、債務者において隠匿、無償の供与その他の債権者を害することとなる処分（以下この条において「隠匿等の処分」という。）をするおそれを現に生じさせるものであること。	
二　債務者が、その行為の当時、対価として取得した金銭その他の財産について、隠匿等の処分をする意思を有していたこと。	
三　受益者が、その行為の当時、債務者が隠匿等の処分をする意思を有していたことを知っていたこと。	
（特定の債権者に対する担保の供与等の特則）	
第424条の３　債務者がした既存の債務についての担保の供与又は債務の消滅に関する行為について、債権者は、次に掲げる要件のいずれにも該当する場合に限り、詐害行為取消請求をすることができる。	（新設）
一　その行為が、債務者が支払不能（債務者が、支払能力を欠くために、その債務のうち弁済期にあるものにつき、一般的かつ継続的に弁済することができない状態をいう。次項第１号において同じ。）の時に行われたものであること。	
二　その行為が、債務者と受益者とが通謀して他の債権者を害する意図をもって行われたものであること。	
２　前項に規定する行為が、債務者の義務に属せず、又はその時期が債務者の義務に属しないものである場合において、次に掲げる要件のいずれにも該当するときは、債権者は、同項の規定にかかわらず、その行為について、詐害行為取消請求をすることができる。	
一　その行為が、債務者が支払不能になる前30日以内に行われたものであること。	

改　正　法	現　行　法
二　その行為が、債務者と受益者とが通謀して他の債権者を害する意図をもって行われたものであること。	
（過大な代物弁済等の特則）	（新設）
第424条の4　債務者がした債務の消滅に関する行為であって、受益者の受けた給付の価額がその行為によって消滅した債務の額より過大であるものについて、第424条に規定する要件に該当するときは、債権者は、前条第1項の規定にかかわらず、その消滅した債務の額に相当する部分以外の部分については、詐害行為取消請求をすることができる。	
（転得者に対する詐害行為取消請求）	（新設）
第424条の5　債権者は、受益者に対して詐害行為取消請求をすることができる場合において、受益者に移転した財産を転得した者があるときは、次の各号に掲げる区分に応じ、それぞれ当該各号に定める場合に限り、その転得者に対しても、詐害行為取消請求をすることができる。	
一　その転得者が受益者から転得した者である場合　その転得者が、転得の当時、債務者がした行為が債権者を害することを知っていたとき。	
二　その転得者が他の転得者から転得した者である場合　その転得者及びその前に転得した全ての転得者が、それぞれの転得の当時、債務者がした行為が債権者を害することを知っていたとき。	
第2目　詐害行為取消権の行使の方法等	（新設）
（財産の返還又は価額の償還の請求）	（新設）
第424条の6　債権者は、受益者に対する詐害行為取消請求において、債務者がした行為の取消とともに、その行為によって受益者に移転した財産の返還を請求することができる。受益者がその財産の返還をすることが困難であるときは、債権者は、その価額の償還を請求することができる。	
2　債権者は、転得者に対する詐害行為取消請求において、債務者がした行為の取消とともに、転得者が転得した財産の返還を請求することができる。転得者がその財産の返還をすることが困難であるときは、債権者は、その価額の償還を請求することができる。	
（被告及び訴訟告知）	（新設）
第424条の7　詐害行為取消請求に係る訴えについては、次の各号に掲げる区分に応じ、それぞれ当該各号に定める者を被告とする。	
一　受益者に対する詐害行為取消請求に係る訴え　受益者	
二　転得者に対する詐害行為取消請求に係る訴え　その詐害行為取消請求の相手方である転得者	

○民法の一部を改正する法律新旧対照条文（抄）

改　正　法	現　行　法
2　債権者は、詐害行為取消請求に係る訴えを提起した ときは、遅滞なく、債務者に対し、訴訟告知をしな ければならない。 （詐害行為の取消しの範囲） **第424条の8**　債権者は、詐害行為取消請求をする場 合において、債務者がした行為の目的が可分である ときは、自己の債権の額の限度においてのみ、その 行為の取消しを請求することができる。 2　債権者が第424条の6第1項後段又は第2項後段の 規定により価額の償還を請求する場合についても、 前項と同様とする。 （債権者への支払又は引渡し） **第424条の9**　債権者は、第424条の6第1項前段又 は第2項前段の規定により受益者又は転得者に対し て財産の返還を請求する場合において、その返還の 請求が金銭の支払又は動産の引渡しを求めるもので あるときは、受益者に対してその支払又は引渡しを、 転得者に対してその引渡しを、自己に対してするこ とを求めることができる。この場合において、受益 者又は転得者は、債権者に対してその支払又は引渡 しをしたときは、債務者に対してその支払又は引渡 しをすることを要しない。 2　債権者が第424条の6第1項後段又は第2項後段の 規定により受益者又は転得者に対して価額の償還を 請求する場合についても、前項と同様とする。 　　　第3目　詐害行為取消権の行使の効果 （認容判決の効力が及ぶ者の範囲） **第425条**　詐害行為取消請求を認容する確定判決は、 債務者及びその全ての債権者に対してもその効力を 有する。 （債務者の受けた反対給付に関する受益者の権利） **第425条の2**　債務者がした財産の処分に関する行為 （債務の消滅に関する行為を除く。）が取り消された ときは、受益者は、債務者に対し、その財産を取得 するためにした反対給付の返還を請求することがで きる。債務者がその反対給付の返還をすることが困 難であるときは、受益者は、その価額の償還を請求 することができる。 （受益者の債権の回復） **第425条の3**　債務者がした債務の消滅に関する行為 が取り消された場合（第424条の4の規定により取 り消された場合を除く。）において、受益者が債務者 から受けた給付を返還し、又はその価額を償還した ときは、受益者の債務者に対する債権は、これによっ て原状に復する。	（新設） （新設） （新設） （詐害行為の取消しの効果） **第425条**　前条の規定による取消しは、すべての債権 者の利益のためにその効力を生ずる。 （新設） （新設）

235
Appendix

資料

改 正 法	現 行 法
(詐害行為取消請求を受けた転得者の権利) **第425条の4** 債務者がした行為が転得者に対する詐害行為取消請求によって取り消されたときは、その転得者は、次の各号に掲げる区分に応じ、それぞれ当該各号に定める権利を行使することができる。ただし、その転得者がその前者から財産を取得するためにした反対給付又はその前者から財産を取得することによって消滅した債権の価額を限度とする。 一 第425条の2に規定する行為が取り消された場合 その行為が受益者に対する詐害行為取消請求によって取り消されたとすれば同条の規定により生ずべき受益者の債務者に対する反対給付の返還請求権又はその価額の償還請求権 二 前条に規定する行為が取り消された場合（第424条の4の規定により取り消された場合を除く。） その行為が受益者に対する詐害行為取消請求によって取り消されたとすれば前条の規定により回復すべき受益者の債務者に対する債権	(新設)
第4目 詐害行為取消権の期間の制限	(新設)
第426条 詐害行為取消請求に係る訴えは、債務者が債権者を害することを知って行為をしたことを債権者が知った時から2年を経過したときは、提起することができない。行為の時から10年を経過したときも、同様とする。	(詐害行為取消権の期間の制限) **第426条** 第424条の規定による取消権は、債権者が取消しの原因を知った時から2年間行使しないときは、時効によって消滅する。行為の時から20年を経過したときも、同様とする。
(保証人の負担と主たる債務の目的又は態様) **第448条** （略） 2 主たる債務の目的又は態様が保証契約の締結後に加重されたときであっても、保証人の負担は加重されない。	(保証人の負担が主たる債務より重い場合) **第448条** （同左） (新設)
(主たる債務者について生じた事由の効力) **第457条** 主たる債務者に対する履行の請求その他の事由による時効の完成猶予及び更新は、保証人に対しても、その効力を生ずる。 2 保証人は、主たる債務者が主張することができる抗弁をもって債権者に対抗することができる。 3 主たる債務者が債権者に対して相殺権、取消権又は解除権を有するときは、これらの権利の行使によって主たる債務者がその債務を免れるべき限度において、保証人は、債権者に対して債務の履行を拒むことができる。	(主たる債務者について生じた事由の効力) **第457条** 主たる債務者に対する履行の請求その他の事由による時効の中断は、保証人に対しても、その効力を生ずる。 2 保証人は、主たる債務者の債権による相殺をもって債権者に対抗することができる。 (新設)
(連帯保証人について生じた事由の効力) **第458条** 第438条、第439条第1項、第440条及び第441条の規定は、主たる債務者と連帯して債務を負担する保証人について生じた事由について準用する。	(連帯保証人について生じた事由の効力) **第458条** 第434条から第440条までの規定は、主たる債務者が保証人と連帯して債務を負担する場合について準用する。

改 正 法	現 行 法
(主たる債務の履行状況に関する情報の提供義務)	(新設)
第458条の2 保証人が主たる債務者の委託を受けて保証をした場合において、保証人の請求があったときは、債権者は、保証人に対し、遅滞なく、主たる債務の元本及び主たる債務に関する利息、違約金、損害賠償その他その債務に従たる全てのものについての不履行の有無並びにこれらの残額及びそのうち弁済期が到来しているものの額に関する情報を提供しなければならない。	
(主たる債務者が期限の利益を喪失した場合における情報の提供義務)	(新設)
第458条の3 主たる債務者が期限の利益を有する場合において、その利益を喪失したときは、債権者は、保証人に対し、その利益の喪失を知った時から2箇月以内に、その旨を通知しなければならない。	
2 前項の期間内に同項の通知をしなかったときは、債権者は、保証人に対し、主たる債務者が期限の利益を喪失した時から同項の通知を現にするまでに生じた遅延損害金（期限の利益を喪失しなかったとしても生ずべきものを除く。）に係る保証債務の履行を請求することができない。	
3 前2項の規定は、保証人が法人である場合には、適用しない。	
(委託を受けた保証人の求償権)	(委託を受けた保証人の求償権)
第459条 保証人が主たる債務者の委託を受けて保証をした場合において、主たる債務者に代わって弁済その他自己の財産をもって債務を消滅させる行為（以下「債務の消滅行為」という。）をしたときは、その保証人は、主たる債務者に対し、そのために支出した財産の額（その財産の額がその債務の消滅行為によって消滅した主たる債務の額を超える場合にあっては、その消滅した額）の求償権を有する。	**第459条** 保証人が主たる債務者の委託を受けて保証をした場合において、過失なく債権者に弁済をすべき旨の裁判の言渡しを受け、又は主たる債務者に代わって弁済をし、その他自己の財産をもって債務を消滅させるべき行為をしたときは、その保証人は、主たる債務者に対して求償権を有する。
2 （略）	2 （同左）
(委託を受けた保証人が弁済期前に弁済等をした場合の求償権)	(新設)
第459条の2 保証人が主たる債務者の委託を受けて保証をした場合において、主たる債務の弁済期前に債務の消滅行為をしたときは、その保証人は、主たる債務者に対し、主たる債務者がその当時利益を受けた限度において求償権を有する。この場合において、主たる債務者が債務の消滅行為の日以前に相殺の原因を有していたことを主張するときは、保証人は、債権者に対し、その相殺によって消滅すべきであった債務の履行を請求することができる。	
2 前項の規定による求償は、主たる債務の弁済期以後の法定利息及びその弁済期以後に債務の消滅行為を	

資　料

改　正　法	現　行　法
したとしても避けることができなかった費用その他の損害の賠償を包含する。 3　第1項の求償権は、主たる債務の弁済期以後でなければ、これを行使することができない。	
（委託を受けた保証人の事前の求償権） 第460条　（略） 一・二　（略） 三　保証人が過失なく債権者に弁済をすべき旨の裁判の言渡しを受けたとき。	（委託を受けた保証人の事前の求償権） 第460条　（同左） 一・二　（同左） 三　債務の弁済期が不確定で、かつ、その最長期をも確定することができない場合において、保証契約の後10年を経過したとき。
（主たる債務者が保証人に対して償還をする場合） 第461条　前条の規定により主たる債務者が保証人に対して償還をする場合において、債権者が全部の弁済を受けない間は、主たる債務者は、保証人に担保を供させ、又は保証人に対して自己に免責を得させることを請求することができる。 2　（略）	（主たる債務者が保証人に対して償還をする場合） 第461条　前2条の規定により主たる債務者が保証人に対して償還をする場合において、債権者が全部の弁済を受けない間は、主たる債務者は、保証人に担保を供させ、又は保証人に対して自己に免責を得させることを請求することができる。 2　（同左）
（委託を受けない保証人の求償権） 第462条　第459条の2第1項の規定は、主たる債務者の委託を受けないで保証をした者が債務の消滅行為をした場合について準用する。 2　（略） 3　第459条の2第3項の規定は、前2項に規定する保証人が主たる債務の弁済期前に債務の消滅行為をした場合における求償権の行使について準用する。	（委託を受けない保証人の求償権） 第462条　主たる債務者の委託を受けないで保証をした者が弁済をし、その他自己の財産をもって主たる債務者にその債務を免れさせたときは、主たる債務者は、その当時利益を受けた限度において償還をしなければならない。 2　（同左） （新設）
（通知を怠った保証人の求償の制限等） 第463条　保証人が主たる債務者の委託を受けて保証をした場合において、主たる債務者にあらかじめ通知しないで債務の消滅行為をしたときは、主たる債務者は、債権者に対抗することができた事由をもってその保証人に対抗することができる。この場合において、相殺をもってその保証人に対抗したときは、その保証人は、債権者に対し、相殺によって消滅すべきであった債務の履行を請求することができる。 2　保証人が主たる債務者の委託を受けて保証をした場合において、善意で弁済をし、その他自己の財産をもって債務を消滅させるべき行為をしたときは、第443条の規定は、主たる債務者についても準用する。 3　保証人が債務の消滅行為をした後に主たる債務者が債務の消滅行為をした場合においては、保証人が主たる債務者の意思に反して保証をしたときのほか、保証人が債務の消滅行為をしたことを主たる債務者に通知することを怠ったため、主たる債務者が善意で債務の消滅行為をしたときも、主たる債務者は、	（通知を怠った保証人の求償の制限） 第463条　第443条の規定は、保証人について準用する。 2　保証人が主たる債務者の委託を受けて保証をした場合において、主たる債務者が債務の消滅行為をしたことを保証人に通知することを怠ったため、その保証人が善意で債務の消滅行為をしたときは、その保証人は、その債務の消滅行為を有効であったものとみなすことができる。

改　正　法	現　行　法
その債務の消滅行為を有効であったものとみなすことができる。	
第2目　個人根保証契約	第2目　貸金等根保証契約
（個人根保証契約の保証人の責任等）	（貸金等根保証契約の保証人の責任等）
第465条の2　一定の範囲に属する不特定の債務を主たる債務とする保証契約（以下「根保証契約」という。）であって保証人が法人でないもの（以下「個人根保証契約」という。）の保証人は、主たる債務の元本、主たる債務に関する利息、違約金、損害賠償その他その債務に従たる全てのもの及びその保証債務について約定された違約金又は損害賠償の額について、その全部に係る極度額を限度として、その履行をする責任を負う。	**第465条の2**　一定の範囲に属する不特定の債務を主たる債務とする保証契約（以下「根保証契約」という。）であってその債務の範囲に金銭の貸渡し又は手形の割引を受けることによって負担する債務（以下「貸金等債務」という。）が含まれるもの（保証人が法人であるものを除く。以下「貸金等根保証契約」という。）の保証人は、主たる債務の元本、主たる債務に関する利息、違約金、損害賠償その他その債務に従たるすべてのもの及びその保証債務について約定された違約金又は損害賠償の額について、その全部に係る極度額を限度として、その履行をする責任を負う。
2　個人根保証契約は、前項に規定する極度額を定めなければ、その効力を生じない。	2　貸金等根保証契約は、前項に規定する極度額を定めなければ、その効力を生じない。
3　第446条第2項及び第3項の規定は、個人根保証契約における第1項に規定する極度額の定めについて準用する。	3　第446条第2項及び第3項の規定は、貸金等根保証契約における第1項に規定する極度額の定めについて準用する。
（個人貸金等根保証契約の元本確定期日）	（貸金等根保証契約の元本確定期日）
第465条の3　個人根保証契約であってその主たる債務の範囲に金銭の貸渡し又は手形の割引を受けることによって負担する債務（以下「貸金等債務」という。）が含まれるもの（以下「個人貸金等根保証契約」という。）において主たる債務の元本の確定すべき期日（以下「元本確定期日」という。）の定めがある場合において、その元本確定期日がその個人貸金等根保証契約の締結の日から5年を経過する日より後の日と定められているときは、その元本確定期日の定めは、その効力を生じない。	**第465条の3**　貸金等根保証契約において主たる債務の元本の確定すべき期日（以下「元本確定期日」という。）の定めがある場合において、その元本確定期日がその貸金等根保証契約の締結の日から5年を経過する日より後の日と定められているときは、その元本確定期日の定めは、その効力を生じない。
2　個人貸金等根保証契約において元本確定期日の定めがない場合（前項の規定により元本確定期日の定めがその効力を生じない場合を含む。）には、その元本確定期日は、その個人貸金等根保証契約の締結の日から3年を経過する日とする。	2　貸金等根保証契約において元本確定期日の定めがない場合（前項の規定により元本確定期日の定めがその効力を生じない場合を含む。）には、その元本確定期日は、その貸金等根保証契約の締結の日から3年を経過する日とする。
3　個人貸金等根保証契約における元本確定期日の変更をする場合において、変更後の元本確定期日がその変更をした日から5年を経過する日より後の日となるときは、その元本確定期日の変更は、その効力を生じない。ただし、元本確定期日の前2箇月以内に元本確定期日の変更をする場合において、変更後の元本確定期日が変更前の元本確定期日から5年以内の日となるときは、この限りでない。	3　貸金等根保証契約における元本確定期日の変更をする場合において、変更後の元本確定期日がその変更をした日から5年を経過する日より後の日となるときは、その元本確定期日の変更は、その効力を生じない。ただし、元本確定期日の前2箇月以内に元本確定期日の変更をする場合において、変更後の元本確定期日が変更前の元本確定期日から5年以内の日となるときは、この限りでない。
4　第446条第2項及び第3項の規定は、個人貸金等根保証契約における元本確定期日の定め及びその変更	4　第446条第2項及び第3項の規定は、貸金等根保証契約における元本確定期日の定め及びその変更（そ

改　正　法	現　行　法
（その個人貸金等根保証契約の締結の日から３年以内の日を元本確定期日とする旨の定め及び元本確定期日より前の日を変更後の元本確定期日とする変更を除く。）について準用する。	の貸金等根保証契約の締結の日から３年以内の日を元本確定期日とする旨の定め及び元本確定期日より前の日を変更後の元本確定期日とする変更を除く。）について準用する。
（個人根保証契約の元本の確定事由）	（貸金等根保証契約の元本の確定事由）
第465条の４　次に掲げる場合には、個人根保証契約における主たる債務の元本は、確定する。ただし、第１号に掲げる場合にあっては、強制執行又は担保権の実行の手続の開始があったときに限る。	**第465条の４**　次に掲げる場合には、貸金等根保証契約における主たる債務の元本は、確定する。
一　債権者が、保証人の財産について、金銭の支払を目的とする債権についての強制執行又は担保権の実行を申し立てたとき。	一　債権者が、主たる債務者又は保証人の財産について、金銭の支払を目的とする債権についての強制執行又は担保権の実行を申し立てたとき。ただし、強制執行又は担保権の実行の手続の開始があったときに限る。
二　保証人が破産手続開始の決定を受けたとき。	二　主たる債務者又は保証人が破産手続開始の決定を受けたとき。
三　（略）	三　（同左）
２　前項に規定する場合のほか、個人貸金等根保証契約における主たる債務の元本は、次に掲げる場合にも確定する。ただし、第１号に掲げる場合にあっては、強制執行又は担保権の実行の手続の開始があったときに限る。	（新設）
一　債権者が、主たる債務者の財産について、金銭の支払を目的とする債権についての強制執行又は担保権の実行を申し立てたとき。	
二　主たる債務者が破産手続開始の決定を受けたとき。	
（保証人が法人である根保証契約の求償権）	（保証人が法人である貸金等債務の根保証契約の求償権）
第465条の５　保証人が法人である根保証契約において、第465条の２第１項に規定する極度額の定めがないときは、その根保証契約の保証人の主たる債務者に対する求償権に係る債務を主たる債務とする保証契約は、その効力を生じない。	**第465条の５**　保証人が法人である根保証契約であってその主たる債務の範囲に貸金等債務が含まれるものにおいて、第465条の２第１項に規定する極度額の定めがないとき、元本確定期日の定めがないとき、又は元本確定期日の定め若しくはその変更が第465条の３第１項若しくは第３項の規定を適用するとすればその効力を生じないものであるときは、その根保証契約の保証人の主たる債務者に対する求償権についての保証契約（保証人が法人であるものを除く。）は、その効力を生じない。
２　保証人が法人である根保証契約であってその主たる債務の範囲に貸金等債務が含まれるものにおいて、元本確定期日の定めがないとき、又は元本確定期日の定め若しくはその変更が第465条の３第１項若しくは第３項の規定を適用するとすればその効力を生じないものであるときは、その根保証契約の保証人の主たる債務者に対する求償権に係る債務を主たる債務とする保証契約は、その効力を生じない。主た	

○民法の一部を改正する法律新旧対照条文（抄）

改　正　法	現　行　法
る債務の範囲にその求償権に係る債務が含まれる根保証契約も、同様とする。 3　前2項の規定は、求償権に係る債務を主たる債務とする保証契約又は主たる債務の範囲に求償権に係る債務が含まれる根保証契約の保証人が法人である場合には、適用しない。 　　　第3目　事業に係る債務についての保証契約の特則 （公正証書の作成と保証の効力） **第465条の6**　事業のために負担した貸金等債務を主たる債務とする保証契約又は主たる債務の範囲に事業のために負担する貸金等債務が含まれる根保証契約は、その契約の締結に先立ち、その締結の日前1箇月以内に作成された公正証書で保証人になろうとする者が保証債務を履行する意思を表示していなければ、その効力を生じない。 2　前項の公正証書を作成するには、次に掲げる方式に従わなければならない。 　一　保証人になろうとする者が、次のイ又はロに掲げる契約の区分に応じ、それぞれ当該イ又はロに定める事項を公証人に口授すること。 　　イ　保証契約（ロに掲げるものを除く。）　主たる債務の債権者及び債務者、主たる債務の元本、主たる債務に関する利息、違約金、損害賠償その他その債務に従たる全てのものの定めの有無及びその内容並びに主たる債務者がその債務を履行しないときには、その債務の全額について履行する意思（保証人になろうとする者が主たる債務者と連帯して債務を負担しようとするものである場合には、債権者が主たる債務者に対して催告をしたかどうか、主たる債務者がその債務を履行することができるかどうか、又は他に保証人があるかどうかにかかわらず、その全額について履行する意思）を有していること。 　　ロ　根保証契約　主たる債務の債権者及び債務者、主たる債務の範囲、根保証契約における極度額、元本確定期日の定めの有無及びその内容並びに主たる債務者がその債務を履行しないときには、極度額の限度において元本確定期日又は第465条の4第1項各号若しくは第2項各号に掲げる事由その他の元本を確定すべき事由が生ずる時までに生ずべき主たる債務の元本及び主たる債務に関する利息、違約金、損害賠償その他その債務に従たる全てのものの全額について履行する意思（保証人になろうとする者が主たる債務者と連帯して債務を負担しようとするもの	 （新設） （新設）

241
Appendix

改 正 法	現 行 法
である場合には、債権者が主たる債務者に対して催告をしたかどうか、主たる債務者がその債務を履行することができるかどうか、又は他に保証人があるかどうかにかかわらず、その全額について履行する意思）を有していること。 　二　公証人が、保証人になろうとする者の口述を筆記し、これを保証人になろうとする者に読み聞かせ、又は閲覧させること。 　三　保証人になろうとする者が、筆記の正確なことを承認した後、署名し、印を押すこと。ただし、保証人になろうとする者が署名することができない場合は、公証人がその事由を付記して、署名に代えることができる。 　四　公証人が、その証書は前3号に掲げる方式に従って作ったものである旨を付記して、これに署名し、印を押すこと。 3　前2項の規定は、保証人になろうとする者が法人である場合には、適用しない。	
（保証に係る公正証書の方式の特則） **第465条の7**　前条第1項の保証契約又は根保証契約の保証人になろうとする者が口がきけない者である場合には、公証人の前で、同条第2項第1号イ又はロに掲げる契約の区分に応じ、それぞれ当該イ又はロに定める事項を通訳人の通訳により申述し、又は自書して、同号の口授に代えなければならない。この場合における同項第2号の規定の適用については、同号中「口述」とあるのは、「通訳人の通訳による申述又は自書」とする。 2　前条第1項の保証契約又は根保証契約の保証人になろうとする者が耳が聞こえない者である場合には、公証人は、同条第2項第2号に規定する筆記した内容を通訳人の通訳により保証人になろうとする者に伝えて、同号の読み聞かせに代えることができる。 3　公証人は、前2項に定める方式に従って公正証書を作ったときは、その旨をその証書に付記しなければならない。	（新設）
（公正証書の作成と求償権についての保証の効力） **第465条の8**　第465条の6第1項及び第2項並びに前条の規定は、事業のために負担した貸金等債務を主たる債務とする保証契約又は主たる債務の範囲に事業のために負担する貸金等債務が含まれる根保証契約の保証人の主たる債務者に対する求償権に係る債務を主たる債務とする保証契約について準用する。主たる債務の範囲にその求償権に係る債務が含まれる根保証契約も、同様とする。 2　前項の規定は、保証人になろうとする者が法人である場合には、適用しない。	（新設）

改 正 法	現 行 法
（公正証書の作成と保証の効力に関する規定の適用除外）	
第465条の9 前3条の規定は、保証人になろうとする者が次に掲げる者である保証契約については、適用しない。	（新設）
一 主たる債務者が法人である場合のその理事、取締役、執行役又はこれらに準ずる者	
二 主たる債務者が法人である場合の次に掲げる者	
イ 主たる債務者の総株主の議決権（株主総会において決議をすることができる事項の全部につき議決権を行使することができない株式についての議決権を除く。以下この号において同じ。）の過半数を有する者	
ロ 主たる債務者の総株主の議決権の過半数を他の株式会社が有する場合における当該他の株式会社の総株主の議決権の過半数を有する者	
ハ 主たる債務者の総株主の議決権の過半数を他の株式会社及び当該他の株式会社の総株主の議決権の過半数を有する者が有する場合における当該他の株式会社の総株主の議決権の過半数を有する者	
ニ 株式会社以外の法人が主たる債務者である場合におけるイ、ロ又はハに掲げる者に準ずる者	
三 主たる債務者（法人であるものを除く。以下この号において同じ。）と共同して事業を行う者又は主たる債務者が行う事業に現に従事している主たる債務者の配偶者	
（契約締結時の情報の提供義務）	
第465条の10 主たる債務者は、事業のために負担する債務を主たる債務とする保証又は主たる債務の範囲に事業のために負担する債務が含まれる根保証の委託をするときは、委託を受ける者に対し、次に掲げる事項に関する情報を提供しなければならない。	（新設）
一 財産及び収支の状況	
二 主たる債務以外に負担している債務の有無並びにその額及び履行状況	
三 主たる債務の担保として他に提供し、又は提供しようとするものがあるときは、その旨及びその内容	
2 主たる債務者が前項各号に掲げる事項に関して情報を提供せず、又は事実と異なる情報を提供したために委託を受けた者がその事項について誤認をし、それによって保証契約の申込み又はその承諾の意思表示をした場合において、主たる債務者がその事項に関して情報を提供せず又は事実と異なる情報を提供したことを債権者が知り又は知ることができたときは、保証人は、保証契約を取り消すことができる。	

資　料

改　正　法	現　行　法
3　前2項の規定は、保証をする者が法人である場合には、適用しない。 （債権の譲渡性） **第466条**　（略） 2　当事者が債権の譲渡を禁止し、又は制限する旨の意思表示（以下「譲渡制限の意思表示」という。）をしたときであっても、債権の譲渡は、その効力を妨げられない。 3　前項に規定する場合には、譲渡制限の意思表示がされたことを知り、又は重大な過失によって知らなかった譲受人その他の第三者に対しては、債務者は、その債務の履行を拒むことができ、かつ、譲渡人に対する弁済その他の債務を消滅させる事由をもってその第三者に対抗することができる。 4　前項の規定は、債務者が債務を履行しない場合において、同項に規定する第三者が相当の期間を定めて譲渡人への履行の催告をし、その期間内に履行がないときは、その債務者については、適用しない。 （譲渡制限の意思表示がされた債権に係る債務者の供託） **第466条の2**　債務者は、譲渡制限の意思表示がされた金銭の給付を目的とする債権が譲渡されたときは、その債権の全額に相当する金銭を債務の履行地（債務の履行地が債権者の現在の住所により定まる場合にあっては、譲渡人の現在の住所を含む。次条において同じ。）の供託所に供託することができる。 2　前項の規定により供託をした債務者は、遅滞なく、譲渡人及び譲受人に供託の通知をしなければならない。 3　第1項の規定により供託をした金銭は、譲受人に限り、還付を請求することができる。 **第466条の3**　前条第1項に規定する場合において、譲渡人について破産手続開始の決定があったときは、譲受人（同項の債権の全額を譲り受けた者であって、その債権の譲渡を債務者その他の第三者に対抗することができるものに限る。）は、譲渡制限の意思表示がされたことを知り、又は重大な過失によって知らなかったときであっても、債務者にその債権の全額に相当する金銭を債務の履行地の供託所に供託させることができる。この場合においては、同条第2項及び第3項の規定を準用する。 （譲渡制限の意思表示がされた債権の差押え） **第466条の4**　第466条第3項の規定は、譲渡制限の意思表示がされた債権に対する強制執行をした差押債権者に対しては、適用しない。 2　前項の規定にかかわらず、譲受人その他の第三者	 （債権の譲渡性） **第466条**　（同左） 2　前項の規定は、当事者が反対の意思を表示した場合には、適用しない。ただし、その意思表示は、善意の第三者に対抗することができない。 （新設） （新設） （新設） （新設） （新設）

244
Appendix

○民法の一部を改正する法律新旧対照条文（抄）

改 正 法	現 行 法
が譲渡制限の意思表示がされたことを知り、又は重大な過失によって知らなかった場合において、その債権者が同項の債権に対する強制執行をしたときは、債務者は、その債務の履行を拒むことができ、かつ、譲渡人に対する弁済その他の債務を消滅させる事由をもって差押債権者に対抗することができる。	
（預金債権又は貯金債権に係る譲渡制限の意思表示の効力）	
第466条の5　預金口座又は貯金口座に係る預金又は貯金に係る債権（以下「預貯金債権」という。）について当事者がした譲渡制限の意思表示は、第466条第2項の規定にかかわらず、その譲渡制限の意思表示がされたことを知り、又は重大な過失によって知らなかった譲受人その他の第三者に対抗することができる。	（新設）
2　前項の規定は、譲渡制限の意思表示がされた預貯金債権に対する強制執行をした差押債権者に対しては、適用しない。	
（将来債権の譲渡性）	
第466条の6　債権の譲渡は、その意思表示の時に債権が現に発生していることを要しない。	（新設）
2　債権が譲渡された場合において、その意思表示の時に債権が現に発生していないときは、譲受人は、発生した債権を当然に取得する。	
3　前項に規定する場合において、譲渡人が次条の規定による通知をし、又は債務者が同条の規定による承諾をした時（以下「対抗要件具備時」という。）までに譲渡制限の意思表示がされたときは、譲受人その他の第三者がそのことを知っていたものとみなして、第466条第3項（譲渡制限の意思表示がされた債権が預貯金債権の場合にあっては、前条第1項）の規定を適用する。	
（債権の譲渡の対抗要件）	（指名債権の譲渡の対抗要件）
第467条　債権の譲渡（現に発生していない債権の譲渡を含む。）は、譲渡人が債務者に通知をし、又は債務者が承諾をしなければ、債務者その他の第三者に対抗することができない。	**第467条**　指名債権の譲渡は、譲渡人が債務者に通知をし、又は債務者が承諾をしなければ、債務者その他の第三者に対抗することができない。
2　（略）	2　（同左）
（債権の譲渡における債務者の抗弁）	（指名債権の譲渡における債務者の抗弁）
第468条　債務者は、対抗要件具備時までに譲渡人に対して生じた事由をもって譲受人に対抗することができる。	**第468条**　債務者が異議をとどめないで前条の承諾をしたときは、譲渡人に対抗することができた事由があっても、これをもって譲受人に対抗することができない。この場合において、債務者がその債務を消滅させるために譲渡人に払い渡したものがあるときはこれを取り戻し、譲渡人に対して負担した債務があるときはこれを成立しないものとみなすことができる。
2　第466条第4項の場合における前項の規定の適用については、同項中「対抗要件具備時」とあるのは、「第466条第4項の相当の期間を経過した時」とし、第466条の3の場合における同項の規定の適用につ	

資　料

改　正　法	現　行　法
いては、同項中「対抗要件具備時」とあるのは、「第466条の3の規定により同条の譲受人から供託の請求を受けた時」とする。	2　譲渡人が譲渡の通知をしたにとどまるときは、債務者は、その通知を受けるまでに譲渡人に対して生じた事由をもって譲受人に対抗することができる。
（債権の譲渡における相殺権）	（指図債権の譲渡の対抗要件）
第469条　債務者は、対抗要件具備時より前に取得した譲渡人に対する債権による相殺をもって譲受人に対抗することができる。 2　債務者が対抗要件具備時より後に取得した譲渡人に対する債権であっても、その債権が次に掲げるものであるときは、前項と同様とする。ただし、債務者が対抗要件具備時より後に他人の債権を取得したときは、この限りでない。 　一　対抗要件具備時より前の原因に基づいて生じた債権 　二　前号に掲げるもののほか、譲受人の取得した債権の発生原因である契約に基づいて生じた債権 3　第466条第4項の場合における前2項の規定の適用については、これらの規定中「対抗要件具備時」とあるのは、「第466条第4項の相当の期間を経過した時」とし、第466条の3の場合におけるこれらの規定の適用については、これらの規定中「対抗要件具備時」とあるのは、「第466条の3の規定により同条の譲受人から供託の請求を受けた時」とする。	**第469条**　指図債権の譲渡は、その証書に譲渡の裏書をして譲受人に交付しなければ、債務者その他の第三者に対抗することができない。
（削る）	（指図債権の債務者の調査の権利等） **第470条**　指図債権の債務者は、その証書の所持人並びにその署名及び押印の真偽を調査する権利を有するが、その義務を負わない。ただし、債務者に悪意又は重大な過失があるときは、その弁済は、無効とする。
（削る）	（記名式所持人払債権の債務者の調査の権利等） **第471条**　前条の規定は、債権に関する証書に債権者を指名する記載がされているが、その証書の所持人に弁済をすべき旨が付記されている場合について準用する。
（削る）	（指図債権の譲渡における債務者の抗弁の制限） **第472条**　指図債権の債務者は、その証書に記載した事項及びその証書の性質から当然に生ずる結果を除き、その指図債権の譲渡前の債権者に対抗することができた事由をもって善意の譲受人に対抗することができない。
（削る）	（無記名債権の譲渡における債務者の抗弁の制限） **第473条**　前条の規定は、無記名債権について準用する。
第5節　債務の引受け	（新設）
第1款　併存的債務引受	（新設）

○民法の一部を改正する法律新旧対照条文（抄）

改　正　法	現　行　法
（併存的債務引受の要件及び効果） **第470条**　併存的債務引受の引受人は、債務者と連帯して、債務者が債権者に対して負担する債務と同一の内容の債務を負担する。 2　併存的債務引受は、債権者と引受人となる者との契約によってすることができる。 3　併存的債務引受は、債務者と引受人となる者との契約によってもすることができる。この場合において、併存的債務引受は、債権者が引受人となる者に対して承諾をした時に、その効力を生ずる。 4　前項の規定によってする併存的債務引受は、第三者のためにする契約に関する規定に従う。	（新設）
（併存的債務引受における引受人の抗弁等） **第471条**　引受人は、併存的債務引受により負担した自己の債務について、その効力が生じた時に債務者が主張することができた抗弁をもって債権者に対抗することができる。 2　債務者が債権者に対して取消権又は解除権を有するときは、引受人は、これらの権利の行使によって債務者がその債務を免れるべき限度において、債権者に対して債務の履行を拒むことができる。	（新設）
第2款　免責的債務引受	（新設）
（免責的債務引受の要件及び効果） **第472条**　免責的債務引受の引受人は債務者が債権者に対して負担する債務と同一の内容の債務を負担し、債務者は自己の債務を免れる。 2　免責的債務引受は、債権者と引受人となる者との契約によってすることができる。この場合において、免責的債務引受は、債権者が債務者に対してその契約をした旨を通知した時に、その効力を生ずる。 3　免責的債務引受は、債務者と引受人となる者が契約をし、債権者が引受人となる者に対して承諾をすることによってもすることができる。	（新設）
（免責的債務引受における引受人の抗弁等） **第472条の2**　引受人は、免責的債務引受により負担した自己の債務について、その効力が生じた時に債務者が主張することができた抗弁をもって債権者に対抗することができる。 2　債務者が債権者に対して取消権又は解除権を有するときは、引受人は、免責的債務引受がなければこれらの権利の行使によって債務者がその債務を免れることができた限度において、債権者に対して債務の履行を拒むことができる。	（新設）
（免責的債務引受における引受人の求償権） **第472条の3**　免責的債務引受の引受人は、債務者に	（新設）

資料

改　正　法	現　行　法
対して求償権を取得しない。	
（免責的債務引受による担保の移転）	
第472条の4　債権者は、第472条第1項の規定により債務者が免れる債務の担保として設定された担保権を引受人が負担する債務に移すことができる。ただし、引受人以外の者がこれを設定した場合には、その承諾を得なければならない。	（新設）
2　前項の規定による担保権の移転は、あらかじめ又は同時に引受人に対してする意思表示によってしなければならない。	
3　前2項の規定は、第472条第1項の規定により債務者が免れる債務の保証をした者があるときについて準用する。	
4　前項の場合において、同項において準用する第1項の承諾は、書面でしなければ、その効力を生じない。	
5　前項の承諾がその内容を記録した電磁的記録によってされたときは、その承諾は、書面によってされたものとみなして、同項の規定を適用する。	
第6節　債権の消滅	第5節　債権の消滅
（弁済）	
第473条　債務者が債権者に対して債務の弁済をしたときは、その債権は、消滅する。	（新設）
（第三者の弁済）	（第三者の弁済）
第474条　債務の弁済は、第三者もすることができる。	**第474条**　債務の弁済は、第三者もすることができる。ただし、その債務の性質がこれを許さないとき、又は当事者が反対の意思を表示したときは、この限りでない。
2　弁済をするについて正当な利益を有する者でない第三者は、債務者の意思に反して弁済をすることができない。ただし、債務者の意思に反することを債権者が知らなかったときは、この限りでない。	2　利害関係を有しない第三者は、債務者の意思に反して弁済をすることができない。
3　前項に規定する第三者は、債権者の意思に反して弁済をすることができない。ただし、その第三者が債務者の委託を受けて弁済をする場合において、そのことを債権者が知っていたときは、この限りでない。	（新設）
4　前3項の規定は、その債務の性質が第三者の弁済を許さないとき、又は当事者が第三者の弁済を禁止し、若しくは制限する旨の意思表示をしたときは、適用しない。	（新設）
（弁済として引き渡した物の取戻し）	（弁済として引き渡した物の取戻し）
第475条　（略）	**第475条**　（同左）
（削る）	**第476条**　譲渡につき行為能力の制限を受けた所有者が弁済として物の引渡しをした場合において、その弁済を取り消したときは、その所有者は、更に有効な弁済をしなければ、その物を取り戻すことができない。

○民法の一部を改正する法律新旧対照条文（抄）

改 正 法	現 行 法
（弁済として引き渡した物の消費又は譲渡がされた場合の弁済の効力等） **第476条** 前条の場合において、債権者が弁済として受領した物を善意で消費し、又は譲り渡したときは、その弁済は、有効とする。この場合において、債権者が第三者から賠償の請求を受けたときは、弁済をした者に対して求償をすることを妨げない。	（弁済として引き渡した物の消費又は譲渡がされた場合の弁済の効力等） **第477条** 前2条の場合において、債権者が弁済として受領した物を善意で消費し、又は譲り渡したときは、その弁済は、有効とする。この場合において、債権者が第三者から賠償の請求を受けたときは、弁済をした者に対して求償をすることを妨げない。
（預金又は貯金の口座に対する払込みによる弁済） **第477条** <u>債権者の預金又は貯金の口座に対する払込みによってする弁済は、債権者がその預金又は貯金に係る債権の債務者に対してその払込みに係る金額の払戻しを請求する権利を取得した時に、その効力を生ずる。</u>	（新設）
（受領権者としての外観を有する者に対する弁済） **第478条** <u>受領権者（債権者及び法令の規定又は当事者の意思表示によって弁済を受領する権限を付与された第三者をいう。以下同じ。）以外の者であって取引上の社会通念に照らして受領権者としての外観を有するもの</u>に対してした弁済は、その弁済をした者が善意であり、かつ、過失がなかったときに限り、その効力を有する。	（債権の準占有者に対する弁済） **第478条** <u>債権の準占有者</u>に対してした弁済は、その弁済をした者が善意であり、かつ、過失がなかったときに限り、その効力を有する。
（受領権者以外の者に対する弁済） **第479条** 前条の場合を除き、<u>受領権者以外の者</u>に対してした弁済は、債権者がこれによって利益を受けた限度においてのみ、その効力を有する。	（受領する権限のない者に対する弁済） **第479条** 前条の場合を除き、<u>弁済を受領する権限を有しない者</u>に対してした弁済は、債権者がこれによって利益を受けた限度においてのみ、その効力を有する。
第480条 <u>削除</u>	（受取証書の持参人に対する弁済） **第480条** <u>受取証書の持参人は、弁済を受領する権限があるものとみなす。ただし、弁済をした者がその権限がないことを知っていたとき、又は過失によって知らなかったときは、この限りでない。</u>
（差押えを受けた債権の第三債務者の弁済） **第481条** <u>差押えを受けた債権</u>の第三債務者が自己の債権者に弁済をしたときは、差押債権者は、その受けた損害の限度において更に弁済をすべき旨を第三債務者に請求することができる。 2 （略）	（支払の差止めを受けた第三債務者の弁済） **第481条** <u>支払の差止めを受けた第三債務者</u>が自己の債権者に弁済をしたときは、差押債権者は、その受けた損害の限度において更に弁済をすべき旨を第三債務者に請求することができる。 2 （同左）
（代物弁済） **第482条** <u>弁済をすることができる者（以下「弁済者」という。）が、債権者との間で、債務者の負担した給付に代えて他の給付をすることにより債務を消滅させる旨の契約をした場合において、その弁済者が当該他の給付をしたときは、その給付は、弁済と同一の効力を有する。</u>	（代物弁済） **第482条** <u>債務者が、債権者の承諾を得て、その負担した給付に代えて他の給付をしたときは、その給付は、弁済と同一の効力を有する。</u>
（特定物の現状による引渡し） **第483条** 債権の目的が特定物の引渡しである<u>場合に</u>	（特定物の現状による引渡し） **第483条** 債権の目的が特定物の引渡しであるときは、

改　正　法	現　行　法
おいて、契約その他の債権の発生原因及び取引上の社会通念に照らしてその引渡しをすべき時の品質を定めることができないときは、弁済をする者は、その引渡しをすべき時の現状でその物を引き渡さなければならない。	弁済をする者は、その引渡しをすべき時の現状でその物を引き渡さなければならない。
<u>（弁済の場所及び時間）</u> **第484条**　（略） <u>2　法令又は慣習により取引時間の定めがあるときは、その取引時間内に限り、弁済をし、又は弁済の請求をすることができる。</u>	（弁済の場所） **第484条**　（同左） （新設）
（受取証書の交付請求） **第486条**　弁済をする者は、<u>弁済と引換えに、弁済を受領する者に対して</u>受取証書の交付を請求することができる。	（受取証書の交付請求） **第486条**　弁済を<u>した</u>者は、弁済を<u>受領した</u>者に対して受取証書の交付を請求することができる。
<u>（同種の給付を目的とする数個の債務がある場合の充当）</u> **第488条**　債務者が同一の債権者に対して同種の給付を目的とする数個の債務を負担する場合において、弁済として提供した給付が<u>全て</u>の債務を消滅させるのに足りないとき<u>（次条第1項に規定する場合を除く。）</u>は、弁済をする者は、給付の時に、その弁済を充当すべき債務を指定することができる。 2・3　（略） <u>4　弁済をする者及び弁済を受領する者がいずれも第1項又は第2項の規定による指定をしないときは、次の各号の定めるところに従い、その弁済を充当する。</u> 　<u>一　債務の中に弁済期にあるものと弁済期にないものとがあるときは、弁済期にあるものに先に充当する。</u> 　<u>二　全ての債務が弁済期にあるとき、又は弁済期にないときは、債務者のために弁済の利益が多いものに先に充当する。</u> 　<u>三　債務者のために弁済の利益が相等しいときは、弁済期が先に到来したもの又は先に到来すべきものに先に充当する。</u> 　<u>四　前2号に掲げる事項が相等しい債務の弁済は、各債務の額に応じて充当する。</u>	<u>（弁済の充当の指定）</u> **第488条**　債務者が同一の債権者に対して同種の給付を目的とする数個の債務を負担する場合において、弁済として提供した給付が<u>すべて</u>の債務を消滅させるのに足りないときは、弁済をする者は、給付の時に、その弁済を充当すべき債務を指定することができる。 2・3　（同左） （新設）
（元本、利息及び費用を支払うべき場合の充当） **第489条**　債務者が1個又は数個の債務について元本のほか利息及び費用を支払うべき場合（債務者が数個の債務を負担する場合にあっては、同一の債権者に対して同種の給付を目的とする数個の債務を負担するときに限る。）において、弁済をする者がその債務の全部を消滅させるのに足りない給付をしたときは、これを順次に費用、利息及び元本に充当しなければならない。	（法定充当） **第489条**　弁済をする者及び弁済を受領する者がいずれも前条の規定による弁済の充当の指定をしないときは、次の各号の定めるところに従い、その弁済を充当する。 　一　債務の中に弁済期にあるものと弁済期にないものとがあるときは、弁済期にあるものに先に充当する。 　二　すべての債務が弁済期にあるとき、又は弁済期

改　正　法	現　行　法
2　前条の規定は、前項の場合において、費用、利息又は元本のいずれかの全てを消滅させるのに足りない給付をしたときについて準用する。	にないときは、債務者のために弁済の利益が多いものに先に充当する。 三　債務者のために弁済の利益が相等しいときは、弁済期が先に到来したもの又は先に到来すべきものに先に充当する。 四　前2号に掲げる事項が相等しい債務の弁済は、各債務の額に応じて充当する。
（合意による弁済の充当） 第490条　前2条の規定にかかわらず、弁済をする者と弁済を受領する者との間に弁済の充当の順序に関する合意があるときは、その順序に従い、その弁済を充当する。	（新設）
（数個の給付をすべき場合の充当） 第491条　1個の債務の弁済として数個の給付をすべき場合において、弁済をする者がその債務の全部を消滅させるのに足りない給付をしたときは、前3条の規定を準用する。	（数個の給付をすべき場合の充当） 第490条　1個の債務の弁済として数個の給付をすべき場合において、弁済をする者がその債務の全部を消滅させるのに足りない給付をしたときは、前2条の規定を準用する。
（削る）	（元本、利息及び費用を支払うべき場合の充当） 第491条　債務者が1個又は数個の債務について元本のほか利息及び費用を支払うべき場合において、弁済をする者がその債務の全部を消滅させるのに足りない給付をしたときは、これを順次に費用、利息及び元本に充当しなければならない。 2　第489条の規定は、前項の場合について準用する。
（弁済の提供の効果） 第492条　債務者は、弁済の提供の時から、債務を履行しないことによって生ずべき責任を免れる。	（弁済の提供の効果） 第492条　債務者は、弁済の提供の時から、債務の不履行によって生ずべき一切の責任を免れる。
（供託） 第494条　弁済者は、次に掲げる場合には、債権者のために弁済の目的物を供託することができる。この場合においては、弁済者が供託をした時に、その債権は、消滅する。 一　弁済の提供をした場合において、債権者がその受領を拒んだとき。 二　債権者が弁済を受領することができないとき。 2　弁済者が債権者を確知することができないときも、前項と同様とする。ただし、弁済者に過失があるときは、この限りでない。	（供託） 第494条　債権者が弁済の受領を拒み、又はこれを受領することができないときは、弁済をすることができる者（以下この目において「弁済者」という。）は、債権者のために弁済の目的物を供託してその債務を免れることができる。弁済者が過失なく債権者を確知することができないときも、同様とする。
（供託に適しない物等） 第497条　弁済者は、次に掲げる場合には、裁判所の許可を得て、弁済の目的物を競売に付し、その代金を供託することができる。 一　その物が供託に適しないとき。 二　その物について滅失、損傷その他の事由による価格の低落のおそれがあるとき。	（供託に適しない物等） 第497条　弁済の目的物が供託に適しないとき、又はその物について滅失若しくは損傷のおそれがあるときは、弁済者は、裁判所の許可を得て、これを競売に付し、その代金を供託することができる。その物の保存について過分の費用を要するときも、同様とする。

資　料

改　正　法	現　行　法
三　その物の保存について過分の費用を要するとき。 四　前3号に掲げる場合のほか、その物を供託することが困難な事情があるとき。 （供託物の還付請求等） **第498条**　弁済の目的物又は前条の代金が供託された場合には、債権者は、供託物の還付を請求することができる。 2　（略）	 （供託物の受領の要件） **第498条**　（新設） （同左）
（弁済による代位の要件） **第499条**　債務者のために弁済をした者は、債権者に代位する。 （削る）	（任意代位） **第499条**　債務者のために弁済をした者は、その弁済と同時に債権者の承諾を得て、債権者に代位することができる。 2　第467条の規定は、前項の場合について準用する。
 第500条　第467条の規定は、前条の場合（弁済をするについて正当な利益を有する者が債権者に代位する場合を除く。）について準用する。 （弁済による代位の効果） **第501条**　前2条の規定により債権者に代位した者は、債権の効力及び担保としてその債権者が有していた一切の権利を行使することができる。 （削る）	（法定代位） **第500条**　弁済をするについて正当な利益を有する者は、弁済によって当然に債権者に代位する。 （弁済による代位の効果） **第501条**　前2条の規定により債権者に代位した者は、自己の権利に基づいて求償をすることができる範囲内において、債権の効力及び担保としてその債権者が有していた一切の権利を行使することができる。この場合においては、次の各号の定めるところに従わなければならない。 一　保証人は、あらかじめ先取特権、不動産質権又は抵当権の登記にその代位を付記しなければ、その先取特権、不動産質権又は抵当権の目的である不動産の第三取得者に対して債権者に代位することができない。
（削る）	二　第三取得者は、保証人に対して債権者に代位しない。
（削る）	三　第三取得者の1人は、各不動産の価格に応じて、他の第三取得者に対して債権者に代位する。
（削る）	四　物上保証人の1人は、各財産の価格に応じて、他の物上保証人に対して債権者に代位する。
（削る）	五　保証人と物上保証人との間においては、その数に応じて、債権者に代位する。ただし、物上保証人が数人あるときは、保証人の負担部分を除いた残額について、各財産の価格に応じて、債権者に代位する。
（削る）	六　前号の場合において、その財産が不動産であるときは、第1号の規定を準用する。
2　前項の規定による権利の行使は、債権者に代位した者が自己の権利に基づいて債務者に対して求償をすることができる範囲内（保証人の1人が他の保証人に対して債権者に代位する場合には、自己の権利に	（新設）

252
Appendix

改　正　法	現　行　法
基づいて当該他の保証人に対して求償をすることが できる範囲内）に限り、することができる。 3　第1項の場合には、前項の規定によるほか、次に掲 げるところによる。 　一　第三取得者（債務者から担保の目的となってい 　　る財産を譲り受けた者をいう。以下この項におい 　　て同じ。）は、保証人及び物上保証人に対して債権 　　者に代位しない。 　二　第三取得者の1人は、各財産の価格に応じて、 　　他の第三取得者に対して債権者に代位する。 　三　前号の規定は、物上保証人の1人が他の物上保 　　証人に対して債権者に代位する場合について準用 　　する。 　四　保証人と物上保証人との間においては、その数 　　に応じて、債権者に代位する。ただし、物上保証 　　人が数人あるときは、保証人の負担部分を除いた 　　残額について、各財産の価格に応じて、債権者に 　　代位する。 　五　第三取得者から担保の目的となっている財産を 　　譲り受けた者は、第三取得者とみなして第1号及 　　び第2号の規定を適用し、物上保証人から担保の 　　目的となっている財産を譲り受けた者は、物上保 　　証人とみなして第1号、第3号及び前号の規定を 　　適用する。	（新設）
（一部弁済による代位） **第502条**　債権の一部について代位弁済があったとき は、代位者は、債権者の同意を得て、その弁済をし た価額に応じて、債権者とともにその権利を行使す ることができる。	（一部弁済による代位） **第502条**　債権の一部について代位弁済があったとき は、代位者は、その弁済をした価額に応じて、債権 者とともにその権利を行使する。
2　前項の場合であっても、債権者は、単独でその権利 を行使することができる。	（新設）
3　前2項の場合に債権者が行使する権利は、その債権 の担保の目的となっている財産の売却代金その他の 当該権利の行使によって得られる金銭について、代 位者が行使する権利に優先する。	（新設）
4　第1項の場合において、債務の不履行による契約の 解除は、債権者のみがすることができる。この場合 においては、代位者に対し、その弁済をした価額及 びその利息を償還しなければならない。	2　前項の場合において、債務の不履行による契約の解 除は、債権者のみがすることができる。この場合に おいては、代位者に対し、その弁済をした価額及び その利息を償還しなければならない。
（債権者による担保の喪失等） **第504条**　弁済をするについて正当な利益を有する者 （以下この項において「代位権者」という。）がある 場合において、債権者が故意又は過失によってその 担保を喪失し、又は減少させたときは、その代位権 者は、代位をするに当たって担保の喪失又は減少に よって償還を受けることができなくなる限度におい て、その責任を免れる。その代位権者が物上保証人	（債権者による担保の喪失等） **第504条**　第500条の規定により代位をすることがで きる者がある場合において、債権者が故意又は過失 によってその担保を喪失し、又は減少させたときは、 その代位をすることができる者は、その喪失又は減 少によって償還を受けることができなくなった限度 において、その責任を免れる。

改　正　法	現　行　法
である場合において、その代位権者から担保の目的となっている財産を譲り受けた第三者及びその特定承継人についても、同様とする。 2　前項の規定は、債権者が担保を喪失し、又は減少させたことについて取引上の社会通念に照らして合理的な理由があると認められるときは、適用しない。	（新設）
（相殺の要件等） **第505条**　（略） 2　前項の規定にかかわらず、当事者が相殺を禁止し、又は制限する旨の意思表示をした場合には、その意思表示は、第三者がこれを知り、又は重大な過失によって知らなかったときに限り、その第三者に対抗することができる。	（相殺の要件等） **第505条**　（同左） 2　前項の規定は、当事者が反対の意思を表示した場合には、適用しない。ただし、その意思表示は、善意の第三者に対抗することができない。
<u>（不法行為等により生じた債権を受働債権とする相殺の禁止）</u> **第509条**　次に掲げる債務の債務者は、相殺をもって債権者に対抗することができない。ただし、その債権者がその債務に係る債権を他人から譲り受けたときは、この限りでない。 　一　悪意による不法行為に基づく損害賠償の債務 　二　人の生命又は身体の侵害による損害賠償の債務 　（前号に掲げるものを除く。）	<u>（不法行為により生じた債権を受働債権とする相殺の禁止）</u> **第509条**　債務が不法行為によって生じたときは、その債務者は、相殺をもって債権者に対抗することができない。
<u>（差押えを受けた債権を受働債権とする相殺の禁止）</u> **第511条**　差押えを受けた債権の第三債務者は、差押え後に取得した債権による相殺をもって差押債権者に対抗することはできないが、差押え前に取得した債権による相殺をもって対抗することができる。 2　前項の規定にかかわらず、差押え後に取得した債権が差押え前の原因に基づいて生じたものであるときは、その第三債務者は、その債権による相殺をもって差押債権者に対抗することができる。ただし、第三債務者が差押え後に他人の債権を取得したときは、この限りでない。	<u>（支払の差止めを受けた債権を受働債権とする相殺の禁止）</u> **第511条**　支払の差止めを受けた第三債務者は、その後に取得した債権による相殺をもって差押債権者に対抗することができない。 （新設）
<u>（相殺の充当）</u> **第512条**　債権者が債務者に対して有する1個又は数個の債権と、債権者が債務者に対して負担する1個又は数個の債務について、債権者が相殺の意思表示をした場合において、当事者が別段の合意をしなかったときは、債権者の有する債権とその負担する債務は、相殺に適するようになった時期の順序に従って、その対当額について相殺によって消滅する。 2　前項の場合において、相殺をする債権者の有する債権がその負担する債務の全部を消滅させるのに足りないときであって、当事者が別段の合意をしなかったときは、次に掲げるところによる。	<u>（相殺の充当）</u> **第512条**　第488条から第491条までの規定は、相殺について準用する。

○民法の一部を改正する法律新旧対照条文（抄）

改 正 法	現 行 法
二　債権者が数個の債務を負担するとき（次号に規定する場合を除く。）は、第488条第4項第2号から第4号までの規定を準用する。 　三　債権者が負担する1個又は数個の債務について元本のほか利息及び費用を支払うべきときは、第489条の規定を準用する。この場合において、同条第2項中「前条」とあるのは、「前条第4項第2号から第4号まで」と読み替えるものとする。 3　第1項の場合において、相殺をする債権者の負担する債務がその有する債権の全部を消滅させるのに足りないときは、前項の規定を準用する。	
第534条及び第535条　削除	（債権者の危険負担） **第534条**　特定物に関する物権の設定又は移転を双務契約の目的とした場合において、その物が債務者の責めに帰することができない事由によって滅失し、又は損傷したときは、その滅失又は損傷は、債権者の負担に帰する。 2　不特定物に関する契約については、第401条第2項の規定によりその物が確定した時から、前項の規定を適用する。 （停止条件付双務契約における危険負担） **第535条**　前条の規定は、停止条件付双務契約の目的物が条件の成否が未定である間に滅失した場合には、適用しない。 2　停止条件付双務契約の目的物が債務者の責めに帰することができない事由によって損傷したときは、その損傷は、債権者の負担に帰する。 3　停止条件付双務契約の目的物が債務者の責めに帰すべき事由によって損傷した場合において、条件が成就したときは、債権者は、その選択に従い、契約の履行の請求又は解除権の行使をすることができる。この場合においては、損害賠償の請求を妨げない。
（債務者の危険負担等） **第536条**　当事者双方の責めに帰することができない事由によって債務を履行することができなくなったときは、債権者は、反対給付の履行を拒むことができる。 2　債権者の責めに帰すべき事由によって債務を履行することができなくなったときは、債権者は、反対給付の履行を拒むことができない。この場合において、債務者は、自己の債務を免れたことによって利益を得たときは、これを債権者に償還しなければならない。	（債務者の危険負担等） **第536条**　前2条に規定する場合を除き、当事者双方の責めに帰することができない事由によって債務を履行することができなくなったときは、債務者は、反対給付を受ける権利を有しない。 2　債権者の責めに帰すべき事由によって債務を履行することができなくなったときは、債務者は、反対給付を受ける権利を失わない。この場合において、自己の債務を免れたことによって利益を得たときは、これを債権者に償還しなければならない。
（第三者のためにする契約） **第537条**　（略） 2　前項の契約は、その成立の時に第三者が現に存しない場合又は第三者が特定していない場合であっても、そのためにその効力を妨げられない。	（第三者のためにする契約） **第537条**　（同左） （新設）

改　正　法	現　行　法
3　第1項の場合において、第三者の権利は、その第三者が債務者に対して同項の契約の利益を享受する意思を表示した時に発生する。	2　前項の場合において、第三者の権利は、その第三者が債務者に対して同項の契約の利益を享受する意思を表示した時に発生する。
（第三者の権利の確定）	（第三者の権利の確定）
第538条　（略）	**第538条**　（同左）
2　前条の規定により第三者の権利が発生した後に、債務者がその第三者に対する債務を履行しない場合には、同条第1項の契約の相手方は、その第三者の承諾を得なければ、契約を解除することができない。	（新設）
第3款　契約上の地位の移転	（新設）
第539条の2　契約の当事者の一方が第三者との間で契約上の地位を譲渡する旨の合意をした場合において、その契約の相手方がその譲渡を承諾したときは、契約上の地位は、その第三者に移転する。	（新設）
第4款　契約の解除	第3款　契約の解除
（催告による解除）	（履行遅滞等による解除権）
第541条　当事者の一方がその債務を履行しない場合において、相手方が相当の期間を定めてその履行の催告をし、その期間内に履行がないときは、相手方は、契約の解除をすることができる。ただし、その期間を経過した時における債務の不履行がその契約及び取引上の社会通念に照らして軽微であるときは、この限りでない。	**第541条**　当事者の一方がその債務を履行しない場合において、相手方が相当の期間を定めてその履行の催告をし、その期間内に履行がないときは、相手方は、契約の解除をすることができる。
（催告によらない解除）	（定期行為の履行遅滞による解除権）
第542条　次に掲げる場合には、債権者は、前条の催告をすることなく、直ちに契約の解除をすることができる。 一　債務の全部の履行が不能であるとき。 二　債務者がその債務の全部の履行を拒絶する意思を明確に表示したとき。 三　債務の一部の履行が不能である場合又は債務者がその債務の一部の履行を拒絶する意思を明確に表示した場合において、残存する部分のみでは契約をした目的を達することができないとき。 四　契約の性質又は当事者の意思表示により、特定の日時又は一定の期間内に履行をしなければ契約をした目的を達することができない場合において、債務者が履行をしないでその時期を経過したとき。 五　前各号に掲げる場合のほか、債務者がその債務の履行をせず、債権者が前条の催告をしても契約をした目的を達するのに足りる履行がされる見込みがないことが明らかであるとき。 2　次に掲げる場合には、債権者は、前条の催告をすることなく、直ちに契約の一部の解除をすることができる。	**第542条**　契約の性質又は当事者の意思表示により、特定の日時又は一定の期間内に履行をしなければ契約をした目的を達することができない場合において、当事者の一方が履行をしないでその時期を経過したときは、相手方は、前条の催告をすることなく、直ちにその契約の解除をすることができる。

○民法の一部を改正する法律新旧対照条文（抄）

改 正 法	現 行 法
二　債務の一部の履行が不能であるとき。 三　債務者がその債務の一部の履行を拒絶する意思を明確に表示したとき。	
（債権者の責めに帰すべき事由による場合） **第543条**　債務の不履行が債権者の責めに帰すべき事由によるものであるときは、債権者は、前2条の規定による契約の解除をすることができない。	（履行不能による解除権） **第543条**　履行の全部又は一部が不能となったときは、債権者は、契約の解除をすることができる。ただし、その債務の不履行が債務者の責めに帰することができない事由によるものであるときは、この限りでない。
（解除の効果） **第545条**　（略） 2　（略） 3　第1項本文の場合において、金銭以外の物を返還するときは、その受領の時以後に生じた果実をも返還しなければならない。 4　（略）	（解除の効果） **第545条**　（同左） 2　（同左） （新設） 3　（同左）
（解除権者の故意による目的物の損傷等による解除権の消滅） **第548条**　解除権を有する者が故意若しくは過失によって契約の目的物を著しく損傷し、若しくは返還することができなくなったとき、又は加工若しくは改造によってこれを他の種類の物に変えたときは、解除権は、消滅する。ただし、解除権を有する者がその解除権を有することを知らなかったときは、この限りでない。	（解除権者の行為等による解除権の消滅） **第548条**　解除権を有する者が<u>自己の行為</u>若しくは過失によって契約の目的物を著しく損傷し、若しくは返還することができなくなったとき、又は加工若しくは改造によってこれを他の種類の物に変えたときは、解除権は、消滅する。
第5款　定型約款	（新設）
（定型約款の合意） **第548条の2**　定型取引（ある特定の者が不特定多数の者を相手方として行う取引であって、その内容の全部又は一部が画一的であることがその双方にとって合理的なものをいう。以下同じ。）を行うことの合意（次条において「定型取引合意」という。）をした者は、次に掲げる場合には、定型約款（定型取引において、契約の内容とすることを目的としてその特定の者により準備された条項の総体をいう。以下同じ。）の個別の条項についても合意をしたものとみなす。 一　定型約款を契約の内容とする旨の合意をしたとき。 二　定型約款を準備した者（以下「定型約款準備者」という。）があらかじめその定型約款を契約の内容とする旨を相手方に表示していたとき。 2　前項の規定にかかわらず、同項の条項のうち、相手方の権利を制限し、又は相手方の義務を加重する条項であって、その定型取引の態様及びその実情並びに取引上の社会通念に照らして第1条第2項に規定する基本原則に反して相手方の利益を一方的に害す	（新設）

改　正　法	現　行　法
ると認められるものについては、合意をしなかったものとみなす。	
（定型約款の内容の表示） **第548条の3**　定型取引を行い、又は行おうとする定型約款準備者は、定型取引合意の前又は定型取引合意の後相当の期間内に相手方から請求があった場合には、遅滞なく、相当な方法でその定型約款の内容を示さなければならない。ただし、定型約款準備者が既に相手方に対して定型約款を記載した書面を交付し、又はこれを記録した電磁的記録を提供していたときは、この限りでない。 2　定型約款準備者が定型取引合意の前において前項の請求を拒んだときは、前条の規定は、適用しない。ただし、一時的な通信障害が発生した場合その他正当な事由がある場合は、この限りでない。	（新設）
（定型約款の変更） **第548条の4**　定型約款準備者は、次に掲げる場合には、定型約款の変更をすることにより、変更後の定型約款の条項について合意があったものとみなし、個別に相手方と合意をすることなく契約の内容を変更することができる。 　一　定型約款の変更が、相手方の一般の利益に適合するとき。 　二　定型約款の変更が、契約をした目的に反せず、かつ、変更の必要性、変更後の内容の相当性、この条の規定により定型約款の変更をすることがある旨の定めの有無及びその内容その他の変更に係る事情に照らして合理的なものであるとき。 2　定型約款準備者は、前項の規定による定型約款の変更をするときは、その効力発生時期を定め、かつ、定型約款を変更する旨及び変更後の定型約款の内容並びにその効力発生時期をインターネットの利用その他の適切な方法により周知しなければならない。 3　第1項第2号の規定による定型約款の変更は、前項の効力発生時期が到来するまでに同項の規定による周知をしなければ、その効力を生じない。 4　第548条の2第2項の規定は、第1項の規定による定型約款の変更については、適用しない。	（新設）
（贈与者の引渡義務等） **第551条**　贈与者は、贈与の目的である物又は権利を、贈与の目的として特定した時の状態で引き渡し、又は移転することを約したものと推定する。 2　（略）	（贈与者の担保責任） **第551条**　贈与者は、贈与の目的である物又は権利の瑕疵又は不存在について、その責任を負わない。ただし、贈与者がその瑕疵又は不存在を知りながら受贈者に告げなかったときは、この限りでない。 2　（同左）
（手付） **第557条**　買主が売主に手付を交付したときは、買主	（手付） **第557条**　買主が売主に手付を交付したときは、<u>当事</u>

○民法の一部を改正する法律新旧対照条文（抄）

改 正 法	現 行 法
はその手付を放棄し、売主はその倍額を現実に提供して、契約の解除をすることができる。ただし、その相手方が契約の履行に着手した後は、この限りでない。 2　第545条第4項の規定は、前項の場合には、適用しない。 （有償契約への準用） **第559条**　この節の規定は、売買以外の有償契約について準用する。ただし、その有償契約の性質がこれを許さないときは、この限りでない。 （権利移転の対抗要件に係る売主の義務） **第560条**　売主は、買主に対し、登記、登録その他の売買の目的である権利の移転についての対抗要件を備えさせる義務を負う。 （他人の権利の売買における売主の義務） **第561条**　他人の権利（権利の一部が他人に属する場合におけるその権利の一部を含む。）を売買の目的としたときは、売主は、その権利を取得して買主に移転する義務を負う。 （買主の追完請求権） **第562条**　引き渡された目的物が種類、品質又は数量に関して契約の内容に適合しないものであるときは、買主は、売主に対し、目的物の修補、代替物の引渡し又は不足分の引渡しによる履行の追完を請求することができる。ただし、売主は、買主に不相当な負担を課するものでないときは、買主が請求した方法と異なる方法による履行の追完をすることができる。 2　前項の不適合が買主の責めに帰すべき事由によるものであるときは、買主は、同項の規定による履行の追完の請求をすることができない。 （買主の代金減額請求権） **第563条**　前条第1項本文に規定する場合において、買主が相当の期間を定めて履行の追完の催告をし、その期間内に履行の追完がないときは、買主は、その不適合の程度に応じて代金の減額を請求することができる。 2　前項の規定にかかわらず、次に掲げる場合には、買主は、同項の催告をすることなく、直ちに代金の減額を請求することができる。 　一　履行の追完が不能であるとき。 　二　売主が履行の追完を拒絶する意思を明確に表示したとき。 　三　契約の性質又は当事者の意思表示により、特定の日時又は一定の期間内に履行をしなければ契約	者の一方が契約の履行に着手するまでは、買主はその手付を放棄し、売主はその倍額を償還して、契約の解除をすることができる。 2　第545条第3項の規定は、前項の場合には、適用しない。 （有償契約への準用） **第559条**　（同左） （他人の権利の売買における売主の義務） **第560条**　他人の権利を売買の目的としたときは、売主は、その権利を取得して買主に移転する義務を負う。 （他人の権利の売買における売主の担保責任） **第561条**　前条の場合において、売主がその売却した権利を取得して買主に移転することができないときは、買主は、契約の解除をすることができる。この場合において、契約の時においてその権利が売主に属しないことを知っていたときは、損害賠償の請求をすることができない。 （他人の権利の売買における善意の売主の解除権） **第562条**　売主が契約の時においてその売却した権利が自己に属しないことを知らなかった場合において、その権利を取得して買主に移転することができないときは、売主は、損害を賠償して、契約の解除をすることができる。 2　前項の場合において、買主が契約の時においてその買い受けた権利が売主に属しないことを知っていたときは、売主は、買主に対し、単にその売却した権利を移転することができない旨を通知して、契約の解除をすることができる。 （権利の一部が他人に属する場合における売主の担保責任） **第563条**　売買の目的である権利の一部が他人に属することにより、売主がこれを買主に移転することができないときは、買主は、その不足する部分の割合に応じて代金の減額を請求することができる。 2　前項の場合において、残存する部分のみであれば買主がこれを買い受けなかったときは、善意の買主は、契約の解除をすることができる。 3　代金減額の請求又は契約の解除は、善意の買主が損害賠償の請求をすることを妨げない。

259
Appendix

改　正　法	現　行　法
をした目的を達することができない場合において、売主が履行の追完をしないでその時期を経過したとき。 　四　前3号に掲げる場合のほか、買主が前項の催告をしても履行の追完を受ける見込みがないことが明らかであるとき。 3　第1項の不適合が買主の責めに帰すべき事由によるものであるときは、買主は、前2項の規定による代金の減額の請求をすることができない。	
（買主の損害賠償請求及び解除権の行使） **第564条**　前2条の規定は、第415条の規定による損害賠償の請求並びに第541条及び第542条の規定による解除権の行使を妨げない。	**第564条**　前条の規定による権利は、買主が善意であったときは事実を知った時から、悪意であったときは契約の時から、それぞれ1年以内に行使しなければならない。
（移転した権利が契約の内容に適合しない場合における売主の担保責任） **第565条**　前3条の規定は、売主が買主に移転した権利が契約の内容に適合しないものである場合（権利の一部が他人に属する場合においてその権利の一部を移転しないときを含む。）について準用する。	（数量の不足又は物の一部滅失の場合における売主の担保責任） **第565条**　前2条の規定は、数量を指示して売買をした物に不足がある場合又は物の一部が契約の時に既に滅失していた場合において、買主がその不足又は滅失を知らなかったときについて準用する。
（目的物の種類又は品質に関する担保責任の期間の制限） **第566条**　売主が種類又は品質に関して契約の内容に適合しない目的物を買主に引き渡した場合において、買主がその不適合を知った時から1年以内にその旨を売主に通知しないときは、買主は、その不適合を理由として、履行の追完の請求、代金の減額の請求、損害賠償の請求及び契約の解除をすることができない。ただし、売主が引渡しの時にその不適合を知り、又は重大な過失によって知らなかったときは、この限りでない。	（地上権等がある場合等における売主の担保責任） **第566条**　売買の目的物が地上権、永小作権、地役権、留置権又は質権の目的である場合において、買主がこれを知らず、かつ、そのために契約をした目的を達することができないときは、買主は、契約の解除をすることができる。この場合において、契約の解除をすることができないときは、損害賠償の請求のみをすることができる。 2　前項の規定は、売買の目的である不動産のために存すると称した地役権が存しなかった場合及びその不動産について登記をした賃貸借があった場合について準用する。 3　前2項の場合において、契約の解除又は損害賠償の請求は、買主が事実を知った時から1年以内にしなければならない。
（目的物の滅失等についての危険の移転） **第567条**　売主が買主に目的物（売買の目的として特定したものに限る。以下この条において同じ。）を引き渡した場合において、その引渡しがあった時以後にその目的物が当事者双方の責めに帰することができない事由によって滅失し、又は損傷したときは、買主は、その滅失又は損傷を理由として、履行の追完の請求、代金の減額の請求、損害賠償の請求及び契約の解除をすることができない。この場合において、買主は、代金の支払を拒むことができない。	（抵当権等がある場合における売主の担保責任） **第567条**　売買の目的である不動産について存した先取特権又は抵当権の行使により買主がその所有権を失ったときは、買主は、契約の解除をすることができる。 2　買主は、費用を支出してその所有権を保存したときは、売主に対し、その費用の償還を請求することができる。 3　前2項の場合において、買主は、損害を受けたときは、その賠償を請求することができる。

○民法の一部を改正する法律新旧対照条文（抄）

改　正　法	現　行　法
<u>2　売主が契約の内容に適合する目的物をもって、その引渡しの債務の履行を提供したにもかかわらず、買主がその履行を受けることを拒み、又は受けることができない場合において、その履行の提供があった時以後に当事者双方の責めに帰することができない事由によってその目的物が滅失し、又は損傷したときも、前項と同様とする。</u>	
（競売における担保責任等）	（強制競売における担保責任）
第568条　<u>民事執行法その他の法律の規定に基づく競売（以下この条において単に「競売」という。）における買受人は、第541条及び第542条の規定並びに第563条（第565条において準用する場合を含む。）の規定により、債務者に対し、契約の解除をし、又は代金の減額を請求することができる。</u>	第568条　強制競売における買受人は、<u>第561条から前条までの規定により、債務者に対し、契約の解除をし、又は代金の減額を請求することができる。</u>
2・3　（略）	2・3　（同左）
<u>4　前3項の規定は、競売の目的物の種類又は品質に関する不適合については、適用しない。</u>	（新設）
（抵当権等がある場合の買主による費用の償還請求）	（売主の瑕疵担保責任）
第570条　<u>買い受けた不動産について契約の内容に適合しない先取特権、質権又は抵当権が存していた場合において、買主が費用を支出してその不動産の所有権を保存したときは、買主は、売主に対し、その費用の償還を請求することができる。</u>	第570条　<u>売買の目的物に隠れた瑕疵があったときは、第566条の規定を準用する。ただし、強制競売の場合は、この限りでない。</u>
	（売主の担保責任と同時履行）
第571条　削除	第571条　<u>第533条の規定は、第563条から第566条まで及び前条の場合について準用する。</u>
（担保責任を負わない旨の特約）	（担保責任を負わない旨の特約）
第572条　売主は、<u>第562条第1項本文又は第565条に規定する場合における担保の責任を負わない旨の特約</u>をしたときであっても、知りながら告げなかった事実及び自ら第三者のために設定し又は第三者に譲り渡した権利については、その責任を免れることができない。	第572条　売主は、<u>第560条から前条までの規定による担保の責任を負わない旨の特約</u>をしたときであっても、知りながら告げなかった事実及び自ら第三者のために設定し又は第三者に譲り渡した権利については、その責任を免れることができない。
（権利を<u>取得することができない等</u>のおそれがある場合の買主による代金の支払の拒絶）	（権利を<u>失う</u>おそれがある場合の買主による代金の支払の拒絶）
第576条　売買の目的について権利を主張する者が<u>あることその他の事由により、買主がその買い受けた権利の全部若しくは一部を取得することができず、又は失うおそれがあるときは、買主は、その危険の程度に応じて、</u>代金の全部又は一部の支払を拒むことができる。ただし、売主が相当の担保を供したときは、この限りでない。	第576条　売買の目的について権利を主張する者が<u>あるために買主がその買い受けた権利の全部又は一部を失うおそれがあるときは、買主は、その危険の限度に応じて、</u>代金の全部又は一部の支払を拒むことができる。ただし、売主が相当の担保を供したときは、この限りでない。
（抵当権等の登記がある場合の買主による代金の支払の拒絶）	（抵当権等の登記がある場合の買主による代金の支払の拒絶）
第577条　買い受けた不動産について<u>契約の内容に適合しない抵当権</u>の登記があるときは、買主は、抵当権消滅請求の手続が終わるまで、その代金の支払を	第577条　買い受けた不動産について<u>抵当権</u>の登記があるときは、買主は、抵当権消滅請求の手続が終わるまで、その代金の支払を拒むことができる。この

改　正　法	現　行　法
拒むことができる。この場合において、売主は、買主に対し、遅滞なく抵当権消滅請求をすべき旨を請求することができる。 2　前項の規定は、買い受けた不動産について契約の内容に適合しない先取特権又は質権の登記がある場合について準用する。	場合において、売主は、買主に対し、遅滞なく抵当権消滅請求をすべき旨を請求することができる。 2　前項の規定は、買い受けた不動産について先取特権又は質権の登記がある場合について準用する。
（買戻しの特約） **第579条**　不動産の売主は、売買契約と同時にした買戻しの特約により、買主が支払った代金（別段の合意をした場合にあっては、その合意により定めた金額。第583条第1項において同じ。）及び契約の費用を返還して、売買の解除をすることができる。この場合において、当事者が別段の意思を表示しなかったときは、不動産の果実と代金の利息とは相殺したものとみなす。	（買戻しの特約） **第579条**　不動産の売主は、売買契約と同時にした買戻しの特約により、買主が支払った代金及び契約の費用を返還して、売買の解除をすることができる。この場合において、当事者が別段の意思を表示しなかったときは、不動産の果実と代金の利息とは相殺したものとみなす。
（買戻しの特約の対抗力） **第581条**　売買契約と同時に買戻しの特約を登記したときは、買戻しは、第三者に対抗することができる。 2　前項の登記がされた後に第605条の2第1項に規定する対抗要件を備えた賃借人の権利は、その残存期間中1年を超えない期間に限り、売主に対抗することができる。ただし、売主を害する目的で賃貸借をしたときは、この限りでない。	（買戻しの特約の対抗力） **第581条**　売買契約と同時に買戻しの特約を登記したときは、買戻しは、第三者に対しても、その効力を生ずる。 2　登記をした賃借人の権利は、その残存期間中1年を超えない期間に限り、売主に対抗することができる。ただし、売主を害する目的で賃貸借をしたときは、この限りでない。
（書面でする消費貸借等） **第587条の2**　前条の規定にかかわらず、書面でする消費貸借は、当事者の一方が金銭その他の物を引き渡すことを約し、相手方がその受け取った物と種類、品質及び数量の同じ物をもって返還をすることを約することによって、その効力を生ずる。 2　書面でする消費貸借の借主は、貸主から金銭その他の物を受け取るまで、契約の解除をすることができる。この場合において、貸主は、その契約の解除によって損害を受けたときは、借主に対し、その賠償を請求することができる。 3　書面でする消費貸借は、借主が貸主から金銭その他の物を受け取る前に当事者の一方が破産手続開始の決定を受けたときは、その効力を失う。 4　消費貸借がその内容を記録した電磁的記録によってされたときは、その消費貸借は、書面によってされたものとみなして、前3項の規定を適用する。	（新設）
（準消費貸借） **第588条**　金銭その他の物を給付する義務を負う者がある場合において、当事者がその物を消費貸借の目的とすることを約したときは、消費貸借は、これによって成立したものとみなす。	（準消費貸借） **第588条**　消費貸借によらないで金銭その他の物を給付する義務を負う者がある場合において、当事者がその物を消費貸借の目的とすることを約したときは、消費貸借は、これによって成立したものとみなす。

○民法の一部を改正する法律新旧対照条文（抄）

改　正　法	現　行　法
（利息） **第589条**　貸主は、特約がなければ、借主に対して利息を請求することができない。 2　前項の特約があるときは、貸主は、借主が金銭その他の物を受け取った日以後の利息を請求することができる。	（消費貸借の予約と破産手続の開始） **第589条**　消費貸借の予約は、その後に当事者の一方が破産手続開始の決定を受けたときは、その効力を失う。
（貸主の引渡義務等） **第590条**　第551条の規定は、前条第1項の特約のない消費貸借について準用する。 2　前条第1項の特約の有無にかかわらず、貸主から引き渡された物が種類又は品質に関して契約の内容に適合しないものであるときは、借主は、その物の価額を返還することができる。	（貸主の担保責任） **第590条**　利息付きの消費貸借において、物に隠れた瑕疵があったときは、貸主は、瑕疵がない物をもってこれに代えなければならない。この場合においては、損害賠償の請求を妨げない。 2　無利息の消費貸借においては、借主は、瑕疵がある物の価額を返還することができる。この場合において、貸主がその瑕疵を知りながら借主に告げなかったときは、前項の規定を準用する。
（返還の時期） **第591条**　（略） 2　借主は、返還の時期の定めの有無にかかわらず、いつでも返還をすることができる。 3　当事者が返還の時期を定めた場合において、貸主は、借主がその時期の前に返還をしたことによって損害を受けたときは、借主に対し、その賠償を請求することができる。	（返還の時期） **第591条**　（同左） 2　借主は、いつでも返還をすることができる。 （新設）
（借主による収去等） **第599条**　借主は、借用物を受け取った後にこれに附属させた物がある場合において、使用貸借が終了したときは、その附属させた物を収去する義務を負う。ただし、借用物から分離することができない物又は分離するのに過分の費用を要する物については、この限りでない。 2　借主は、借用物を受け取った後にこれに附属させた物を収去することができる。 3　借主は、借用物を受け取った後にこれに生じた損傷がある場合において、使用貸借が終了したときは、その損傷を原状に復する義務を負う。ただし、その損傷が借主の責めに帰することができない事由によるものであるときは、この限りでない。	（借主の死亡による使用貸借の終了） **第599条**　使用貸借は、借主の死亡によって、その効力を失う。
（損害賠償及び費用の償還の請求権についての期間の制限） **第600条**　（略） 2　前項の損害賠償の請求権については、貸主が返還を受けた時から1年を経過するまでの間は、時効は、完成しない。	（損害賠償及び費用の償還の請求権についての期間の制限） **第600条**　（同左） （新設）
（賃貸借） **第601条**　賃貸借は、当事者の一方がある物の使用及び収益を相手方にさせることを約し、相手方がこれ	（賃貸借） **第601条**　賃貸借は、当事者の一方がある物の使用及び収益を相手方にさせることを約し、相手方がこれ

263
Appendix

資料

改 正 法	現 行 法
に対してその賃料を支払うこと<u>及び引渡しを受けた物を契約が終了したときに返還すること</u>を約することによって、その効力を生ずる。	に対してその賃料を支払うことを約することによって、その効力を生ずる。
（短期賃貸借） **第602条** 処分の権限を有しない者が賃貸借をする場合には、次の各号に掲げる賃貸借は、それぞれ当該各号に定める期間を超えることができない。<u>契約でこれより長い期間を定めたときであっても、その期間は、当該各号に定める期間とする。</u>	（短期賃貸借） **第602条** <u>処分につき行為能力の制限を受けた者又は</u>処分の権限を有しない者が賃貸借をする場合には、次の各号に掲げる賃貸借は、それぞれ当該各号に定める期間を超えることができない。
一～四 （略）	一～四 （同左）
（賃貸借の存続期間） **第604条** 賃貸借の存続期間は、<u>50年</u>を超えることができない。契約でこれより長い期間を定めたときであっても、その期間は、<u>50年</u>とする。 2 賃貸借の存続期間は、更新することができる。ただし、その期間は、更新の時から<u>50年</u>を超えることができない。	（賃貸借の存続期間） **第604条** 賃貸借の存続期間は、<u>20年</u>を超えることができない。契約でこれより長い期間を定めたときであっても、その期間は、<u>20年</u>とする。 2 賃貸借の存続期間は、更新することができる。ただし、その期間は、更新の時から<u>20年</u>を超えることができない。
（不動産賃貸借の対抗力） **第605条** 不動産の賃貸借は、これを登記したときは、その不動産について物権を取得した者<u>その他の第三者に対抗することができる。</u>	（不動産賃貸借の対抗力） **第605条** 不動産の賃貸借は、これを登記したときは、<u>その後その</u>不動産について物権を取得した者に<u>対しても、その効力を生ずる。</u>
<u>（不動産の賃貸人たる地位の移転）</u> **第605条の2** <u>前条、借地借家法（平成3年法律第90号）第10条又は第31条その他の法令の規定による賃貸借の対抗要件を備えた場合において、その不動産が譲渡されたときは、その不動産の賃貸人たる地位は、その譲受人に移転する。</u> 2 <u>前項の規定にかかわらず、不動産の譲渡人及び譲受人が、賃貸人たる地位を譲渡人に留保する旨及びその不動産を譲受人が譲渡人に賃貸する旨の合意をしたときは、賃貸人たる地位は、譲受人に移転しない。この場合において、譲渡人と譲受人又はその承継人との間の賃貸借が終了したときは、譲渡人に留保されていた賃貸人たる地位は、譲受人又はその承継人に移転する。</u> 3 <u>第1項又は前項後段の規定による賃貸人たる地位の移転は、賃貸物である不動産について所有権の移転の登記をしなければ、賃借人に対抗することができない。</u> 4 <u>第1項又は第2項後段の規定により賃貸人たる地位が譲受人又はその承継人に移転したときは、第608条の規定による費用の償還に係る債務及び第622条の2第1項の規定による同項に規定する敷金の返還に係る債務は、譲受人又はその承継人が承継する。</u>	（新設）

264
Appendix

○民法の一部を改正する法律新旧対照条文（抄）

改　正　法	現　行　法
（合意による不動産の賃貸人たる地位の移転） **第605条の3**　不動産の譲渡人が賃貸人であるときは、その賃貸人たる地位は、賃借人の承諾を要しないで、譲渡人と譲受人との合意により、譲受人に移転させることができる。この場合においては、前条第3項及び第4項の規定を準用する。	（新設）
（不動産の賃借人による妨害の停止の請求等） **第605条の4**　不動産の賃借人は、第605条の2第1項に規定する対抗要件を備えた場合において、次の各号に掲げるときは、それぞれ当該各号に定める請求をすることができる。 　一　その不動産の占有を第三者が妨害しているとき　その第三者に対する妨害の停止の請求 　二　その不動産を第三者が占有しているとき　その第三者に対する返還の請求	（新設）
（賃貸人による修繕等） **第606条**　賃貸人は、賃貸物の使用及び収益に必要な修繕をする義務を負う。ただし、賃借人の責めに帰すべき事由によってその修繕が必要となったときは、この限りでない。 2　（略）	（賃貸物の修繕等） **第606条**　賃貸人は、賃貸物の使用及び収益に必要な修繕をする義務を負う。 2　（同左）
（賃借人による修繕） **第607条の2**　賃借物の修繕が必要である場合において、次に掲げるときは、賃借人は、その修繕をすることができる。 　一　賃借人が賃貸人に修繕が必要である旨を通知し、又は賃貸人がその旨を知ったにもかかわらず、賃貸人が相当の期間内に必要な修繕をしないとき。 　二　急迫の事情があるとき。	（新設）
（減収による賃料の減額請求） **第609条**　耕作又は牧畜を目的とする土地の賃借人は、不可抗力によって賃料より少ない収益を得たときは、その収益の額に至るまで、賃料の減額を請求することができる。	（減収による賃料の減額請求） **第609条**　収益を目的とする土地の賃借人は、不可抗力によって賃料より少ない収益を得たときは、その収益の額に至るまで、賃料の減額を請求することができる。ただし、宅地の賃貸借については、この限りでない。
（賃借物の一部滅失等による賃料の減額等） **第611条**　賃借物の一部が滅失その他の事由により使用及び収益をすることができなくなった場合において、それが賃借人の責めに帰することができない事由によるものであるときは、賃料は、その使用及び収益をすることができなくなった部分の割合に応じて、減額される。 2　賃借物の一部が滅失その他の事由により使用及び収益をすることができなくなった場合において、残存する部分のみでは賃借人が賃借をした目的を達することができないときは、賃借人は、契約の解除を	（賃借物の一部滅失による賃料の減額請求等） **第611条**　賃借物の一部が賃借人の過失によらないで滅失したときは、賃借人は、その滅失した部分の割合に応じて、賃料の減額を請求することができる。 2　前項の場合において、残存する部分のみでは賃借人が賃借をした目的を達することができないときは、賃借人は、契約の解除をすることができる。

改 正 法	現 行 法
することができる。 （転貸の効果） **第613条** 賃借人が適法に賃借物を転貸したときは、転借人は、賃貸人と賃借人との間の賃貸借に基づく賃借人の債務の範囲を限度として、賃貸人に対して転貸借に基づく債務を直接履行する義務を負う。この場合においては、賃料の前払をもって賃貸人に対抗することができない。 2　（略） 3　賃借人が適法に賃借物を転貸した場合には、賃貸人は、賃借人との間の賃貸借を合意により解除したことをもって転借人に対抗することができない。ただし、その解除の当時、賃貸人が賃借人の債務不履行による解除権を有していたときは、この限りでない。	（転貸の効果） **第613条** 賃借人が適法に賃借物を転貸したときは、転借人は、賃貸人に対して直接に義務を負う。この場合においては、賃料の前払をもって賃貸人に対抗することができない。 2　（同左） （新設）
（賃借人の原状回復義務） **第621条** 賃借人は、賃借物を受け取った後にこれに生じた損傷（通常の使用及び収益によって生じた賃借物の損耗並びに賃借物の経年変化を除く。以下この条において同じ。）がある場合において、賃貸借が終了したときは、その損傷を原状に復する義務を負う。ただし、その損傷が賃借人の責めに帰することができない事由によるものであるときは、この限りでない。	（損害賠償及び費用の償還の請求権についての期間の制限） **第621条** 第600条の規定は、賃貸借について準用する。
（使用貸借の規定の準用） **第622条** 第597条第1項、第599条第1項及び第2項並びに第6百条の規定は、賃貸借について準用する。	**第622条** 削除
第4款　敷金	（新設）
第622条の2 賃貸人は、敷金（いかなる名目によるかを問わず、賃料債務その他の賃貸借に基づいて生ずる賃借人の賃貸人に対する金銭の給付を目的とする債務を担保する目的で、賃借人が賃貸人に交付する金銭をいう。以下この条において同じ。）を受け取っている場合において、次に掲げるときは、賃借人に対し、その受け取った敷金の額から賃貸借に基づいて生じた賃借人の賃貸人に対する金銭の給付を目的とする債務の額を控除した残額を返還しなければならない。 一　賃貸借が終了し、かつ、賃貸物の返還を受けたとき。 二　賃借人が適法に賃借権を譲り渡したとき。 2　賃貸人は、賃借人が賃貸借に基づいて生じた金銭の給付を目的とする債務を履行しないときは、敷金をその債務の弁済に充てることができる。この場合において、賃借人は、賃貸人に対し、敷金をその債務の弁済に充てることを請求することができない。	（新設）
（注文者が受ける利益の割合に応じた報酬） **第634条** 次に掲げる場合において、請負人が既にし	（請負人の担保責任） **第634条** 仕事の目的物に瑕疵があるときは、注文者

○民法の一部を改正する法律新旧対照条文（抄）

改　正　法	現　行　法
た仕事の結果のうち可分な部分の給付によって注文者が利益を受けるときは、その部分を仕事の完成とみなす。この場合において、請負人は、注文者が受ける利益の割合に応じて報酬を請求することができる。 一　注文者の責めに帰することができない事由によって仕事を完成することができなくなったとき。 二　請負が仕事の完成前に解除されたとき。 **第635条**　削除	は、請負人に対し、相当の期間を定めて、その瑕疵の修補を請求することができる。ただし、瑕疵が重要でない場合において、その修補に過分の費用を要するときは、この限りでない。 2　注文者は、瑕疵の修補に代えて、又はその修補とともに、損害賠償の請求をすることができる。この場合においては、第533条の規定を準用する。 **第635条**　仕事の目的物に瑕疵があり、そのために契約をした目的を達することができないときは、注文者は、契約の解除をすることができる。ただし、建物その他の土地の工作物については、この限りでない。
（請負人の担保責任の制限） **第636条**　請負人が種類又は品質に関して契約の内容に適合しない仕事の目的物を注文者に引き渡したとき（その引渡しを要しない場合にあっては、仕事が終了した時に仕事の目的物が種類又は品質に関して契約の内容に適合しないとき）は、注文者は、注文者の供した材料の性質又は注文者の与えた指図によって生じた不適合を理由として、履行の追完の請求、報酬の減額の請求、損害賠償の請求及び契約の解除をすることができない。ただし、請負人がその材料又は指図が不適当であることを知りながら告げなかったときは、この限りでない。	（請負人の担保責任に関する規定の不適用） **第636条**　前2条の規定は、仕事の目的物の瑕疵が注文者の供した材料の性質又は注文者の与えた指図によって生じたときは、適用しない。ただし、請負人がその材料又は指図が不適当であることを知りながら告げなかったときは、この限りでない。
（目的物の種類又は品質に関する担保責任の期間の制限） **第637条**　前条本文に規定する場合において、注文者がその不適合を知った時から1年以内にその旨を請負人に通知しないときは、注文者は、その不適合を理由として、履行の追完の請求、報酬の減額の請求、損害賠償の請求及び契約の解除をすることができない。 2　前項の規定は、仕事の目的物を注文者に引き渡した時（その引渡しを要しない場合にあっては、仕事が終了した時）において、請負人が同項の不適合を知り、又は重大な過失によって知らなかったときは、適用しない。	（請負人の担保責任の存続期間） **第637条**　前3条の規定による瑕疵の修補又は損害賠償の請求及び契約の解除は、仕事の目的物を引き渡した時から1年以内にしなければならない。 2　仕事の目的物の引渡しを要しない場合には、前項の期間は、仕事が終了した時から起算する。
第638条から**第640条**まで　削除	**第638条**　建物その他の土地の工作物の請負人は、その工作物又は地盤の瑕疵について、引渡しの後5年間その担保の責任を負う。ただし、この期間は、石造、土造、れんが造、コンクリート造、金属造その他これらに類する構造の工作物については、10年とする。 2　工作物が前項の瑕疵によって滅失し、又は損傷したときは、注文者は、その滅失又は損傷の時から1年以内に、第634条の規定による権利を行使しなければならない。 （担保責任の存続期間の伸長） **第639条**　第637条及び前条第1項の期間は、第167

改　正　法	現　行　法
	条の規定による消滅時効の期間内に限り、契約で伸長することができる。 （担保責任を負わない旨の特約） **第640条**　請負人は、第634条又は第635条の規定による担保の責任を負わない旨の特約をしたときであっても、知りながら告げなかった事実については、その責任を免れることができない。
（注文者についての破産手続の開始による解除） **第642条**　注文者が破産手続開始の決定を受けたときは、請負人又は破産管財人は、契約の解除をすることができる。ただし、請負人による契約の解除については、仕事を完成した後は、この限りでない。 2　前項に規定する場合において、請負人は、既にした仕事の報酬及びその中に含まれていない費用について、破産財団の配当に加入することができる。 3　第1項の場合には、契約の解除によって生じた損害の賠償は、破産管財人が契約の解除をした場合における請負人に限り、請求することができる。この場合において、請負人は、その損害賠償について、破産財団の配当に加入する。	（注文者についての破産手続の開始による解除） **第642条**　注文者が破産手続開始の決定を受けたときは、請負人又は破産管財人は、契約の解除をすることができる。この場合において、請負人は、既にした仕事の報酬及びその中に含まれていない費用について、破産財団の配当に加入することができる。 （新設） 2　前項の場合には、契約の解除によって生じた損害の賠償は、破産管財人が契約の解除をした場合における請負人に限り、請求することができる。この場合において、請負人は、その損害賠償について、破産財団の配当に加入する。
（損害賠償の方法、中間利息の控除及び過失相殺） **第722条**　第417条及び第417条の2の規定は、不法行為による損害賠償について準用する。 2　（略）	（損害賠償の方法及び過失相殺） **第722条**　第417条の規定は、不法行為による損害賠償について準用する。 2　（同左）
（不法行為による損害賠償請求権の消滅時効） **第724条**　不法行為による損害賠償の請求権は、次に掲げる場合には、時効によって消滅する。 　一　被害者又はその法定代理人が損害及び加害者を知った時から3年間行使しないとき。 　二　不法行為の時から20年間行使しないとき。	（不法行為による損害賠償請求権の期間の制限） **第724条**　不法行為による損害賠償の請求権は、被害者又はその法定代理人が損害及び加害者を知った時から3年間行使しないときは、時効によって消滅する。不法行為の時から20年を経過したときも、同様とする。
（人の生命又は身体を害する不法行為による損害賠償請求権の消滅時効） **第724条の2**　人の生命又は身体を害する不法行為による損害賠償請求権の消滅時効についての前条第1号の規定の適用については、同号中「3年間」とあるのは、「5年間」とする。	（新設）

附　則（抄）

（施行期日）

第1条　この法律は、公布の日から起算して3年を超えない範囲内において政令で定める日から施行する。ただし、次の各号に掲げる規定は、当該各号に定める日から施行する。

　一　附則第37条の規定公布の日

　二　附則第33条第3項の規定公布の日から起算して1年を超えない範囲内において政令で定める日

　三　附則第21条第2項及び第3項の規定公布の日から起算して2年9月を超えない範囲内において政令で定める日

○民法の一部を改正する法律新旧対照条文（抄）

（意思表示に関する経過措置）

第6条　施行日前にされた意思表示については、新法第93条、第95条、第96条第2項及び第3項並びに第98条の2の規定にかかわらず、なお従前の例による。

2　施行日前に通知が発せられた意思表示については、新法第97条の規定にかかわらず、なお従前の例による。

（時効に関する経過措置）

第10条　施行日前に債権が生じた場合（施行日以後に債権が生じた場合であって、その原因である法律行為が施行日前にされたときを含む。以下同じ。）におけるその債権の消滅時効の援用については、新法第145条の規定にかかわらず、なお従前の例による。

2　施行日前に旧法第147条に規定する時効の中断の事由又は旧法第158条から第161条までに規定する時効の停止の事由が生じた場合におけるこれらの事由の効力については、なお従前の例による。

3　新法第151条の規定は、施行日前に権利についての協議を行う旨の合意が書面でされた場合（その合意の内容を記録した電磁的記録（新法第151条第4項に規定する電磁的記録をいう。附則第33条第2項において同じ。）によってされた場合を含む。）におけるその合意については、適用しない。

4　施行日前に債権が生じた場合におけるその債権の消滅時効の期間については、なお従前の例による。

（債権の目的に関する経過措置）

第15条　施行日前に利息が生じた場合におけるその利息を生ずべき債権に係る法定利率については、新法第404条の規定にかかわらず、なお従前の例による。

2　新法第404条第4項の規定により法定利率に初めて変動があるまでの各期における同項の規定の適用については、同項中「この項の規定により法定利率に変動があった期のうち直近のもの（以下この項において「直近変動期」という。）」とあるのは「民法の一部を改正する法律（平成29年法律第44号）の施行後最初の期」と、「直近変動期における法定利率」とあるのは「年3パーセント」とする。

（債務不履行の責任等に関する経過措置）

第17条　施行日前に債務が生じた場合（施行日以後に債務が生じた場合であって、その原因である法律行為が施行日前にされたときを含む。附則第25条第1項において同じ。）におけるその債務不履行の責任等については、新法第412条第2項、第412条の2から第413条の2まで、第415条、第416条第2項、第418条及び第422条の2の規定にかかわらず、なお従前の例による。

2　新法第417条の2（新法第722条第1項において準用する場合を含む。）の規定は、施行日前に生じた将来において取得すべき利益又は負担すべき費用についての損害賠償請求権については、適用しない。

3　施行日前に債務者が遅滞の責任を負った場合における遅延損害金を生ずべき債権に係る法定利率については、新法第419条第1項の規定にかかわらず、なお従前の例による。

4　施行日前にされた旧法第420条第1項に規定する損害賠償の額の予定に係る合意及び旧法第421条に規定する金銭でないものを損害の賠償に充てるべき旨の予定に係る合意については、なお従前の例による。

（債権者代位権に関する経過措置）

第18条　施行日前に旧法第423条第1項に規定する債務者に属する権利が生じた場合におけるその権利に係る債権者代位権については、なお従前の例による。

2　新法第423条の7の規定は、施行日前に生じた同条に規定する譲渡人が第三者に対して有する権利については、適用しない。

（詐害行為取消権に関する経過措置）

第19条　施行日前に旧法第424条第1項に規定する債務者が債権者を害することを知ってした法律行為がされた場合におけるその行為に係る詐害行為取消権については、なお従前の例による。

（保証債務に関する経過措置）

第21条　施行日前に締結された保証契約に係る保証債務については、なお従前の例による。

2　保証人になろうとする者は、施行日前においても、新法第465条の6第1項（新法第465条の8第1項において準用する場合を含む。）の公正証書の作成を嘱託することができる。

3　公証人は、前項の規定による公正証書の作成の嘱託があった場合には、施行日前においても、新法第465条の6第2項及び第465条の7（これらの規定を新法第465条の8第1項において準用する場合を含む。）の規定の例により、その作成をすることができる。

（債権の譲渡に関する経過措置）

第22条　施行日前に債権の譲渡の原因である法律行為がされた場合におけるその債権の譲渡については、新法第

資　料

466条から第469条までの規定にかかわらず、なお従前の例による。

（債務の引受けに関する経過措置）

第23条　新法第470条から第472条の4までの規定は、施行日前に締結された債務の引受けに関する契約については、適用しない。

（弁済に関する経過措置）

第25条　施行日前に債務が生じた場合におけるその債務の弁済については、次項に規定するもののほか、なお従前の例による。

2　施行日前に弁済がされた場合におけるその弁済の充当については、新法第488条から第491条までの規定にかかわらず、なお従前の例による。

（相殺に関する経過措置）

第26条　施行日前にされた旧法第505条第2項に規定する意思表示については、なお従前の例による。

2　施行日前に債権が生じた場合におけるその債権を受働債権とする相殺については、新法第509条の規定にかかわらず、なお従前の例による。

3　施行日前の原因に基づいて債権が生じた場合におけるその債権を自働債権とする相殺（差押えを受けた債権を受働債権とするものに限る。）については、新法第511条の規定にかかわらず、なお従前の例による。

4　施行日前に相殺の意思表示がされた場合におけるその相殺の充当については、新法第512条及び第512条の2の規定にかかわらず、なお従前の例による。

（契約の効力に関する経過措置）

第30条　施行日前に締結された契約に係る同時履行の抗弁及び危険負担については、なお従前の例による。

2　新法第537条第2項及び第538条第2項の規定は、施行日前に締結された第三者のためにする契約については、適用しない。

（定型約款に関する経過措置）

第33条　新法第548条の2から第548条の4までの規定は、施行日前に締結された定型取引（新法第548条の2第1項に規定する定型取引をいう。）に係る契約についても、適用する。ただし、旧法の規定によって生じた効力を妨げない。

2　前項の規定は、同項に規定する契約の当事者の一方（契約又は法律の規定により解除権を現に行使することができる者を除く。）により反対の意思の表示が書面でされた場合（その内容を記録した電磁的記録によってされた場合を含む。）には、適用しない。

3　前項に規定する反対の意思の表示は、施行日前にしなければならない。

（贈与等に関する経過措置）

第34条　施行日前に贈与、売買、消費貸借（旧法第589条に規定する消費貸借の予約を含む。）、使用貸借、賃貸借、雇用、請負、委任、寄託又は組合の各契約が締結された場合におけるこれらの契約及びこれらの契約に付随する買戻しその他の特約については、なお従前の例による。

2　前項の規定にかかわらず、新法第604条第2項の規定は、施行日前に賃貸借契約が締結された場合において施行日以後にその契約の更新に係る合意がされるときにも適用する。

3　第1項の規定にかかわらず、新法第605条の4の規定は、施行日前に不動産の賃貸借契約が締結された場合において施行日以後にその不動産の占有を第三者が妨害し、又はその不動産を第三者が占有しているときにも適用する。

（不法行為等に関する経過措置）

第35条　旧法第724条後段（旧法第934条第3項（旧法第936条第3項、第947条第3項、第950条第2項及び第957条第2項において準用する場合を含む。）において準用する場合を含む。）に規定する期間がこの法律の施行の際既に経過していた場合におけるその期間の制限については、なお従前の例による。

2　新法第724条の2の規定は、不法行為による損害賠償請求権の旧法第724条前段に規定する時効がこの法律の施行の際既に完成していた場合については、適用しない。

あとがき

　東京弁護士会弁護士研修センター運営委員会では，専門領域における業務に対応しうる研修を目指し，平成13年度より特定の専門分野に関する連続講座を実施して参りました。平成18年度後期からは，6ヶ月間を区切りとして，受講者を固定して，特定分野に関する専門的知識や実務的知識の習得を目的とする「専門講座」を開始し，毎年好評を博しております。

　本講義録は，平成29年度後期の専門講座で，債権法改正に取り組んできた東京弁護士会法制委員会の委員の皆様を講師にお招きし，全6回の講座として実施した内容をまとめたものです。本講座では，債権法改正の全般について基本知識から網羅的に解説されており，実に充実した内容となっています。

　ぜひ本書をお読みいただき，大きく改正された債権法への理解を深め，日々の業務遂行と適切な事件対応にお役立ていただければ幸いです。

　終わりに，この専門講座の企画，実施と本書の発行にご協力いただきました講師の方々，弁護士研修センター運営委員会担当委員各位，そして株式会社ぎょうせいの編集者の皆様に厚くお礼申し上げます。

　平成30年5月

東京弁護士会弁護士研修センター運営委員会

委員長　　軽部　龍太郎

弁護士専門研修講座
これだけは押さえておきたい！　債権法改正の重要ポイント

平成 30 年 6 月 20 日　第 1 刷発行

編　集　　東京弁護士会弁護士研修センター運営委員会
発　行　　株式会社 ぎょうせい

〒136-8575　東京都江東区新木場 1 - 18 - 11
電話　編集　03-6892-6508
営業　03-6892-6666
フリーコール　0120-953-431

〈検印省略〉

URL：https://gyosei.jp

印刷　ぎょうせいデジタル㈱　　　　　　　　　©2018 Printed in Japan
※乱丁・落丁本はお取り替えいたします。
ISBN978-4-324-10490-3
(5108424-00-000)
〔略号：弁護士講座（債権法）〕